〔法国〕亨利 · 柏格森◎著
汤硕伟◎译

创造进化论

海峡出版发行集团 THE STRAITS PUBLISHING & DISTRIBUTING GROUP | 海峡文艺出版社 Haixia Literature & Art Publishing House

图书在版编目(CIP)数据

创造进化论/(法)亨利·柏格森著;汤硕伟译.—福州:海峡文艺出版社,2017.8(2023.9重印)
(诺贝尔文学奖大系)
ISBN 978-7-5550-1177-4

Ⅰ.①创… Ⅱ.①亨…②汤… Ⅲ.①生命哲学—法国—现代 Ⅳ.①B083②B565.51

中国版本图书馆CIP数据核字(2017)第144504号

诺贝尔文学奖大系
创造进化论

[法国]亨利·柏格森 著 汤硕伟 译
责任编辑 莫 茜
出版发行 海峡文艺出版社
经　　销 福建新华发行(集团)有限责任公司
社　　址 福州市东水路76号14层
发 行 部 0591—87536797
印　　刷 福州俊丰彩印有限公司
地　　址 福州市晋安区鼓山镇鼓一村福光路189号
开　　本 889毫米×1194毫米 1/32
字　　数 236千字
印　　张 10.5
版　　次 2017年8月第1版
印　　次 2023年9月第3次印刷
书　　号 ISBN 978-7-5550-1177-4
定　　价 74.00元

颁奖辞

瑞典文学院院士　霍尔斯陶穆

亨利·柏格森最为人所称道的，是他在哲学方面所取得的重大成就。柏格森的理论和思想，让我们相信他不仅是一个纯粹的哲学家，更是开创整个欧洲哲学现代阶段的先行者之一。柏格森以辩证批判机械唯物主义为基础，在《创造进化论》等相关著作中，他发现并提出从直觉诞生的哲学体系，是所有哲学体系中，最长久而丰盈的。这句话得到了大多数人的认可。因为柏格森发现并提出这种直接的、本质的精神主义，也就是他的直觉论哲学，是人们理解并深入研究他的思想世界的入口。

亨利·柏格森在其发表的第一部学术论文《论意识的直接材料》中，首先提出“持续时间”的概念，并将其与我们平时所理解的时间区分开来。柏格森认为，“持续时间”并非是某种抽象的或形式上的表达，而是具体的东西，也叫作“活时间”。世界万物，包括人类，都是一种持续的存在，只有从人类自身意识中展现的时间，即持续时间，才是真正的时间，这种时间是动力的流动、不可逆转的量变。摆脱了理性活动的习惯和模式的时间是自由的，否则就会被限制。这种由直觉的意识所创造出来的“持续时间”观念，更易于为人们所理解并且接受。

由钟表的运转和太阳的运行来测定的时间，只是构成精神和行动所创造的一种形式。与“持续时间”不同的是，这种时间是固定的、机械的、唯物的、没有生命力的。“空间形式的存在”是经过柏格森辩证地分析后所得出的结论。这一般只存在于高度精密的机械物理和数学等领域，因其具有确实性及有限性，所以，科学家所描述的世界其实也是缺乏生命力的。虽然，“有因必有果”是唯物主义的真理，但这却对人类有着精神和自由上的束缚，而这就等于在直觉的四周筑起了高高的墙。

人们对柏格森的接受还在于人们的思想可以在“活时间”里获得满足。理论要联系实际，有因并不一定有果，事物都是不可预知的，确实性与单纯并存，人们自我的行为决定着人格的形成。在这种由人们自由选择和崭新创造的领域里，一切的不确实性只能发生一次，树立的人格也不能再清洗掉重生；在这个领域里，精神和灵魂才能脱离公式与教条的束缚与习惯，在内在视野中觉察到隶属于自我的真理。

我们在听完关于直觉哲学体系的理论概述后，聪明的人会发现，其实亨利·柏格森并没有提到直觉的起源。虽然生活中每个人都有直觉，但却需要巧妙地把握并深化的个人经验，或者有一颗能真正渴望摆脱束缚的灵魂，才能发现直觉，理解直觉。如果深入剖析一下历史，则不难发现这与19世纪末期权威的功利性生物学有关系，那种合理主义氛围中极其窒闷，才会引起这种反抗。柏格森受这种氛围的影响极大，所以他不久后下定决心向这科学挑战。一方面，他否定了之前所接受的知识，另一方面，通过科学的分析彻底地认识了物质世界的概念建构——生命所拥有的必要性格和伟大性必须科学地存在于自由领域中。而权威和合理主义则试图将生命封闭在它的网络中，柏格森则要证明生命不会就此僵化，而是随着其“持续时间”的理论，借着流动性悄悄从封闭的网中穿过去。

我即使有能力，也无法在这有限的几分钟——“由钟表和太阳的运转测定的时间”之内陈述柏格森那相当精致、广泛的思想。对于一个并不专攻哲学，只能自由陈述哲学的有限意义的人来说，要完成此项任务简直是不可能的。

一个成熟的哲学理论的形成，既要有本质，也要有基础，更要有推论。柏格森在他的分析、概念的提出与发展及连锁的证明中，有不可抗拒的直觉的本质，更有“活时间”的直觉作为理论基础，在这种直觉中借来动力、流动等概念的产生，形成了令人信服的推论。这种理论带来新要素的各种运动和契机，让我们必须遵循。不需要进行太多思考，不仅因为我们没有太多思考的时间，还因为我们在潮流中已经习惯了不自由的呼吸，所以我们丧失了一切与推理接触的机会。

亨利·柏格森的直觉理论需要激烈地驳斥与之相悖的决定论，他论证了普遍的理智(他称之为皮埃尔)不可能预知另一人保罗的生命。除非皮埃尔能够遵循保罗的经验、感觉、意志行为等所有表现形式，并到了与之完全统一的地步，就像两个相同的三角形恰好重合在一起一样。希望完全理解柏格森的读者，就必须在一定程度上使自己与作者同化，才能满足精神的力量与灵性的巨大需求。

在这里我需要说明的是，即使对作者的思想亦步亦趋，也是有百利而无一害的。当理智滞后之时，想象力和直觉便可随之张扬。要想正确判断想象力是否被诱惑，又或者是直觉是否认知其自身，这都是不可能的。无论是哪种情况，阅读柏格森都会有巨大的益处。

1905年，柏格森的代表作《创造进化论》面世。在这部具有决定性的作品中，柏格森的宇宙论可谓开创了一部震撼人心的雄伟诗篇，其思想之深邃、灵感之跳跃都跃然纸上。读者要从他字里行间严密的科学用语中得到一些美的印象，可以说并不困难，但要从这本作品中获得实利，却会有些阻力。在这部著作中，柏格森的直觉理论通过其渊博的学识、锐利的视角及深邃的精神从而得到完美的展现。

《创造进化论》在现代哲学上具有非常重要的意义，但更多的人觉得它有一种戏剧性，在这个领域里两股互相抗争的潮流主导和创造了世界。其中一个潮流以自我意识为主流，阐述了趋向下层物质机械化的过程；另一种潮流则是以直觉来解释整个过程，即自由的天赋、感情和具有绵延不绝创造力的生命。这种生命在作品中以自由明晰的意识为目标，被形容为“向没有疆界的地平线趋进”。这两种潮流彼此结合在一起，限制对方，后来又被分歧为种种不同的理论。

《创造进化论》有别于其他理论最重要的一点就是——柏格森认为进化是创造性的而不是机械性的，因而应该用直觉来解释进化的过程。直觉展示了生命力的冲动和热忱的精力。直觉理论最早的基本差异见于植物界与动物界之间，即不动的有机活动与动态的有机活动之间。植物借助于太阳储存了从无生命物质抽取的能量，动物又从植物中摄取已经储存的能量，而后随着自己的需要利用这些能量。进化到一定阶段，动物界也可以牺牲动物界为生，达到聚集能量来强化自己发展的目的。因此，生命的进化是创造性的，并非是盲目的行为。换言之，虽然本能和理智一起存在，但本能在进化过程中的作用，远超理智。

对于万物之灵的人类来说，理智是居于优势的，本能基本上处于休眠状态，但并非完全消失。其意义就在于，“活时间”决定了意识，意识也决定了人类的进化，人类的进化更延长了人类这个物种的“活时间”，而本能在这种循环中，只保持着潜在状态，只于开始在直觉的视觉中活动；理智只表现为慢慢大于本能的意识，这是人类进化完全的一个标志，比如，在本能上以无生命物质制造的器具取代原始有机器具，或借自由行为以配合本能。本能对目标极具意识性，但往往针对的目标极受限制。反之，理智受着极大风险的约束，却趋向无限广泛的目标，趋向为人类物质和社会文化所实现的目标。无论如何，理智存在着不可避免的风险，在空间世界为行为创造的理智，或许会因为从其生命概念获得的形式和对生命内在的流动本质，以及对统领其永恒变化的自由保持沉默而歪曲了世界映像。由此，在智力征服了自然科学的情形下，产生了对外在世界的机械论和决定论观念。

直到现在，我们依然被束缚着，无法感受到精神的自由，从而陷入一种困惑之中。回归本质——起源的源头，我们并不能拥有直觉这一天然的能力，那么我们就会离“活时间”的生命渐行渐远。

柏格森的直觉论，是他阐述关于理智本能的最直接的表现，也是他学说的中心论点。这种表现可能性很广泛，也是一条有着不可避免的风险的道路。直觉是一种动态的物质，和“活时间”是同一种概念，而理智在被广大人群所理解的极限中具有逻辑的确实性，所以，理所应当地要满足于自己对自身理智的确实性。

以上阐述的内容是有一定戏剧性的。创造进化理论是开放的，人们发现自身被普遍生命的生命力推上了舞台并使其无可抗拒地行动，一旦达到了对自我的自由认识，能够推测和展望通向其他无边领域的既已走过的无尽道路，究竟哪条路是人们该追寻的?

事实上，人们还只是在戏剧的序幕中，而并非处在其他状态下，特别是如果人们思考到柏格森关于未来仅在生活的瞬间中所产生的概念时。然而这种开端是有所缺失的。柏格森并未论及自由人格中的内在意志，以及确定通过无法预料的曲线追踪该人格的径直方式的行为意志。他也没有谈到意志生命问题和绝对价值是否存在的问题。

如果我们细读了柏格森的论点，不难提出以下问题：不可抗拒的生命力的本质是什么?依照柏格森大胆而极其动人的表述，那种生命对无生命物质的猛烈侵袭，自身能超越死亡而获胜吗?当其把世间的一切力量置于我们脚下时，生命力会怎样对待我们?

无论这些问题如何复杂，人们都不可能回避。在这个特别的时刻，柏格森或许会像其以往的著述一样，以大胆而更有意义的尝试来解决这些问题。

我们仍然有一些论点要阐明。柏格森有没有可能探索出一种适合物质的“生命跃动”来结束其对于世界的二元映像的描述?在这点上我们一无所知。但是，柏格森自己提出，他的体系在许多论点上只是一个轮廓的构成，其细节要靠其他的思想家合作完成。

尽管有种种的不完美，柏格森仍然为我们展示了一个从未被涉足过的领域。他摒弃了合理主义的束缚，开辟了一条新的道路。从此一个新的领域的大门被打开，解放了具有无比效力的创造推动力。通过这扇大门就可以走向“活时间”的大海，走向另一种境界。在这境界中，人类可以在精神层面上发现、看见自由的自己并以此使自己得以重生。

柏格森的思想无疑可以长时间作为指引人类精神的明灯，我们可以断言：柏格森未来的影响力势必要比他现在已经赢得的极其重要的影响还要久远。不管是文章修辞，还是哲学理论，还是吟游诗人，他做得都比同时代的任何人要出色。在对真理探索的过程中，柏格森的身上总是散发出一种自由的热情。他的这种自由的热情不仅批判了物质世界强加的隶从性，还向理想主义的精神世界敞开了广阔的思维空间领域。

致答辞

阿尔曼·伯纳德公使代读

我想尽我所能把我所理解的传达给大家。我恳请欣然接受我电文的阿尔曼·伯纳德公使，替我传达我的概论。我衷心地感谢瑞典学院。瑞典文学院给我的这份荣耀让我永生难忘。我想告诉我自己，这项授予法国作家的殊荣是属于全法国的荣耀，这份价值无法估量，也更让我感动到无法形容。

诺贝尔奖的威望不言而喻，我对诺贝尔奖的理解，在于它具有理想主义和国际主义的双重性质。换言之，诺贝尔奖会颁发给有着高度灵感的作品，这属于理想主义；整合并研究不同国家的创作和全世界的智慧于一体，再颁发此奖，又属于国际主义。评审人员不受拘束的自由直觉，从精神价值到思想境界，已把自己置身于哲学家所描绘的精神社会。这就是他们继承创设诺贝尔奖的明显意图。阿尔弗雷德·贝恩哈德·诺贝尔在遗嘱中表明："我希望能对在文学方面曾创作出有理想主义倾向的最杰出作品的人，曾为促进国家之间的友好做出工作的人做出有所助益的事情”。可以说，除了颁奖给在文学和科学范畴里有崇高贡献的人之外，还设立和平奖，使其精神价值有了明确的指向。

这就是诺贝尔奖的伟大之处，只有这种思想伟大的人，才能被称为天才的发明家。不过，在诺贝尔生活的那个时代，他显然没有当时流行的奇思妙想。19世纪，工业机器的发明使物质水平得到了令人吃惊的飞跃的进步，为此，人们相信物质的单纯积累，这些发明终将提高人类的道德水准。事实上，社会生活的道德改善和物质单纯积累并没有关系，物质手段的扩大让人类减轻了负担并获得一定的自由，但由于社会设施的发展并没有让社会生活的道德得到改善，反而引起了一些不可避免的风险。机器是人工制造的，自被人类使用后，使机器的发展更快，因而也使人类的身体日趋强大，灵魂也随之膨胀，用来填满人类的身体，并限制身体的急剧扩张，从而避免均衡受到威胁。这种均衡的难题也就是政治社会的问题，一旦不可收拾，便会非常严重。简单来说，灵魂和身体必须均衡。但现在灵魂仍维持原有状态，而身体却特别强大。我希望能举个例子来论证一下：以前大家都相信，蒸汽和电气的普及会使各国国民在道德水准上自动接近，但目前我们知道，事实不是这样。对立不仅没有消除，反而连更基本的目标如进步的精神和博爱也没有达成，尽了最大的努力反而有恶化的趋势。所以，使每个人的灵魂相互提升、相互靠近，才是一个由国际主义性格和理想主义灵魂所组成的基金会所要达成的必然目的。在这种计划的目的下，努力使整个文明世界变成理智纯粹唯一的精神乐园。这才是“诺贝尔基金会”。

值得一提的是，瑞典是一个高度文明的国家，瑞典国民也把道德问题提升到所有问题的顶端，至少也要比其他人先了解政治方面的问题，即教育问题。诺贝尔奖设在瑞典，在瑞典国民的注视下进行筹办、完成，这没有什么可惊奇的地方。

大家越深入研究诺贝尔基金会的意义所在，就越觉出它的伟大之处，它的有用性与时俱进。跟我一样，大家似乎一开始并不了解这点。站在各位鼎鼎大名的先生面前，我应该特别指出这一点。最后，如开头所说的一样，我要重申我最深情的谢意。

目录

创造进化论

序　论

生命进化的历史虽然至今仍是不完整的，却已经向我们揭示了知性是如何通过不间断的发展，沿着从脊椎动物向人类的路线上升的。这段历史也显示出来，理解能力总是伴随着行动能力，即生物的意识对于其所在的日益复杂的生存条件，有着越发明确和灵活的适应性。这样就大致可以得出一个结论，即从狭义的概念上来说，知性的主要任务就是尽量让我们的身体适应外在环境，并且要表现出与外界事物的关系，也就是对物质进行思考。事实上，这就是本书的结论之一 。在后面我们会看到，人的知性对于无机界，尤其是对于固体，已经非常适应了，特别是在固体中寻找行动的支点和劳动的工具的时候，显得得心应手。这是因为，我们的概念就是在固体模型的基础上形成的，我们的逻辑也是针对固体对象的逻辑的。所以，我们的知性就在几何学方面得到了很大的成功。在几何学里，逻辑思维和无机物的亲密关系已经被揭示出来。而且，只要知性和经验发生触碰，知性就会循着已经存在的运动，接二连三地从一个发现走向另一个发现。这样，经验也会随之而来，并且毫无例外地验证着知性的正确性。

但是，由此我们又会得到一个结论，那就是我们纯逻辑形式的思维，不能阐明生命的真正本质——进化运动的全部意义。思维是生命所产生创造的，在特定的环境下，对特定的事物发挥作用，所以说思考只是生命的一种表现，或者说是一个侧面，它又怎么能够把握生命呢？我们的知性是在进化过程当中沉积下来的，那么它又如何能作用于进化运动本身呢？如果我们认可这一点，那么就相当于承认部分等于整体，结果可以重新吸收原因，或者说，被抛弃在海滩上的鹅卵石能够描绘出冲击它的波浪的形状。事实上，我们已经深刻地认识到，在思维的各种范畴当中，无论是单一性、多样性、机械因果关系，还是知性的目的性，都不能准确地阐述生命、个体性是怎样产生的，又会在什么地方消失；生物究竟是单一的还是多样的；究竟是很多细胞联合成为有机体，还是有机体分裂成为细胞；这些谁又能够说得清楚呢？如果我们想把生命体放进我们的各种思维模式里，都会以失败而告终，这些模式都会发出濒临分崩离析的声音，因为对于我们要放进去的生命体来说，这些模式都显得过于狭窄和刻板了。当我们把推理应用于无机物的时候，是那样的充满自信，但是这个推理在这个新的领域里面却是如此的局促难安。我们要想找出来一个全凭推理在生物学上的重大发现，其实是很困难的。而当实验先于我们证实了生命是如何通过它的运行获取一个结果的时候，就会发现，生命的运行方式是未知且难以想象的。

然而，进化论哲学却毫不犹豫，仍然将其对无机材料的解释方法，运用到了有机生命上面。进化论哲学首先表明——知性是进化的局部成果，是一道光（也许是偶然的一道光），却能够照亮生物行动的狭窄通道，照亮了通道上生物的来来往往。但是，进化论哲学很快就忘记了刚才所说过的话，把隧道里的提灯当成了照耀世界的太阳。它勇猛前进，把概念思维当作武器，企图在观念上重新构建万事万物，包括要重新构建生命。可是，在这个过程当中，它遇到了重重困难，并且知道自身的逻辑已经制造并陷入了种种奇异的矛盾之中。这样，它很快就放弃了自己原先的野心，说："我们要重新构建的不再是实体本身，而是对于实体的模仿，甚至是实体的影像。我们无法把握事物的本质，而且以后也无法做到。我们只能在相对关系当中徘徊，但是无法绝对掌握。我们只能在'不可知'前面停滞不前。"人类的知性在过分地夸耀了自己的作用之后，现在却表现得过于谦逊了。如果生物的知性形式是由身体和物质环境之间的相互作用和反作用而产生的，那么它为什么不能向我们揭示出一些构成这些身体的本质的东西呢？因为行动不可能在非真实当中产生。如果精神生来就为了思辨和做梦的，我必须承认这种精神会一直停留在真实之外。它也许会扭曲真实，或者改造实体的形象，又或者去创造另一种真实，就像是从流云当中截取人或动物的形象一样。但是，如果有一种知性重视行动，重视实体当中的作用和反作用，在感觉对象的同时获取对象运动的印象，那么这种知性就能够触摸到绝对。如果不是哲学向我们表明了我们的思辨遇到的矛盾和难以通行的困境，那么我们大概是不会怀疑自己的认知的绝对价值的。这些矛盾和困境之所以会产生，就是因为我们把习惯性的思维形式运用到了活动所不能达到的对象身上，而这种模式并不是为它们制造的。而与此相反，知性认识在和无机材料发生关系的时候，则一定会忠实地为我们提供对象的复制品，因为知性认识能够根据这个特定对象制作模具。当知性认识宣称（事实上它就是这样做的）它向我们阐明生命——也就是那个模具的制作者时，就会坠入到相对之中。

那么，难道我们必须放弃对于生命的本性的探索吗？难道必须接受机械论的生命观点吗？这种观点不管怎么说，都是人为的和象征性的，因为这种生命观把生命的全部活动缩小成了人类活动的一种形式，而这种人类活动的形式只能局部地表现生命，只是生命过程的一个结果或是残渣。生命为了创造纯粹的知性，也就是说，为了培养几何学家，几乎耗尽了全部的精力，那么我们也许就不得不接受这种机械论的生命观了。但是，终结于人类的那条进化路线，并非只有一条。在这条进化路线之外的其他进化路线上，不同的意识形式也在逐渐地发展起来。这些意识形式虽然也和人类的知性一样，不能使自己摆脱外在的限制，也不能重新获得对于自身的控制，但是却能够表现出进化运动当中固有的、本质的一些东西。如果能够把意识的这些形式融会起来，再与知性合而为一，难道它的结果不会是一种和生命一样辽阔的意识吗？这种意识难道不能回过头来，面对从后面来的生命推动力，展现出一幅完整的生命全景（哪怕这个全景转瞬即逝)吗？

但是有人或许会这样认为：即使这样做，我们也没有超越我们的知性，因为我们到底是凭借知性，才看到了其他的种种意识形式。这个说法也许是正确的，如果我们只是纯粹的知性，而且概念思维和逻辑思维周围没有一抹微云的话。但是，那周围却有云影飘荡，而且这云影也是由被我们称为知性的东西所构成的。所以，这些云影当中也包含着能够补充我们知性的力量，如果我们自我封闭了，就可以凭借直觉觉察出来。一旦这些力量在自然进化当中发挥作用，就会变得清晰可辨了。它们就能够发现，要在生命的方向上加强和扩张自己，就必须付出怎样的努力了。

这样，我们就能够确认，认识论和生命论是不可分离的。一方面，生命论如果没有对于认识的批判，就不得不接受知性任意提出的概念，不论它愿意与否，都只能把既存的范围当作既定的框架，而且要把这个框架套在事实的身上。这样，就会产生一种象征手法。这种象征手法也许非常方便，也许对于实证科学是不可或缺的，但却无法对对象进行直接观察。另一方面，如果认识论无法恢复知性在生命进化中的应有地位，那么它也就不能告诉我们构成的知识框架，从而也就不能完成对于这个知识框架的超越。生命论和认识论这两种探索方法必须互相结合，经由循环往复的过程，互相推动，向前发展。

这两种探索方法如果能够结合起来，就一定能够借助一种更准确的方法，并和经验密切配合，解决哲学提出的重要问题。这是因为，一旦这两者之间能够有共同的诉求，就会向我们展示出知性的形成，也会展示出知性所追溯的普遍结构材料的来源。这两种探索方法会挖掘到自然和思维的根源，用一种真正的进化论来取代斯宾塞的伪进化论。那种伪进化论不过是将目前已经进化出来的实体分割成不能再进化的碎片，然后再把这些碎片组装起来，从而对预先加以解释的事物进行肯定。而真正的进化论，是要在现实的实体发生合成当中实现并进行研究的。

不过，这种哲学并不能够一蹴而就。这种哲学不同于那些所谓的哲学体系，是某一位天才的个人工作，处处有所取舍，以为整体来服务的，这种哲学只能依靠很多思想家和观察家的共同努力，互相弥补，互相修正，才能够有所成就。因此，本书并不能够解决那些重要的问题，只能够确定一种解决的办法，并且在一些问题上运用这些办法，提示出其可行性。

本书的计划就是由这个主题决定的。在第一章中，我们尝试着为进化过程穿上我们的知性所做的两件旧衣服，也就是机械论和目的论。但是最终会表明，这两件旧衣服都不合适，而其中的一件如果经过重新剪裁和缝纫，则所产生的新的形式就不会像另外那一件那样不合适了。在第二章中，为了超越知性的观点，我们除了呈现人类知性的进化路线以外，还要尽力呈现一些其他生命的进化路线。这样，知性就会被带到诞生的原因那里。而接下来我们就需要掌握这种原因，再来追踪其运动轨迹。这一点，也正是我们要在第三章（尽管并不完整）所要努力尝试的。最后，在第四章中，要展示的是我们的知性本身在经过某种训练之后，能够成为超越知性的哲学的基础。也正是因为这样，我们有必要回顾一下各种哲学体系的历史，并分析人类的知性在观察普遍实体的过程当中所产生的两种错觉。

第一章　生命的进化——机械论与目的论

一、绵延

毫无疑问，我们最能够确认的同时也是最能清楚认知的存在便是我们自身。我们对于这个世界产生的事物所持有的观点或许被看作是外在的、浅显的；相反，我们却在一步步地于内在去挖掘自己、了解自己。此时此刻，我们所能感知的是什么呢？在这一特殊的情况当中，“存在”到底所指何意？这里便让我们来简单地回顾一下以前的论述中的结论。

首先，我发现，我无时无刻不处于从一种状态转换成另一种状态的过程当中；有时会感到寒冷，有时又会感到炙热；有时会觉得欢喜，有时又会觉得悲悯；有时会认真地去工作，有时也会让自己放松下来；有时我们观察着周围事物，有时也会思考一些其他的事情。感觉、情感、意志、意念，自我的存在将这些变化进行了划分，并且在此之上涂了一层鲜艳的颜色。所以，我一直处于不断的变化之中。但是，这样的说法并不完全准确。这样的变化所带来的改变远远地超出了我们最初所认为的那般。

我好像是在说，我所存在的每一种状态都有着自身的样子。的确，我说，我经常在不断地改变，并且对于我而言，这样的变化存在于两种状态的转换之中。倘若单单只观察当中的一种状态，这样的状态就是始终如一的。可是，当我们稍稍用心观察后便能够发现，不管情感、意念还是意志，都在不断发生变化。假如这其中的某一种状态停止了变化，它的延续也将于此停滞。譬如说，最为安定的内在状态，就是我们对一个不动的外部对象的感官与知觉，这对象或许会一直处于某种完全不变的状态之中；而我便以相同的方位、角度和光照下去观察它，我们以为它并没有改变。然而事实并非如此，我现在所观察到的对象与我之前所观察的对象定然不会相同，视像会因为时间的长短而发生改变。我有记忆，通常会将曾经的某些现象带入到现在。我的心态也会随着时间的流逝而缓缓前行，并通过记忆的日积月累而逐渐扩张，这种不停地扩张的自身的心态就仿佛堆雪人一般越堆越高，而感觉、情感及意志这些更为深层次的内在状态与那些纯粹的视觉不同，与那些不变的外物并非是对应的。可是，最初的我们并没有注意到那些细微的变化，然而当它们的变化逐渐增强，直到使我们的身体有了全新的局面，同时注意力也有了全新目标的时候，才能够更加明显地观察到那些变化。在这样的情况之下，我们就会发现自身的状态已经在悄然发生着改变。事实上，我们一直处于一种不断变化的过程当中，而那所谓的状态便是这样的一种变化。

由此我们能够得知，对于状态改变的过程与状态的持续，二者其实并没有本质上的差别。若是同一状态的持续比我们所想的变化更大，那么，状态之间的转移与同一状态的持续则是相似的。变化是不断延续的。然而，我们对于自己心中不断变化的想法往往并不在意，直到这样的改变变得特别明显后，我们或许才会突然感觉到新出现的状态与之前的状态相比有着某种千丝万缕的联系。而我们自己也会经常性地认为新的状态是会一直延续的。所以，如果仔细去观察我们的精神生活，便能够发现它其实并非连续的，因为我们所观察到的是通过一系列非连续性的作用才达到的精神生活。换句话说，在一条平缓而倾斜的坡道前，通常因为我们注意的断裂，所以我们认为自己看到了阶梯。在精神生活的世界里，充满了许多无法预知的事物。其中能够发生无数事件，每一事件与它之前所发生的事件似乎毫无关联，与它之后所发生的事件也似乎不存在联系。虽然这些事件之间看起来并没有产生出某种连续，然而事实上它们都存在于一个连续性的背景上，将这些事件隔离所产生出的间隙也属于这样的一个背景当中，仿佛交响乐当中时而发出的鼓声，因为那些鼓声能够吸引我们，我们才会将注意力投向它们。每一个鼓点都深深地震撼着我们内心的流动，这些鼓声成了最鲜明的点。其中涵盖了感觉、思考与情感，同时也涵盖了我们在某一个时间里的全部存在，我们原有的状态也因此而构成。倘若按照这样的说法，那么，那些所谓的状态便无法再说成是相互分离的要素。其实，这些状态之间是绵延的，最后组成了一条宽广无边的长河。

然而，我们的注意力却将这些状态进行了分离，因此我们不得不把这些状态用绳索重新连在一起。所以，我们的注意力便想象出了一个毫无差别的自我，它不具备任何倾向性，也无法产生任何的变动，将每一个心态看作一个独立的个体，并且把这些独立的个体都从自我上联系起来，失去了色阶层次上的色彩的互相融合和流动。我们的注意力将它们理解为相对固定的色彩，仿佛是许多绚丽多彩的珍珠，然后用一根绳子将这些珍珠串联在一起。倘若这种没有颜色的基质由于不断涂上色彩而无法确定，那么对于我们而言，它就好像是不存在一般。实际上，我们所能看到的也只是在这个基质上涂上了一层色彩的东西，换言之，我们所能察觉到的只是心灵上的各种状态。实际上，这个“基质”并不是真实的，它只是一种符号。尽管它在不断地流动，可是我们的注意力仍然将每一个状态并列在了一起，并且由于这样的符号，才让我们的脑海中开始记忆这些在不断运作的人为性格。如若我们的存在是由每一个分开的个体所组成的，而这些个体又在一个不为所动的“自我”中紧紧相连着，于我们而言，连续是不会存在的。那是因为，一个不断变化的自我是不能保持延续的。过去的心态倘若无法被新的心态所代替，那么便会产生自我的认同，无法持续保持。在这样的观点下，将这种状态在“自我”的基础上列成一排，完全是在做无用功。这些在一个基质上连成一块的固体，定然无法建构出动态的延续。从这样一种方式中得到的，事实上是在人为地模仿生命，是内心深处一种静止的等价物；正是由于真正的时间这一关键性的要素被我们从中抹去，从而使得它更符合逻辑和语言的要求。然而，在这种标记的掩盖下所展开的精神生活，已经很明确地告诉了我们，它真正的基质是时间。

同样，任何一个真实的基质是无法具有如此持久的力量的，因为我们的延续并不是用某个时间段来取代另一个时间段，如果是这样，那么除此之外，所有事物便都不复存在。总的来说，过去是无法延续到现在的，既没有演化，也与延续无关。延续是过去的持续发展，它不断吞噬着未来，同时处于膨胀的状态之中。过去逐渐地扩张，而这样的扩张也没有限制。我们一直想要证明：脑海中的记忆其实是一种机制，是将回忆清理后放入抽屉，或者记录在账本里。记忆是没有抽屉和账本的，准确地说，它根本不具备这样的能力；即使具备，也只是无时无刻不在积累着一个个过去，无法停止。事实上，过去是被其自身保存下来的。作为一个整体，它自始至终都紧随着我们。从婴儿期发生的感受、思维和愿望均涵盖其中，一直延续至今，并与现在融合为一体，朝着并不愿接纳自己的意识之门簇拥而去。大脑所要做的，便是将所有的过去完全拉进无意识之中，从而只让一种过去能够跨越意识的大门，即它能明确地揭示当前的情况，或者辅助如今正在进行的行为；换句话说，只有能够为我们所用的记忆，才可以迈过意识的大门。至多只有一小部分多余的记忆可以从半开的大门间悄然潜入。这些多余部分的记忆就像是信使一般，让我们能够察觉一些始终跟在我们身后的事物。但是，即使如此，我们对于它们依然没有太过清晰的概念，只是隐约觉得：它们自始至终都在伴随着我们。从降临到这个世界开始，我们便是自己的历史，更加准确地说，我们便是从来到这个世界之前一直到现今的历史，因为我们还拥有着出生之前便有的禀赋，若非如此，那我们是什么呢？我们的个性又在哪里？毫无疑问，我们所想的，仅仅只是过去很小的一部分。然而，在我们产生渴望、感受及行动时，却将所有的过去都显示出来了，甚至还包括了与生俱来的心理趋向。所以，我们的过去是一个完整的整体，用极其快速的方式向我们展现，用趋向的方式让我们有所感知，虽然当中很小的一部分只是被当成意识而了解。

过去就是这样存活着，因此，任何意识都不可能在两次的时间内呈现出同一状态。因为即使环境如何相同，处在环境当中的人也已经进入到历史中的一个新的瞬间。我们的个性是由不断积蓄的体验所构成的，在每一个瞬间都在发生变化。就是因为这种变化，我们的个性在发生转变，尽管它看上去好像还是始终如一。因此，我们的这种延续是不可逆转的。我们无法重新体验一次过去的生活，即便是片刻时间，我们也做不到，因为如果我们能够做到的话，就要抹杀所有的记忆。而且我们就算从知性的角度上能够抹杀，从意志的角度上也是抹杀不掉的。

因此，我们的个性是不断生成、成长和成熟的。在每一个瞬间，都在增添着新的东西。但是我们也可以进一步说，每一个瞬间都是新的，也都是不可预测的。尽管，毫无疑问，我的当前状态就是由刚才的内在心理和外在的作用所决定的。在分析我当前的状态的时候，我也不会找到任何的其他元素。但是即使我们具备超人的智力，也无法预见这种简单的、不可分割的形式，这种形式将具体的组织赋予完全抽象的要素。所谓的预见，就是把过去的观察和直觉投射到未来，或者说，是按照一种不同的次序，将搜集到的过去的元素重新组合，然后等待着它进行呈现。但是，那种从来没有被观察到的单一的存在，必定是无法预见的。如果我们是用一种流动性的、逐步展开来的历史的瞬间来看，我们的每一个状态无一不是这样的。我们的每一个状态都是单一的、不可预测的。因为所有的能够被观察的东西，都会被凝聚在它的不可分割性当中。我们的每一个状态，都是创造历史的新的瞬间。

一幅肖像画，能够由模特儿的相貌、画家的性格和调色板上的颜色来诠释。但是，即使早已经了解了模特儿的相貌、画家的性格和调色板上的颜色，也没有人可以预知完成后的肖像画会是什么样子，或许连画家自己也无法想象出作品的样子。如果我们能够想象出来的话，那便代表着肖像画在绘画之前便已经完成了，这是一种自相矛盾的无稽之谈。就是这样，世界的每一瞬间都是由我们自己来创造的（我们就等同于那些画家）。画家们的才华在他们创造作品的瞬间会发生变化，同样，任何一个状态都在完成的一瞬间之后成了一种新形态，让我们的人格发生了全新的改变。因此，所谓我们做什么取决于我们是怎么样的，这话不容置疑，但还需要加上一句，在某些时候，某些事情的发生通常是由我们自己来改变的，这是一个自我不断创造的过程。在这样的情况下，人因为能对自己的行为加以预示，便能够让事情更接近于完美。在几何学中，只要客观前提不变，结论就会一成不变。但是相反的是，因为事物的发展与数理几何并不一样，对于人来说，尽管前提和理由相同，却因发生于不同的人身上甚至是同一个人的不同瞬间，结果就会很不一样，但是同样合情合理。而事实上，这是因为它已经不是同样的前提和理由了，至少不是同一个人的前提和理由或不是同一个瞬间的前提和理由了。正是因为如此，我们才无法像几何学那样从它的外部进行抽象处理，也无法帮助人们去解决人生提示的问题。这样的问题只有依靠自己从其内部来解决了。但是，在这里并不需要太过深入的探讨。我们所需要了解的只是人们的意识在“存在”这个词语中真正的意义。最终我们能够明白，对于有意识的生命来说，存在就是变化；变化之后便要成熟；成熟之后便成了自我的创造。而对于更加普遍意义上的存在来说，是不是也是这样呢？

二、无机物

就物质对象而言，不管属于哪一种，都与之前所描述的性质呈现出不同的一面。如果物质对象不是在现有的基础上维持的，而是因外在力量的影响而产生改变的，那么这种改变一般来说也是不变部分的互相移转而已。倘若这些部分因此而发生改变，我们便将这些部分不断地进行分解。因此，我们应该下降至每一个微小部分的构成之中，从分子降至原子，从原子降落至微子，最后是降至那些“不能预知的微小物”当中。在“不能预知的微小物”中，微子或许只是由一种纯粹的旋涡所形成的。总而言之，我们一直在不断地进行细分和分解，但终将停止在那不可能改变的东西上。

所以我们才说，一个完整的物体是由其每一个细微物质的迁移而发生改变的。然而，某一个细微的物体在离开之后，任何事物也无法阻止它回归到原来的位置上。所以，每一个细微物质在历经了状态的改变或迁移之后，会再一次回到原来的位置，即使它自己无法迁移，但仍然能够利用外在因素回到原来的位置。总而言之，这些细微物质的状态能够由它们而发生数次迁移改变，由此我们能够了解到，这些细微物质并不会衰老，同样不会成为历史。

细微物质是无法创造的，细微物质所组成的形式也无法创造。细微物质将来呈现的状态其实已然出现于如今的状态之中。或许我们还能够认识到如今的状态已经涵盖了与之相关联的宇宙当中最为细微的点。而凭借超乎常人的智力，便能够算出在这个空间里任意一点所在的位置。因而，就理论而言，从这一系统当前的构造中，便能够了解到它将来的形态。

我们对于事物所产生的信念，和对科学所隔离出来的各种系统的运用，都依赖于时间不会吞噬这种事物与系统的理念而产生。过去我曾提到过这种问题，如今也有所涉及。科学给予某些物质对象或单一系统的抽象时间t，它也只是某一定数量的共时性，更确切地说，是某种固定数值所对应而产生的关系；同时无论这些对应关系之间有何种特性，它们之间的数值是不会产生变化的。说起一般物质的时候，这当中的间隙是不可能出现问题的，即便这当中的间隙只是为了去计算出它们之间的对应关系。此种对应关系所出现的结果，在此不需要讨论。我们通常不需要去了解分割剥离的事物，科学也是如此，它们都将自己放置在间隙的两边，却不会依靠间隙本身而运行。为此只能说，时间所拥有的速度是无限的；物质对象及单一系统的曾经、现今和将来都在空间里逐一展开。此时，不管是在科学家们的公式之中，还是在日常的用语里，都不存在任何有变化的东西。字母t一直都代表着同一事物，时间如今成了所描绘的一根线；事物或系统的每一个状态和这根线上的每一个点均是由t计算出相同数值的对应关系。

然而，连续却是物质界无可争议的事实。即便我们对这些分割系统所做的判断，常以为各系统之间的每一个时间段都能够像扇子般同时铺开，然而我们都理解错了，因为历史有它自己的持续性，是循序渐进的。想要做出糖水，便只能悉心等待砂糖的溶解。这虽然是我们日常生活中一件很小的事物变化过程，却意义重大，因为我们所需要等待的时间并非数学里的时间；倘若如此，我们就能够在整个物质世界的历史过程中发现这一数学时间，即便那个历史在一刹那的空间之中分布也是这样。然而我所等待的时间只与自己持续的某个部分有一致性。这一部分当中，我能够自由随意活动。所以这已然不再是一种意识，而是真实的；它也不再是某种联系，而是绝对的变化。然而这也只是表示，水、砂糖及砂糖溶于水的整个过程都是抽象的，或许是我的感受与了解从整体之中分离出来，然而这一整体也只是随着意识一直向前的。

科学让一个系统产生分解、剥离时的过程并非都是人为的。倘若失去客观的依据，便不可能了解为什么这样的过程时而可行，时而却不可行。我们会了解到，物质有变成单一系统的趋势，而这种系统能够用数理几何学的方法进行处理。基于这一趋势，可以方便我们去了解物质。可是这仅仅只是一个倾向，物质无法扩展至极限，彻底的孤立同样也毫无存在的可能。为了更加便于研究，科学才会将物质推向极限，并让它孤立。科学也曾表示，孤立的系统会因外在因素的影响而产生变化。科学只是将那些影响搁置，不去讨论，因为那些影响是微乎其微的，因此放任不顾，或很久之后再对其进行考虑。然而，这些影响却逐渐变成了一丝丝的细线，能够将这些系统与另外更大的系统联系起来。这样的系统跟涵盖这两个系统之中的另一种系统相结合，最终能够变成最客观单一、最独立于其他全部的系统，从而延伸到整个太阳系之中。但是，即便成长至此，孤立也不是绝对的。一方面，太阳能够将阳光和热量投射到遥远星球的对面；另一方面，太阳同时引领着一切星球和它们的卫星，以一个特定的方向运转。把太阳及宇宙之中其他部分的线结合起来，的确显得极其渺小，然而，整个宇宙的发展，却沿着这根细微的线一直延伸至我们细微的生活当中。

宇宙一直在持续之中。越是探究时间的本质，就越能够了解持续就意味着创新，意味着新形态的创造，以及坚持创造新生事物的努力。科学所分割出的系统可以持续，是基于它和宇宙之中某些部分紧密结合在一起。就像后面我们要讲述的，我们可以区分宇宙自身的两种反向运动，一种是“下降”，另一种是“上升”。下降是将已经卷好的发条松开。从其原理上看，瞬间即可完成。上升则是和成熟或创造这种内在作业对应的，因此从本质上来看这样的运动是有持续性的，同时把其律动置于“下降”之上。下降与上升是不可分割的。

由此可见，倘若科学所隔离出来的每一个系统都重新回归至“整体”，这种系统便能一直持续，甚至能够当作某种与我们类似的存在形式。也只有这种形式能够以整体的形态来呈现，那些我们所了解的事物更会因此而凸显。我们在某个特定的对象中所看到的清晰轮廓，让这种对象有了个别性质，然而这样的轮廓只描绘了某种用途，一种可以触及这个空间某个点的用途。这或许是我们能够拟订的实施计划。这个计划依靠镜子映射至我们的眼睛里，仿佛能够清晰地看到事物的整个面及其棱角。倘若解除这个行动，物体的个体性就会消失于实体自身的普遍相互作用之中。

三、有机物

这里我们已经研究了一般物质对象。那些具有特殊地位的对象是否存在呢？我们所了解的实体均由我们自己的感知从自然这个基体中截取下来，而这把剪刀描出了行动能够经过的点线。然而，某种物体或许会开始行动，在进行之前便把潜在行动的底线投射在物质之上，或许只需要将感知的部分指向运动之中的实体，便能够让实体变换成一定的形式，从而创造出一切其他的物体。这种物体便是我们所说的生物，而生物与其他物体是否有共同点呢？

这样的生物也是具有一定的延伸性的，同时它和空间所占有的部分性质紧密地联系在一起。它处于整体之中，同时也与整体紧密地联系在一起，并且遵从于操控物质所有部分的自然规则。可是，因为我们的感知，物质才被划分成了孤立而细微的物体；同时因为我们的科学，才由这些微小的物体组成了统一的系统。相反，生物则是由单一变成统一。生物是依靠相互补充的异体成分所构成的，这些成分是紧密联系在一起的，却又是单一的个体。而另外的事物，即便是结晶体，也无法将它们归纳为个体，因为结晶体失去了各部分之间相互的异质性，而它的功能也不存在于多种性质。即便是在有机世界里区分个体与非个体也是异常困难的。这其中的区分难度在动物世界里是显而易见的，而在植物界这种区分就更是难上加难了。况且，这样的困难还源于一些更加深刻的因素，我们将在之后进行具体概述。我们可以看到，个体性存在于各种阶段。无论处于何种阶段，即便是我们人类也不可能完全实现。可是，即使我们能够把一种个体性看作是生命的固有特点，也无法对它进行精确的界定。那些熟悉几何学的生物学家们，则总是想方设法地利用这一点。一个完整的定义只适用于已经完成的实体，而鲜活的生命特征却难以完全实现。这样的特征是一种状态，更确切地说是某种倾向。这种倾向只在它的反向倾向完全没有存在时才有可能实现目标。这样的情况是不会发生在生命的世界当中的。在生命世界里，相互抵制的倾向也通常纠缠在一起，特别是在个性之中。个体化倾向尽管频繁地在有机世界出现，但依然无时无刻不受到生殖倾向的威胁。倘若想让个体性保持完全，便必须让有机体当中的任何一个部分都不能从整体分离。然而这样一来便无法繁殖衍生。这样的情况，不就是表现在离开旧有机体后重新构成新的有机体吗？这样看来，个体性通常存在着它的宿敌。个体性一般需要在时间上一直延续下去，然而因为这样的需求，在空间的概念里却变得难以实现。生物学家们无论何时都需要考虑两种倾向。所以，想要那些生物学家们在公式化的同时依靠自我应用的个体性进行定义，几乎是没有可能的。

但是，我们经常能够依靠物质的形态对生命的某种现象进行探究，这样的情形非常之多。在探究个体性的时候，尤其明显。相信所有人都知道，当一条蚯蚓被截成两半后，每个截断的部分都能够重新长出一个头来，从而一条蚯蚓变成了两条；水螅也是如此，无论被切成多少段，都会出现同样数量的水螅。海胆的卵细胞碎片在一段时间后也能够繁衍成一条完整的幼虫。或许我们会问：这三种动物存在着怎样的个体性呢？尽管它们存在多种个性，但对于它们的唯一个体性我们仍是不能否认的。当一个柜子被抽出几个抽屉后，或许我们不能说它是一个完整的个体，但是，它依然是柜子，这个事实并没有改变，但是，如果把柜子看作由许多异质部分构成，其实早在制作它的时候就已经拟定完成了。总体而言，我们的行动需要依靠无机体，我们的思维方式也需要以它为蓝本，可是无机体已经受到单纯规则的支配："如今所拥有的并不会超过过去，但结果都是源自起因。"从这样的表象当中我们可以了解到，倘若有机体的特性是在慢慢成熟和变化的，那么有机体最初为单一的个体，继而逐渐增多，也就不会让我们感到惊讶了。单细胞有机体的繁衍便是这样，这种生物分裂之后的两个个体是完全独立的。而对于那些极为复杂的生物，大自然会产生出一个崭新的整体，同时将其限定在生殖细胞这种近乎完全独立的细胞之中。但是就像再生所显示的那样，这样的功能依然有许多的成分分布在有机体的各个部分之中。因此，在一个特定的情况下，尽管这样的功能是潜在的，却已然完整地存在着，一旦机会出现，它就会渐渐展现出来。在个体性的描述中，即便有机体无法分裂为各个具有生存能力的个体也没关系，有机体在分离之前已经凸显出若干部分所构成的某些统一性，倘若它们进行分裂，这样的统一体依然在部分当中重新呈现。这正是我们在有机世界中所观察到的情况，从而得到这样的结论："个体是无法完成的，而对个体的分辨也是相当困难的，即便如此，生命却依然表现出对个体的探索与追求，要完成一场与自然的分隔，从而组成封闭式的系统。"

由此可知，生物能够与我们的科学和感知所孤立（人为的孤立）或封闭的所有事物有所区别。把生物当作物质对象是错误的。倘若我们希望在无机物当中寻找到对比的物质，就应该把具有生命力的有机体看作物质宇宙这样一个整体，将其喻为一个特别的物质对象，更是恰当。然而，这样的比喻似乎没有我们所想象的那般具有震慑力，因为生物是可以用肉眼看到的，而整个宇宙却是用思维构建的。但是，正是通过这样的对比，我们才能够了解到有机组织的本质。宇宙是一个整体，而它也是在不断延续的，同时，部分抽离的意识体同样也在延续，富有生命力的有机体更是在延续。有机体已经由历史演变至今，并且在当今的世界里继续丰富着生命，并且继续丰富着。如若不然，我们根本没有办法认识到有机体为何能出现有规则的过程及年岁的增长，简单来说，就是历史为何会出现。从我们自身的肉体来看，肉体与灵魂是相同的，从孩提时的岁月渐渐成长，然后逐渐老去。就像我现在的身体，已经老了。我们年岁的增长本就是通过身体的特质来表现的。根据身体的对应，我所以将意识的改变用同样的名称来称呼，然而这只是打一个比方。我们站在生命的顶端自上而下来观察最底端的生命，从层次鲜明的地方看到不具备鲜明层次的地方，依靠生物的层级，从分化走向整合。就像是从繁杂的多细胞转移至单一的单细胞一样，同样地，我们会发现，单细胞也会逐渐增长直到老去。单细胞的纤毛虫类在历经了一定次数的分裂分化后，会逐渐老去。倘若环境被改变，则能够推迟老去的时间，从而产生一种复原现象，却依然无法让这一时间段无限延长。尽管这种极端状态的现象只是个别案例，但在这些极端状态之间，还是能够发现很多其他的个体性没有那么明显的状态，尽管那毫无疑问也存在衰老的过程，却没有办法确定衰老的到底是什么。这样的事例并不少见。在这里我们需要强调的是，生物学不存在对于所有物种的一种普遍规律。其中所具备的只是一个方向，在这样一个方向上出现了诸多生命而已。每一种生命都有一个自我完善的过程，同时保证自身的独立性，任意前行，尽管偶尔会偏离方向，有时还会遇到陡坡，让方向发生改变。如果我们说一棵树永不老去，树上的枝叶保持着翠绿繁茂，并不断通过发芽繁殖新树干，但即便这样的有机体——可以称之为个体，更确切地说是一个群体——它的叶子与枝干的内部仍然会随着年岁的增长而老去。无论何种细胞，我们对它进行观察后便能够发现它是依照某种规律在进化的。总的来说，生命是依靠时间的洗礼来记录的。

或许人们会说，这只是打一个比方或提出一个假设。然而，机械论所内含的本质便是将依靠时间具有的有效作用与固有实体性的论点用比喻的形式呈现出来。倘若我们用肉眼去观察，便能够了解，我们的意识来源于脑海中的记忆，换句话说，就是历史的延续，即一个不断前行的过程。理性能够证明，假若我们逐渐远离基本的知识与科学所区分的对象和所隔离的系统的话，那么我们对于实体的认识就会更加真实。实体的最核心的状态在不断发生变化，好像是不断积累起来的时间让这种真实随时发生变化。但是这种证明对我们几乎不起作用。因为大脑的机械直觉不但比理性强，甚至也比用肉眼观察的直接经验强。在我们的意识当中都存在一个形而上学家。这个形而上学家，就像后面我们将要说的那般，但是用人类在整个生物界之中所占用的位置来诠释，这个形而上学家有着特别的要求，以及部分解释和无法回复的纲领。这当中都是对通向实体延续的否决。任何改变都定然需要回归于各部分的分化或分化后的变更状态，时间是无法逆转的，人无法让事物回到原来位置。岁月的老去只能称为一个漫长的获得或失去某些物质的过程，或者同时获得和失去的过程。无论是生物还是沙漏，在同等程度上，时间是具有实在性的。就像沙漏，上面空空如也，而下面则是满满一壶。当把它翻转之后，事物又回到了它起初的位置。

四、老化与个体

然而，在老化过程当中的获得与失去，人们始终持有不同的意见。部分人始终认为，他们从出生直到死亡，其原质数目往往都是增加的；而另一部分人却根据更加合理深刻的学说认为，在有机体的内部，营养物质是促进它更新的关键，这样的物质的数目不断递减，而无法排出体内的残留物质的数目递增。最终，残余物质囤积体内，使得身体“硬化”。还有著名的细菌学家推崇这一理论，即如果没有考虑到吞噬发生的作用，那么任何对老化的解释都是不充分的。对于这样一个问题，我们似乎没有能力去进行判断和裁定。然而，尽管对于获得与失去的那些东西，这两种说法有着很大的区别，但物质是一个持续积累和流失的过程，在这一点上双方都是认可的。这种事实很清楚，诠释的范畴也具有先验性。我所做的研究越深入，则会越清晰地看到，人们在思考时间的时候，沙漏现象似乎局限了我们的意识。

人体老去的原理或许是一种更深层次的东西。在我看来，胚胎的进化与已经成为有机体的物质的进化，是一个不可阻隔的延续。生物在一个成熟、发展、老去的过程推动下经过了生活的各种阶段。胚胎是一个形态持续改变的过程，想要记录这样一个过程，就像处理一种连续体一样，都会陷入无限当中而迷失方向。而生命就是对这种出生前即不断的演化的一个持续的过程。能够证明这一点的就是，通常我们不能确切地说出自己面对的究竟是一个逐渐老去的有机体，还是渐渐成熟的胚胎。这就好像我们面对的是昆虫类和甲壳类的幼虫一样。此外，在我们这样的有机体当中，青春期及更年期之类的时期通常会让部分个体产生着根本性的改变。这些危机在许多地方均能够与幼虫和胚胎的生活时期所出现的改变来进行对比。不过，这种危机是个体生命老去的一个必经过程，并且在某个特定的时段发生，时间很短暂。但是，任何人都不会因为到了这样一个时段，便会突然，发生危机，如同刚过二十的男子必须到军队中去一般。青春期这类的改变，从来到这个世界，甚至之前便已经开始萌发了。当危机发生时，很大一部分是如此长期逐渐酝酿的成果。总的来说，在老去的过程里，形态的变化被分划为无限的，却又不断延续的。当然，老去通常会随着有机体的颓败现象，以机械论来诠释老去的人必定会坚持这种颓改现象。他们会推举出硬化的事实、残留物质不断积累的现象，以及细胞内原质的逐渐增长等。然而，他们所看到的真实表象下还藏匿着一个内因。不管是生物的成长过程，还是胚胎的成长过程，均含有延续记录，是过去在现在中的存在，至少也意味着有机体的记忆，即使这只是一种表面现象。

无机物体的当前状态通常是由之前一瞬间所出现的情况决定的。在科学所局限、单一的系统内，质点所在位置经常会因为这些质点在之前的某一时段的区位受到局限。换句话说，制约无机物的规律，从机理上而言，能够用时间（数学家的时间）为单一变数的微分方程式来体现。生命的规律也是这样的吗？生物体的状态是否可以用之前的状态来诠释呢？倘若将生物体与另外的自然物相同对待，即使用这种先验前提，将生物体看成各类科学家所研讨的人为系统，便能够用这样的方式来诠释它的意义了。然而，在各种科学的范围里，之前所述的命题其代表的意义是非常明确的；按此说法，对于科学，现今的状态能够以它之前瞬间的过去状态用函数来计算。但生命并非如此。这当中，能够计算的最多也只能是某些有机体颓败的现象。相反，对于有机体的创造活动，即使生命变成一种更替前行的表现，也无法用任何数理方法来处理。或许有人会说，之所以不能是因为我们无知。但是，同样能够以下面的方法来体现，这就说明了一个事实，即生物在瞬间的存在的原因是无法见之于之前瞬间的；而有机体的全部过去和它的遗传——即它源远流长的历史总体——都必须与当前的瞬间结合。在这样的假定下，后者不但体现了生物学的现状，也表现出了它未来的趋向。倘若根据超乎常人的计算者，生物体也能够像太阳系一样，用数学来进行，这样的方式是在伽利略的物理学发现后逐步产生的形而上学中渐渐出现的。然而，我们会证明，这样的形而上学往往是人们意识中的自然形而上学，但我们很快就将它当作了真理来对待，诸多出色的思想家也在未经过验证的情况下接受了这样的说法。总的来说，这样的形而上学通常有着引导我们思维的力量，也正是因为这样，我们需要更加警惕。因为这种形而上学的吸引力，同样能够证实它可以满足我们与生俱来的某种趋向。但是，这种与生俱来的智力趋向，也是生命在一个不断改变的过程中所缔造的，并且，这样的趋向并不是让我们去诠释生命的含义，而是为了某些另外的目的而产生的。

倘若需要区分人为系统和自然系统、生存和死亡，必然，会遭受这种趋向的反驳。所以，所有人都明白不管认为有机体是将延续，或是无法延续，都是困难的。他们当中的某些人会说："啊！你难道觉得人为系统的状态是取决于之前瞬间的状态，却让时间无法介入？

你难道不会将这样的系统放入延续之中？并且，就像你所说的，倘若过去已与生物现在的瞬间相结合，有机体的意识怎么可能会让过去完全凝聚在之前瞬间之中？通过这样的方法来看，之前的瞬间应该是现在的原因吧？”这样的说法忽视了具体时间和抽象时间的一个极为重要差别。具有真实物体的系统是依靠具体时间开展的，然而抽象时间只有在我们去了解人为系统的时候才会从中介入。人为系统的状态依附于之前瞬间的状态时，它表示什么呢？数学之间没有与之相接的点，同样，某个瞬间前也不会存在一个瞬间，甚至不能出现前一瞬间。我们所说的之前的瞬间其实就是依靠间隔 dt 与当前状态相结合的瞬间。这里我们所要表述的就是，这个系统的当前状态是依靠并入 ds/dt 或 dv/dt 当中的微积分方程式来定的，即由并入当前速度和当前加速度的公式来决定。因此，所有的问题只不过是现在的问题，即便是将它与它的趋向一同作为考察对象，问题依然是现在的问题。其实，那些科学机构探究的系统均处于持续变化的瞬间里，而绝不会处于过去和现在相结合的一种具体而真实的结合点上。科学家们计算某种系统在时间 t 的顶点所呈现的将来状态时，能够假设物质宇宙在起源的瞬间便消散，历经时间 t 后，忽然再次出现。在这种计算当中，发挥作用的仅仅是第 t 次的瞬间，这也是纯粹的瞬间概念。但是在动向的时间——真实的时间里，具体会发生什么，并没有形成问题，也没有进行计算。科学家即便声称处在两者之间，他们所处的也仅仅是某一点或某一瞬间，换句话说，即时间 t' 的尾端。所以，在这个间隔中（即这个真实时间中）会流动什么，这并不重要，因而也不在计算之列。如果科学家思考微分的同时还把这部分分解成无限小的部分，那么加速度和速度是他们所思考的，也就是思考显示趋向的数值——能够计算某种系统在已知瞬间状态的数值。可是，问题始终都存在于已知的瞬间，这是一个停滞的瞬间，而不是动向的时间。总的来说，科学家所分析的世界，是忽灭忽生的世界，是笛卡尔谈到继续创造时所考虑的世界。在这样的界说之下的时间里，进化——生命的唯一特征怎么能够产生呢？我们所说的进化是表示现在真实地承载着过去，是一种称为延续的链接。换句话说，认识生物——自然系统，就是要了解延续的真正含义；而对于认识人为系统——数字系统，只与处于末端的状态相关。

所以，变化的延续性，现在对于过去的承载，真实的延续，这些属性都是生物与感觉所共有的。那么，我们是不是能够这样解释，生命与感官运动似乎是相同的，是创新，是接连不断的创造呢？

五、生物进化论及其解释

在这里，我们并不准备列举生物进化论的凭证。而在本书中，我只希望能够简要解释，我们为什么会认为生物进化论已明确地诠释已知事实。生物进化论的思想在有机体的自然分类中已经萌发。其实，自然学家是先将相近的有机体放在一起，再将它们逐一分成若干群体。每一个小群体内，有机体会越来越相似。学者们就按照这样的分类，连续不断地进行着这项工作。在这样的运作下，群体的特征逐渐成为普遍性的主题。小群体则以这样的主题为背景，分别演奏自己的曲调。与它们相像的联系，亦见于生物系统内生殖者与被生殖者之间。换句话说，前代把画布传递给后代，而后代即在这共同拥有的画布上逐一绣出独特的边纹。后代与前代的区别尽管很微小，然而共同的生命物体，能否具备足够的可塑性，逐步呈现出像鱼类、爬虫类及鸟类那样不同的形式呢，这确实是一个问题。不过，通过观察，能够对这样的问题做出明确的回答。如观察所显示的那样，鸟类的胚胎一直到出生之前的时间段里，与爬虫类的胚胎几乎无法分别。依靠进化论的理解，一个种类经过了许多演化后变成其他种类，但是一个个体在胚胎阶段的演化，完全可以与之相提并论。雌雄两种细胞相融合后所形成的单一细胞，经常一边自我分化一边进行这样的变化工作。这就使得我们经常能够看到，生命的顶端形态从极为纯粹的形态中衍生。历史已经告诉了我们：最复杂的事物都是由最简单的事物衍化而生。可是，事实真的是这样吗？古生物学家们尽管并没有充分的证据，但却努力让我们相信它的真实性。因为那些古生物学家们所明确辨认出来的继承顺序，恰恰和胚胎学及解剖学所假设的顺序是相同的，进而成了生物进化论的新证据。于是，这些直接经验的证据不断加强；而另一方面，反对的意见又逐渐被一些实验所驳斥。例如，H．德·福利斯做了一个有趣的实验，证明有一些巨大的变异是突如其来的，并且能够以某种规则延续下去，解决了某些进化论的难题。经过这次实验，生物进化所需要的时间被极大地减少了。这个实验让我们对古生物学的要求不再那么严苛了。于是，总的来说，生物进化论的假定似乎越来越接近真实了。虽然这些理论和实验并不严谨，但是，即使没有直接的证据和被实验证明的事实，仍然存在着一种不断发展的可能性，而当缺乏直接证据的时候，这种可能性不但似乎成了一种证据，而且还无限接近真实。

六、激进机械论——生物学与物理化学

那么现在，让我们先承认生物进化论也许是错误的吧。让我们这样假设：依靠推理与验证的结果，物种的产生是通过我们当前所无法想象的非延续过程进行的。这样的学说是有趣的，同时，对于我们而言又极为重要。这种假设会影响到我们吗？分类的大纲依然存在，胚胎学上的资料依然存在，比较胚胎学与比较解剖学之间的对应关系同样也会存在。因此，生物学应该并且能够在生命形态之间，建立一种与生物进化论目前所假定的同样的关联和亲族关系。当然，这是理念上的亲族关系，并非实际意义上的近似关系。但是，因为当前古生物学的成果依然存在，因此存在理念上亲族关系的形态或许不会同时出现，而是陆续出现。如此一来，在哲学的领域里，这些都不再是进化论的重点，以下的两种解释才是真正的重点：①确定理念中的亲族关系；②形态中有这种逻辑上的近似关系时，这些形态具体的物种互相会在不同的时间里陆续发生。这两种论点不管在什么情况下均会成立。那么，生命形态无论是在创造性的思维当中（其中，不同的物种的相互产生，正如同生物进化论所告诉我们的那样），还是在自然界潜在的生命规则中（它能够逐步自我实现，其中单纯形态互相的逻辑性和时间性近似关系，可能与生物进化论所提出的物体之间的真实近似关系相同），最后，或者是在生命所涵盖的无法判定的原因中（它自身发挥的影响力，正如它们相互影响和产生的作用力一样）都会有可能出现。那么，在这时候，我们就不得不假定出一种进化论来，只是变更了场地而已，也就是从可见的存在变成一种潜在。生物进化论告诉我们的，几乎

全部都被保存下来了，只是需要另外的一种解释方法。如此一来，像所有的科学家那样，完全接受进化论的观点，岂不是更好吗？问题是这种进化论在多大程度上描述了事实，又在多大程度上把事实抽象化了呢？倘若没有这些问题，进化论就不会和那些它要替代的诸多学说产生矛盾，甚至和某些反驳它的个别学说同样不存在矛盾。所以，在我们看来，生物进化论是将它的语言强加在了一切哲学之上，就像生物进化论将教条的主张强加在了一切科学上一样。

但是，我们不能抽象地概括生命，也不能像一切生物记录那样，将一切生物都列在它的标题下面。偶尔，空间之中的某些点上将出现一股流动。这条预示着生命的流动连续穿过每一个生命体，将这些生命体有机地串联在一起，然后传承下去，最后分化为各种物种，分布于不同的生命体之中，它的力量没有丝毫的减弱，反而在前行的道路上越来越强劲。众所周知，魏韦斯曼所主张的“种质连续学说”中，他觉得双亲有机体的性要素能够直接把他们的特征遗传给孩子的性要素当中。但是这种极端的理论，往往会遭到反驳和排斥，因为在受精卵最初分裂的时候便能观察到出现的殖腺轮廓，这只是一些极为稀少的事例。然而，性要素的生殖细胞即便无法从胚胎生活的最初阶段即体现出来，也常常以胚胎的组织为材料而构成，这样的说法也是事实。并且，胚胎组织根本无法形成特定的功能分解，此组织细胞则由还未改变的原质组成。换句话说，受精卵的生殖力越广泛运用于胚胎的增长组织上，它的力量就会越弱。但是，尽管生殖力减弱，却能够使自己的某些东西在某个固定的点上集中，即集中出现在卵细胞或精子细胞上。从而我们能够了解到，种质即便无法延续，却能够表明生殖力是延续的。虽然生殖力在刺激胚胎生命的瞬间将消耗殆尽，可它却在之后快速地回归到全新的性要素中，安静地寻找下一次机会。从这个观点中我们能够发现，生命似乎是用在逐步成长的有机体为某种介质，由这一胚胎迁移到其他胚胎的一道水流。有机体本身或许只是为了自身的延续，而由旧胚胎在新胚胎上出现的增生体或者或萌芽。最为关键的，依然是持续不断的前进。在这种不可见的前进之上进行跨越，每个可见的有机体于自我所存在的短暂生存期内都加入到这个一往无前的奔跑过程之中。

我们对这种生命的延续性越加关注，便越能够了解有机体的进化与潜在意识的进化之间的相同之处。在意识里，过去逼迫着现在，新的形态在这样一个过程中迸发出来，而这种新的形态并无法以之前的尺度来进行衡量。同样，没有人会否认生物的出现也是由于某种原因造成的。可是它的含义只是在于，倘若这种原因在之后的阶段能够得到了解，则新的形态便能够以这样的方式来进行理解和说明，但是预知形态则完全没有可能。或许某些人会这样说倘若我们已经了解了形态创造时的所有条件，岂不是能够事先知道其形态吗？然而，这样的条件却呈现了在生命之前所存在的历史契机，从而和形态相结合，并且融合为一个物体。某种状况在过去是不会产生的，将来也同样不会，充满了特殊性的这种状况如何能够被事先得知？对于未来的事物，只有那些与过去相同的，或者是以过去的元素重新构成的才可以预先了解。天文学、物理学和化学即是如此。换句话说，那些被看作固定的因素在某个系统内共存着，并组成这种系统的事实，在这样的状态下，只会产生位置的改变，想象各个元素会重新走回原来的位置，从理论上来说也是可行的。但是，尽管在相同的现象中，或者是同样的因素下，能够反复存在，然而，自我创造的状态却已将其自身某些独创的部分分配给新状况的组成因素当中了，也就是说分配给我们能够看到的状态之中各个部分了。因此，在这种独创性状态出现之前，怎么样才能够提前预知呢？我们最多只能如此理解，独创性状态一旦出现，就能够在了解之后寻找到要素来诠释。如果新物种的出现是真实的，那么新个体的出现也同样真实；通俗地说，所有生命体出现的全部契机都是真实的。变化如果没能达到某个固定的程度和总量，则无法出现新的物种，但其实在任何生物体中变化是每时每刻都在发生着的，只是我们无法看见。如今，突然的改变倘若在诸多看起来不变的时间段里没有出现孵化作用或成熟作用，很明显是无法实现的。在这个意义上，生命也和意识一样，时刻都在创造着什么。

然而，既然形态必然是独立创造的，那么，同样也是无法预先了解的。我们的智力对这样一种解释也必然存有反对意见。智力是通过生命持续的进化而出现的，它的本质能力是显现我们的趋向，让我们对事物的活动预先作出判断并进而有所准备，预判未来在某种情况下将会出现的事情是好是坏。所以，我们的智力本能地在某一个状况中选择与已知东西类似的事物，运用“同类相生”的原理。这是通过常识来预测将来所发生事情的重点。虽然科学已在逐渐地将这种预判提升到最严谨和正确的地步，但依然没有改变这种运作的本质性。与常识一样，科学只是关心事物的重复的那一面。所以事物虽然是全新创造的，但科学还是将这样的整体分解成为过去曾经出现的要素或情形。科学能够处理的是可以反复之物，也就是在假定的从真实时间中抽取出来的范畴内工作。而对于在过去连续瞬间中无法还原与无法逆转的事物，科学对其保持着避而不究的态度。为了对无法还原及无法逆转的事物有更好的认识和形成概念，我们就必须与这种适应最基本思考要求的科学痼习切断联系，强迫精神开始转到感知的自然道路上前行。而这就是哲学的思想。

为此，生命以一种无法预知的形态持续出现，在我们所能看到的地方逐渐进化，可是，形态的无法预见性或是持续性，都只是表象，皆是我们无知的外部反应。时至今日，这样的思考还是存在着。有人说，倘若将感知看作持续的历史，加以分化，那么可以分为多种状态的继起。即便是独创性的状态，如果对其进行分析也能够将其化解为要素性的事实，而这样的事实只是在一种我们所知道的事实中不断反复着。而那些无法预知的形态，也只是旧要素所进行的重新的排列整合。这种排列对于要素性原因的结合具有至关重要的决定性。这种原因均是依靠曾经的原因，并采用全新的规则变化而不断反复。如果了解这些要素和要素性原因，它的结合及成果的生命形态便能够事先描绘出来。将这些情况的生物学现象分化为物理化学的因素后，如若我们有所需要，便能够跨过物理化学，从个体到分子，从分子进入到原子，再从原子进入微粒子，最终定然能够到达类似于天文学中的太阳系的领域。倘若对这样的趋向进行否定，这无疑是对科学机械论的原理进行了否认，同时武断地认为：生命物质并不是由其他物质的相同因素所构成的。为此，我们可以这样来解答：我们并不否定无机物质与有机物质在本质上是相同的。而它们之间唯一的问题是，被称作生物的自然系统能否跟科学在一般物质中抽取的人为系统一样来对待？还是说应该与宇宙整体的自然系统相比较？生命固然是一种机制，对此我还是相信的。

然而，这究竟是全宇宙中人为独立部分的机制,还是一个真正整体的机制？从之前所说的我们能够知道，真正的整体在我们看来是无法分离的连续体。这样，我们在从中所抽取的各个系统其本身便不是一部分，而是从不同位置来观察整体所体现的局部景象。即便将这些局部景象联系在一起，依然不能把握重塑整体的关键；就仿佛在不同位置对某物进行拍摄一样，无论拍摄多少，也不能重现被拍摄物的实质性。相同的情况也能够运用于生命及了解生命所获得的物理化学现象。的确，如果解析创造有机体的整个过程，或许能够找到我们意想不到的物理化学现象。这些是化学家及物理学家们所热衷的领域。然而，化学和物理学却无法让我们去解析生命的构成。

曲线之中的每一个微小部分其实都接近于一条直线。这种要素分解得越小，便越接近直线。到一定极限时，这样的要素便既能够说是直线当中的一部分，也能够看作曲线之中的一部分。其实，曲线在它的每一个点上与其切线都是相同的。由此推断，“生命性”在任意的点上均与物理化学之力相切。然而，这些点最终只是在感知中观察到的景象，此时精神已经暂时让描述曲线的运动停滞在了每个瞬间之中，以便观察。其实，曲线并不是由直线组成的，同样，生命也并不是由物理化学的因素组成的。

一般来说，一种科学所能够达到的最激进的进步，是把已有的成果放入全新的整体当中。对于这种新的整体来说，可以通过已有的成果间断地解了事物持续整体运动的瞬间静止景象。例如，现代与古代的几何学关系便是如此。古代人的几何学是根本停滞的，只处理已经形成的图形，近代的几何学规则是探究函数的变化，也就是说，探究描述图形时运动的连续性。当然，为了更加严谨，在数学公式中，我们可以抛开与运动有关的所有观点。但是，将运动放入运动的变化之中，这毕竟是近代数学的起源。我们有理由相信，倘若生物学在某天能够逼近其对象，那么生物学与有机体的物理化学之间的联系必然能够同如今的数学与古代的几何学关系一样。物理学和化学只是对物体或分子等表面移动的探究。可是，如果对这些只在表面上进行的转移与更深层次所生的生命运动进行比较——并非表面位置的移动，而是形态所转移的生命运动，那么它们之间的联系将类似于运动物体的位置与这物体在空间中的联系。在我们所能预见的情况下，从某种生命运动的界说转移到生命活动所涵盖的物理化学时，其过程只不过相当于从函数变成导数，或者是从曲线方程式（描绘曲线的连续运动法则）转移到切线方程式，而切线方程式只能体现曲线在某个刹那的动向。这样的科学我们能够称之为形态变化（变形）的力学。位置变化力学只是形态变化力学的一种特殊现象，是更加单纯化及纯粹量的影射而已。具有相同微分系数的函数，经常因常数的改变而有所区别，这样的函数是无穷无尽的。同时，生命活动所包含的物理化学因素不管怎样积分，只怕依然只存在一部分的生命活动是被肯定的，而其他部分则没有被肯定。于是，整合的整体只能成为一种梦想。我们根本无法判断这样的梦想在什么时候能够完成，或者只能在尽可能大的范围内对这样的比较进行扩大化，从而显示我们的理论与纯粹的机械论在哪些地方接近，又在哪些地方不同。

用无机物模仿有机体似乎已经到了相当的程度。化学家不但已研究出了有机合成物，而且连有机组织的某些事实，如细胞之间的分裂和原生质运动的情况，尽管也只是表面现象，却依然能够被认为是创造出来。众所周知，细胞里的原生质能在细胞膜内产生各种运动。从另一个角度来说，间接的细胞分裂都历经了非常繁杂的运动。这样的运动有的部分与细胞核相关，有的部分与细胞质相关，后者的运作始于细胞核旁的一个细微的球体——中心体被分成了两部分。分裂后所产生的两个中心体相互间的距离很远。组成原核实质的线条也被分成了两个部分，与这两个中心体分别相接。最终构成了两个新核，同时,它们的四周又组成两个新的细胞。而这两个新细胞是之前细胞的传承。在这样的运动中，有几种都是表面现象，并且很是粗糙，人们可以非常容易地模仿这几种运动。把砂糖或粗盐磨成粉，再在上面放上陈旧的食油，从这样的混合物中取出一滴，放在显微镜下观察，便能够看到像蜂巢一样的泡沫。据某个学者说，这种泡沫的形态与原生质极为相像，并且进行与原生质流动相类似的运动。如若在这泡沫里面去掉一个“蜂室”的空气，便能够观察到由于吸引力所呈现出来的圆锥形。这样的情况与核分裂运动时在中心体周围组成的圆锥形极其相似。一般而言，单细胞有机体外在的运动，就像变形虫外在的运动那样，是能够以机械论来对其进行解释的。变形虫在水中的运动就像敞开窗户时尘埃在室内自由流通时所进行的往返运动一般。变形虫的躯体不停地吸收周围水中所蕴含的某种溶解物，之后便是排放另外一种溶解物。这种连续不断的运动就像是两个容器通过中间的滤纸所进行的交换一样。这样的交换会在这些微小的有机体四周形成不停变化的涡流。即使对于变形虫自创的暂时性突起——假足而言，这假足与其说是变形虫自己向外伸展出去的，还不如说是因为它的躯体被周围的环境所吸引而向外拉伸形成的。这样的诠释方法也能够扩展到纤毛虫类让纤毛的振动运动变得复杂等情况。纤毛大抵是坚实的假足。

然而，对于这样的诠释与概说的价值，学者们并没有达成统一的意见。某个化学家这样说道，即便不去谈论有机体，只对有机物进行探讨，科学至今为止也没有重构出任何东西，除了生命在活动中产生的废质。它本来的意义中，活动性与可塑性的物质始终无法融合。当代最著名的博物学者曾说，生物组织之中所明确的现象已经分化为两种对立的规则，一种是前进演化；而另外一种则是倒退演化。前进演化是依靠吸收无机物，将低等能量提升到自己固有的水平，形成机体组织。相反，生命的机能（同化、成长、生殖除外）则具备倒退演化的秩序，能量的增长是不可能的了，只会形成能量的衰退。物理化学能够处理倒退演化所产生的现象，总而言之，所研究的并非活着的，而是死去的。前进和向上所产生的现象看起来的确不被物理化学所解析，即使这些事实或许也不属于前进演化。作为原生质外表的人工模仿来说，它的物理形态并不清楚，却能够让人工模仿达到真正的理论含义，况且原生质的化学结合到今天依然不被重视。最终，我们且不说纤毛虫类的运动，即便是变形虫的运动也无法用物理化学这些学科的理论对其进行诠释，许多细致了解过这些最初有机体的学者们都觉得这是难以想象的。他们甚至在这些生命最细微的表现中观察到了有效的心理活动痕迹，我们收获最多的却是这样一个事实：对组织学现象进行深入的研究，以物理化学来解释一切的趋向，不但没有得到加强，反而有所减弱。组织学者威尔逊在他一本极具价值的书中做出了这样的结论：“细胞的研究不但不会减小无机世界与生命形态——不管这样的形态是属于何种低端的——之间的距离，反而将这样的差距不断扩大。”

总的来说，那些仅仅关注生物机能运动的人会相信：物理学和化学能够让我们更加深入地了解生物学的奥妙，其实它们是热衷于处理生物体内那些持续不断的现象，就好像处理曲颈瓶内那些持续不断的现象。生理学的机械论倾向能够因此而得到许多解释。相反，对于那些总是在观察生命组织的细微构成部分，以及其产生和进化的人——从某个角度来看是组织学者与胚胎发生学者，而另一个角度则是博物学者，他们所面对的不仅是曲颈瓶当中的内容，还包括曲颈瓶本身。他们探寻到，曲颈瓶依靠着连续组成真正历史的特定活动，创造出了属于自己特有的形态。组织学者、胚胎发生学者及博物学者们都不希望像生理学者那般轻易相信生命运动的物理化学性质。

其实，这两种命题，是一种肯定，也是一种否定，以化学方法制造原生有机体的两个命题，都不具备权威性，同样也都是无法得到验证的。因为对于前一个主题来说，科学尚未就生命物质的化学结合获得跨越性的进展；对于后一个主题，任何一个方式都无法从实验中去验证某种事实将不可能发生，因此两种主题均得不到验证。然而，从之前的论述来看，自然所整合的生物系统和科学所隔离的系统是无法在相同的位置进行观察的。至于变形虫这种根本没有进化的原生有机体，我们不得不说这样的理由无法让人们信服。但是，若我们考察的是反复规则变化（形态变化）较为繁杂的有机体，那么这样的理由似乎就较能让人信服。延续的痕迹越深植于生物之上，有机体与普通机械结构的差别便越发显著，因为延续只是在这机械结构的表面上运动，并没有渗透到里面。我们的验证在探讨从底层的起源到高层次形态变化的过程时，便显得格外有力，因为生命物质在进化中有着高度的统一连贯性，进化才缔造出了唯一并且无法分离的过去。所以，进化论的假定通常被当作与生命的机械论理论相同，这样的理由让我们很难去理解。当然，我们也不能说数学对于机械论理论具有决定性的驳斥。然而，在持续的研究中出现的驳斥，在我们看来也是仅有的反驳，这样的驳斥便越加严谨和令人信服，进化论的假定也就越加坦率。我们只能依靠这样的方式，然而在这之前，需要更加确切地陈述我们所寻求的生命理论的概念。

之前说过，关于我们的思索在整体上人为采用的系统而言，机械论的诠释是正确的。可是，想依靠机械论的理论来诠释这整体和那种包含在整体当中且模仿整体的系统，在先验上是无法得到认可的，倘若认可了，时间就不会起作用了，甚至也不再实用了。其实，机械论诠释的意义是将过去和未来当作当前的函数，再进行计算，并且提倡任何事物都是既定的。在这样的一个假定之中，倘若有能够进行计算的高智商之人，那么过去、现在及将来都可以看得非常清晰。实际上，信赖机械论诠释有着广泛性及真正客观性的科学家们都在不经意间认可了这样的假定。拉普拉斯很早之前便已经用非常确切的公式证明了这一假定。他说：“倘若有一感知在已知的瞬间能够了解使自然运动的力量及组成自然每个物体的位置，同时能够具有极大的包容力，完全用‘解析学’对这种已经存在的素材进行处理，那么这样的感知便能够把宇宙之中最大的物体运动和极其细微的原子运动均放入相同的公式当中。以这样的感知来看，任何物体都是能够确定的，过去和将来所有的一切都会显现。”杜布布瓦·雷蒙曾经这样说道："对于自然界的认识达到某种程度后，世界的所有过程都可用单一的数学公式、一组繁杂的联立微分方程式来体现，所以在这里我们能够想象到，有一天世界上各种原子在任意时间的位置、动向都能由计算得出。"赫胥黎用更加真实的模式表达了同样的理论："若进化论的根本主题是真实的，按照这样的说法，倘若有生命和无生命的世界都是分子的力量遵循某种规则相互作用后的结果，并且这种分子又组成了宇宙起源时的星云状态，则如今的世界必定藏匿在当初的宇宙气体之中。同时，完全的感知因为可以了解这种气体的分子性质，因此可以确切地预知1896年英国的动物分布情况，并且其真实性仿佛在严寒的时候便可知人们的呼吸变成白雾一样。"——这样的学说虽然涉及了时间，然而，他们只是与时间这个字眼有所关联，无法与真正的时间本身相关，所以时间没有效力。因为时间失去了一切作用，所以就仿佛什么都没有了一般。机械论之中包含了一种形而上学。在这种形而上学之中，一切物体都被放入了一个名为"永恒性"的词语里，这当中尽管有事情在表面延续着，然而这样的延续只可以表现出思维的弱点，导致无法很快去了解一切事物。依据过往的经验，感知是不会有任何问题的。就感知来说，延续和它根本不同。在我们的感知里，延续就像水流一样，是无法回到过去的。延续组成了我们所存在的基本，并且，就像我们了解的那样，是我们与世界交流的实体。普通数学对未来的想象即便在我们面前展现出一个炫目的前景，也无法因为系统的需要而放弃经验。为此我们需要对激进的机械论持反对的态度。

七、激进目的论

基于同样的理由，我们也不能接受激进目的论。比如，莱布尼茨的极端目的论里面便包含了这样的理论，在他看来，事物的存在只在于实现所预见和描绘的蓝图。但是，倘若一切都是可以预见的，宇宙便失去了意外的事物，同时也失去了发现与创新，时间依然是没有用处的。与机械论的假定相同，这样的目的论依然是以所有事情都可能发生为前提。从这个意义上说，目的论与机械论相反，但却源自同样的前提。而它们的区别在于：我们的感知是有局限的，依靠事情的发展而前进，目的论将指引我们把目标放置于未来，而并非过去。目的论以将来的吸引力取代了过去的推动力。但是，就像我们感知的那样，连续仍然是表面现象。在莱布尼茨的理论当中，时间已经被归纳成了一种与人的所处位置有关的、令人困惑的知觉，从事物中心的意识来看，这样的知觉必然将消散殆尽。

然而，目的论依然和机械论有一定的区别，它们并没有处在相同的轨迹上。目的论更容易变通，但是机械论哲学非此即彼，二者只能选择其一。倘若非常细小的尘埃离开力学所预先设定的轨道，显示了微小的自发性，那就必须放弃这一机械论不可。相反，设定目的的学说不会被明确地推翻，就算是一种形式被否定了，它也立刻会采用另外一种形式显现。目的论的中心要素就是心理的，因此非常柔软；能够拉伸，因此空间很大。对于纯粹的机械论来说，我们是持排斥态度的，但有时候却会认可目的论。所以我们在本书所阐述的理论，一定会带上一些目的论的色彩。然而，最为关键的依旧是我们采纳了目的论的什么内容，又放弃了什么内容。

倘若要把莱布尼茨的目的论进行缓和，打破成无数碎片，那便是走了一条截然不同的道路，而这条路肯定是错误的。但是，这正是在目的性学说的目标上所建立的。大家均能够感受到，宇宙即便用一个整体来完成某种方案，但仍然不能从经验中进行验证。另外，即便在有机世界里规划范畴，依然难以验证当中的和谐性。在对各类事实进行调查后，得出的结论却是完全相反的。自然让生物相互争斗，在秩序化的同时体现出无序状态，在进化之外也有着退化。但是，从物质总体与生命总体不能认可的要素来说，是否就无法适应个别的有机体呢？难道不能在当中观察出，各种物体彼此间精确的分工及完整的连带性吗？难道无法在这些杂乱的关系中看出一个统一的规则吗？在这样的意识中我们能够了解到，每种生物是否已经完成了实体中所涵盖的某种计划。这种理论依然是将目的性的原始概念进行细分。外在目的性认为各种生物之间有着一定规则的联系，这样的理论不但不被人们所认可，甚至还会变成一个笑话。比如，草之所以生长，是因为牛的需要，而羊之所以出现，是因为狼的需求，这样的思维方式是极其无知而可笑的。但是另一种所谓的内在目的性，按照那种内在目的来说，生物都是为自己而生存的，各种生物都为自然的整体利益而相互依存，并依靠感知而组织。这样的目的论是早已存在并且被奉为经典的。这种目的论的范围已经缩小到一次只可概括一种生物，并且觉得划分越细便越能够显示出它的正确性。

但是实际情况却是，这种目的性的做法，好像是脱去所有外衣，然后挨揍。我们的理论或许太过激进，但目的性依然是外在的，若不是便根本不存在。

在这里，我们必须先考察一下最繁杂而又最和谐的有机体。一切的要素都为整体的利益而相互配合，实际上便是这般，可是我们不能忘记任何一种要素在某个特定的情形下仍然是一种独立的有机体。让这个小的有机体隶属强大的有机体的生命时，我们就不得不认可外在目的性的原理。依照这样的理论，内在目的性的思维方式最终会破火。有机体是依靠众多因自己而生存的组织组成的，但是构成这些组织的细胞也存在着某种自主意识。倘若个体的一切要素完全听从于它，那么这些所有的要素或许就不能够被当成有机体来对待，有机体的称呼是为个体而定的，这只需要从外在目的论来进行讨论就可以了。可是，众所周知，这些要素在某些时候具有真正的自觉性。吞噬细胞的自觉性发展起来，能够对培育自己的有机体进行攻击；生殖细胞于身体细胞之外来维持自身独有的生活。这样的两种情况我们暂且不对其进行论述，只要将再生这个现象列举出来，便足够了。通常，一个要素或一群要素只占领一个微小的空间负责特殊功能，如今却忽然间展现出能量，以显示它们能够做更多的事情，在某些时候甚至能够与整个个体匹敌。

这当中存在着种种“活力论”的阻碍。活力论说通常被看作用问题对问题进行回答，在这里，我们并不需要对其进行批判。“活力原则”的确解释不了任何问题，但这样的原理存在着一种标志性的作用，那就是揭示我们的无知。机械论在想方设法地使我们遗忘自身的无知；相反，活力论通常让我们了解自身的缺陷。其实，自然界不存在单纯内在的目的性，也不存在完全单一的个体，在这样的事实面前，活力论似乎无法再站稳脚跟。倘若有机要素既加入了个体的组成，同时又存在其自主性，那么如果个体拥有自己的活力原则，则任何一个因素都会要求自己的活力原则。从另一个角度来看，个体自身无法独立在另外的个体之外，也无法离开另外的个体，因此我们能够得知个体是不具有固有的“活力原则”的。一切机体之中，高等脊椎动物类的有机体是最具独立性的。然而，这种有机体是依靠母体当中的卵子与父体当中的精子衍生成的。卵子（受精卵）当中存有父体与母体两者间共有的物质，即父母之间完全融合的成果。说到这里，我们可以明白，包括我们人类，一切有机体的个体均是由双亲融合之后衍生而来的。个体的活力原则的起源在哪里？它的重点在何处？倘若我们一步步地追溯过去，最终势必将涉及我们最古老的祖先。个体与任一祖先均存在着某种联系，与生命系统树根部果冻形态的微小原生质一致。个体与它们的祖先一致，也跟祖先所繁衍的所有后代们一致。在这个意义上，个体由某种无法看见的连接与一切物体相结合。如此看来，将目的性局限于生物的个体性当中，是完全没有意义的。倘若生命世界存在着目的性，那么这目的性也用独一无二的连接与全部生命相连。这个生物共存的生命的确出现了诸多对立与间隙，即从另一个角度来看，生命仍然不能由数学计算，因为任何一个生物均不能达到某种程度的个体化。然而，生命已经组成了单一的整体。所以，我们只能在这两个选项当中择一，这里并非单纯地对目的性进行了否定，而是假设有机体的各个部分均和有机体本身相结合，各个生物也和一切生物相结合。

即便将目的性进行细分，目的性也不那么容易得到认可。我们并非要完全抛弃目的性对于生命的假定，而是将目的性转移到根本不同的方向中去。

八、生命的哲学

激进目的论的错误与激进机械论相同，将我们智力的与生俱来的部分含义广泛运用。本来只是为了行动而思索，我们的智力就是为符合于行动的模型而创造的。而当行动成为必然，思辨则成了奢侈品。但是，为了行动，我们必须先有一个清晰的目的性。当我们有了目的，之后才能开始朝着目的所在的方向进行详细部署。为了能够让最终的计划得到实施，我们必然需要了解什么才是我们需要的，需要先从周身的环境中取出各种能够预见未来的类似联系。所以，不管有意无意，我们已经在开始运用因果规律了。这样的理念在我们的思维当中得到了清晰的呈现，动力才能逐渐组成机械性因果关系的模式。这种关系越呈现出它严谨的必然性，便越趋向于数学性。所以，只要跟随着我们的思维前进，便能够成为数学家。但是，这种天生的数学经常不经意间地支撑起我们的意识习惯，把同样的因果进行整合。这样的习惯目的是指引各种意识有目的地行动，或者指引为达成某种模型所组合的运动。我们是与生俱来的几何学家，也是艺术工匠。同样，正因为我们是艺术工匠，才成了几何学家。因此，智力只要符合所需要的要求，便能够凭借意识与谋划而活动。人类的智力为某种目标而展开各种行动，同样也依靠几何学的模型来呈现机械性。不管是将自然看作被数学法则控制的一种工具，还是当作一种计划来完成，都将使得意识的两种趋向置于顶端的位置。这样的两种趋向可以互补，并且来自共同的根源，即生命所需的要求。

所以，激进目的论在很多地方都与激进机械论非常相似。这两种理论认为在事物发展的历程里，甚至于在生命的发展历史中，都很难观察到无法预知的形态创造，机械论只通过相似与反复的形态对实体进行观察，因此控制机械论的便是“自然界中同类相生”的理论。机械论涵盖的几何学越是显著，机械论越无法认可能有什么东西是被创造出来的，这当中包括了形态的创造。因为我们是几何学家，所以必须对无法预知的事物持反对态度。但由于我们也是艺术工匠，便能够对其进行认可，因为艺术是依存于创造的，它们所信仰的是自然的自发性。然而，与利害关系没有关联的艺术，与单纯的思维模式相同，很是奢侈。在变成艺术家之前，我们只是艺术工匠，并且所有创作，都以相似和反复为基础，这跟自然几何学并无区别。创作是以模型为基本，试图进行复制和重现，即便是发明，也是依靠重新分配已经拥有的因素来进行。“同类相生”，是创作的基本概念。总的来说，严谨地运用目的原理，也与机械性因果律相同，将达成“一切都是已知的”这种结论。这两种原理能够对同一要求进行解答，只不过是用两种语言来表述某一个相同的事情而已。

这两种原理共同将时间给抹除了。真正的延续能够步步紧逼地吞噬着事物，并且留下时间的痕迹。倘若所有的事物都是即时事物，所有的事物时刻都在内部发生变化，那么同一个具体现实绝对不会出现两次，因此重复只能够在抽象中存在。重复的是我们的感觉，特别是我们的智力在对待事物的态度，因为智力支配活动的目的称之为行动，而行动只能在重复中实现，因此智力倾向于重复，真心实意地希望能够将同类融合在一起，对于时间，它不想再观察什么。智力对流动性也有着排斥性，把随意的物体统统固体化。这里我们并不去探讨真正的时间。我们生活在真正的时间之中，因为生命超越智力。我们认为，能够感知到的所有在单纯的持续中开展的活动，这感觉在智力概念的周围描画出黑暗中的、不稳定的模糊边缘。机械论与目的论只思考到那中间处光亮闪耀的核心，然而却遗忘了这核心是由其余的部分凝聚而的；也遗忘了，必须要把握住整体，把握住那些流动的东西，而且还要把握住那些被凝聚的部分之外的东西，才能够把握住生命的内在运动。这一点至关重要，或者说是更加重要。

其实，那些边缘即便有些模糊，但对于哲学家们而言，也比它们围绕下的闪亮核心重要。因为它的存在，核心才能变成核心，才可以让纯粹的感知变成更为广泛的凝聚的结晶。这种模糊的直觉根本不能指引我们对事物所开展的活动——完全被禁锢在实体外在的行动，可也因为这样才可以假设，这种知觉是实体内在的活动，并不是在其表面。

机械论和激进目的论阻碍了我们的思维，倘若走出这瓶颈，实体便会陆续呈现新的事物。新的事物逐渐涌现并且在当前被创造，然后迅速就成为过去。也只有在这个瞬间，新生事物才能够停留在智力的眼睛里。智力的眼睛永远是向后的，我们的内在生活很早之前便已经如此。我们对于任何行动，都很容易地观察到它前面的一个行动，在某种意义上可以说，这个行动就是前一个行动的机械作用的结果。同样，我们也可以说，任何行为都是一种目的的实现。从这个意义上说，在我们行动的展开中随处存在机械性，也随处能观察到目的性。但是只要我们的行动与我们的整个人格相关联，是我们真正的行动，那么即使这个行动能够被前面的那个行动所解释，也是根本无法预见的。同时，这样的行动即便成为一种目的呈现，也因为它如今的崭新形象，而与原目的有所区别。目的只是过去的重复或过去的再次组合。因此，机械论和目的论只依靠外部来进行观察，只从行动中摄取感知。但是，我们的行动却在这两者之间滑过，发展至广阔的地方。我们再强调一次，自由行动并不代表随意的、毫无逻辑的行动。所谓随意的行动，是代表在两条或两条以上的道路之间摇摆不定，最终选择了其中一条道路。这种行动既不是成熟的状态，也不是真正的进化。这样的说法尽管有些讽刺的味道，但事实上这种行动本来就是强行让意志去效仿智力的机械性。相反，真正属于我们自身的行动依然是不会去效仿智力机制的意志行动。意志以意志发展为永恒的真理，历经一个缓和的过程而最终成型。智力随后将这样的行动无限分化为感知要素，最终却永远不会达到目的。自由行动无法以理念的范围来衡量。自由行动的"合理性"必定接受非通约性的限制。也正因为非通约性，人才可以观察到感知的物体。这些便是我们内在进化的特性，同样也能够称之为生命进化的特征。

我们的理性已骄傲到很难用尺度来衡量，觉得自己天赋的权利及后天得到的权利，已经具备了了解真理本质的要素。甚至在面对理性自身都认为不能了解的当前的对象时，也觉得自己的无知只在于不了解这个新对象适于纳入过去范围当中的哪一项。抽屉始终是敞开的，可是这个对象应该被放入哪个抽屉呢？给它穿上哪一件衣服？是这个或那个，还是有其他的选择？不管是这个、那个，还是有其他的选择，我们一般都是已经想过了的、已经了解了的。对新的对象必定要创造出新的概念，甚至是完全不同的思维，然而只要想到这样的事情，我们总会感到烦闷，但这便是真实的哲学史。

尽管其中也呈现出许多体系一直在彼此对抗，想要使得实体完全与“既有概念”相同，这样的可能性是不存在的，所以，我们必须量身定制，哲学史让我们了解到了这些。与其说我们的理性已经达到了这样的程度，还不如说它自豪而谦和地表明，理性能够了解的只是相对者，与绝对与理性的世界并不存在任何关联。如若事先如此宣称，理性便能够没有任何顾虑地去运用习惯性的思维模式，并且在不涉及绝对者的借口之下，以决然的态度斩断所有事物的关联。要了解实体，就要在实体中观察到理念。换句话说，便是将实体放入我们手中已经存在的框架之内——就好像我们已经逐渐得到了普遍知识一样。最初将这样的概念理论化的是柏拉图。然而，这样的观念对人类知性来说是非常自然的。人类感知不管与什么样的新对象相遇，总是尝试将其分划至过去已存在的项目之中。在某种意义上，我们均能够成为与生俱来的柏拉图主义者。

在生命学说中这样的办法显得极其无力。在进化至脊椎动物的过程中，特别进化至人性与感知的过程中，生命必然在途中摒弃与特别有机体不符合的诸多要素，让它们往另外的系统发展。所以，要想了解生命活动的根本性质，就需要探究这种失落的因素，让其依然能够和智力互相结合。此时，明确表象（我所说的智力表象）周围的模糊边缘让一切有所益处。这种没有用处的模糊边缘在进化原质中，仿佛是不被人们这一特别有机体所凝缩，而是被潜在放任的部分。因此，我们必须寻找让思维的感知形态发散的根据，只有如此才可以吸收超过自身能力的力量。所谓呈现生命整体，并非让生命本体在进化过程中将沉积在内心的各个简单的理念相结合，因为生命本身已经在进化的过程中将这些简单的概念留在了后面。局部难道可以等同于整体？被包含者怎能等同于包含者？生命活动的残留物怎能与生命活动本身来比较呢？我们经常犯的错误便是将生命进化看作“从同质物到异质物的变化”，或者用由构成智力部分的一些理念进行解说。我们只是处在进化的一个站点上，当然这肯定是大的站点，可并不会是唯一的站点；在这样的情况下，我们甚至不再需要它所涵盖的一切，因为从智力中所获得的也只是智力所呈现出来的部分理念而已，我们却将这部分当作整体，更有甚者将它当作进化运动的代表，其实这种进化运动只是从固体化的整体当中所呈现出的一种表象，即将这种“整体”当作当前的形态来看而已。然而，即便了解了感知，能够得到的收获也不会太多，也不会充分，必定需要将进化的其他终点所观察到的事物与整个感知进行整合，必须将这些特质与趋向相对立的因素当作相互弥补的精华，至少在极低的状态时需要相互弥补。如此一来，我们才可以事先了解到进化运动的本质。其实，我们也只是对已经进化了的东西有所了解而已，因为我们只是对进化的结果进行了解，并非进化本身——得出结果的行动本身。

这就是我们所寻求的生命哲学。这种哲学想要超越机械论与目的论，可是，就像我们之前所讲述的那样，这种哲学更加与目的论类似。深入讨论的话，或许可以更加确切地说：这种哲学在某些地方与目的论类似，在某些地方又与其区别。

生命哲学对比激进目的论，是一种更加模糊的形式。生命哲学告诉我们有机世界是一个和谐的整体，然而这里的“和谐”并不像我们平常所讲述的那般完美。和谐中能够渗入很多不和谐。因为各个物种及各个生命体在生命的洗礼下，均能够保持一种生命冲动，并且将这种生命冲动的力量用在自己特定的利益当中。这便是我们所说的适应。所以，各个物种和个体只思考自己的内容，有可能导致与另外的生命形态的矛盾。和谐不是因为事实而存在，而是因权利而存在。换句话说，原始冲动是共同的生命冲动，越追溯其起源，每一种不同的趋向越能够相互补充。仿佛徘徊在十字路口的风，能够向不同的方位流动，但是它们均属于风这一种类。和谐，在这里不如称之为“互补性”，一般通过趋向而呈现，很少会以形态呈现。与其说和谐存在在我们前面，还不如说存在在我们后面（在这点上，目的论犯了很大的错误）。和谐来源于盲目的同一性，而不是来自相同的取向。即便给生命设定一个终点——特别是针对人类的意义——也毫无作用。所谓终点，就是首先设定了一个存在，然后制定一种实现的模式。也就是说，必定要事先做出假设：一切皆既有，未来能够从现在当中读出来，并且认为生命运动能够和我们的智力一样，而事实上，智力在观察生命时，看到的只是静止的画面，在本质上通常存在于时间之外。但生命却是一直不断前行的。当然，我们走过一段道路之后，能够很快便判断出方向，再通过心理学的语言描绘出来，就仿佛当中真的存在寻求的目的一般。我们便是如此谈论自己的。但是对于后面要走的路，人类的大脑却一无所知，因为路是在我们不断行进的过程当中形成的，它除了是行动本身的一个方向之外，什么也不是。因此进化在任意的时间段里，均能够有心理学的诠释。以我们的理念来看，心理学的诠释是进化的最佳答案，然而这样的诠释只有在回顾时才具有含义。我们所要说的目的论解释，肯定无法称之为对未来的预想。它只是在当前光明的照耀下观察过去的一种理论。总体而言，目的性的古老理论，前提很多，同样也很少；所涉及的规模太大，也太小。古老的目的理念是想要以智力来诠释生命，通常将生命所具有的含义极力缩小。智力，至少是我们内在所能看到的智力，是进化在这种过程中形成的，与其说是从较广阔的事物中获取的，还不如说是将起伏深密的物体映射在平面上。如果是真实的目的论，应该重新建立这种较为广阔的事物，甚至应该尽最大的努力将它们统一在一个时限里。可是从另一个角度，这既从智力中产生，又超过了智力的力量（将相同的结合起来，认可重复，便可以有重复的力量），因此毫无疑问地拥有创造性。换句话说，这种物体能够产生各种结果，并且在这种结果之下将自己扩大、超越。从这里能够看出，这样的结果在生命实体中并不是事先存在的，因此实体无法预设结果，但是结果只要出现，便能够有合理的诠释。这样的诠释，就和解释一个依照范型做成的物品一样。总的来说，终极原因的概念，如果认可自然中有部分智力，则是无法满足的；倘若假设未来以概念率先存在于当前，则又说得太过；后者“太过”的命题可以说是对前者“不足”的命题的一个总结。因为智力不过是实体的缩影，所以必定要以较广阔的物体来代替智力。如此一来，未来便能够呈现为过去向当前的扩充，换句话说，未来无法以目的呈现的模式被涵盖在当前之中。然而，未来只要成为现实，就会对当前进行解释，而当前也能对它进行解释；未来不但能够被当成结果来看待，更需要将它看作目标。我们的智力习惯于抽象地观察未来，因为智力本身就是对其存在原因的一种抽象观察。

如此一来，原因或许很难掌握。目的论的生命论已经不能进行确切的验证了。或许某些人会出现疑问：“倘若超过目的论而从目的论的一个动向前行，会出现怎样的结果呢？”其实，我们在进行一番必要的讨论之后，又迂回至根本性的问题上。这个问题便是：“可否用事实来验证机械论的不足呢？”我们之前说过，若想要让这种验证变成可能，就必须将自己放入进化论的假定中。机械论即便无法诠释进化，其不充分的验证方式也不能停滞在目的性的古老理念上，更不能浓缩或稀释，反而要超过它前行。而这件事的时机已经成熟。

九、对标准的探索

让我们立刻指出我们验证的原因。之前说，自生命出现之后，生命即是同一冲动的持续，而这种运动又可能划分为不同的进化路线。经过一系列的逐渐附加，渐渐地，一些东西发展起来，提升、进步成为许许多多的创造。事实上这种创造会呈现一种分离的趋向，也正是因为这种趋向性的互不相容，所以才会产生超越某个点的进步和成长。严格来说，这里我们能够认为：生命的进化，可能是在这当中历经多个世纪的各种变化，发生在单一的个体上；或者不是单一的个体，而是假设有多个个体，互相继承来替代独一无二的个体，在一条直线上，组成系统，陆续形成一条由低到高的发展序列。在这样的两种表现形式中，进化只会出现一个维度。但其实进化是用许许多多的个体作为介质，在许多不同的线路中发生的。这些线路又出现了分歧，于是在这些分歧点上放射出新的路径，持续前进乃至于无穷。倘若我们的假定是正确的，那么依靠这些不同的路线发展的性质就属于心理学本质。如此一来，这些原因即便产生了多种不同的结果，也会存在某些相同的东西，仿佛长期分离的同伴却拥有着相同的儿时记忆。分歧点的数目很多，分离的道路也陆续出现，分开的因素自由地伸展，可是正是基于整体本身的原始冲动，各个部分才能够依然保持运动。在这里我们能够发现，它们当中还依然保存着整体的部分东西。这些相同的元素会以某种形式，如在区别非常大的有机体间存在着相同的部位，能够被我们识别出来。我们暂时假设机械论为真实的，那么，进化是在一系列的陆续积累之后出现的，新的变化如果是有利于当前的生命体所表现出来的过去那些有利于变化的综合，就会被保留下来。到这里，两种根本不同系统的进化为何能够依靠两个根本不同系列的变化累积，而达成相同的结果呢？基于外在可能的影响及内在可能存在的变化，才在这两种系统的进化中组成相同的部位，这两种系统的进化距离越远，这样的情况出现的可能性就越小；倘若这两种系统在出现分歧时，根本不存在这样的相同部位，那便更加无法存在。相反，按照我们的假定，这种相似是很平常的。起源所能够承受的原始冲动，即便是尾端的小水流，依然可以看到。所以，倘若生命在矛盾的各种进化系统中，用不同方式创造出许多相同的部位能够得到验证，则单纯的机械论就能够被推翻，我们所理解的特别意义上的目的性也能够在某种程度上得到验证。同时，这个时候所选择的进化系统距离越大，这样的进化系统所观察到的相似组织越繁杂，这种验证所拥有的说服力就越大。

或许有人会说，组织的相似依靠的是生命在进化历程中存在相同的普遍条件。它的意思是，一时性的外在影响和内在的可能变化虽然有区别，但依然因为某些长久的外在条件，有利于组成某些固定部位的各种力量朝着同样的目标前行。其实，我们应该了解适应理论在如今的科学之中所代表的角色。当然，一切生物学者并不是用相同的模式来使用这个理念的。根据一些生物学家所说，外在条件在生命物质中将会发生各种物理化学的改变，让有机体向着某个方向产生直接变化。比如，艾默的假定便是如此。另外，信仰达尔文主义精神的生物学家们却说，这种条件的影响只拥有间接性的用处，生存争夺中对天生能够适应环境的种属动物所能起到的作用更加有利。换句话说，一面觉得外在条件存在着强大的影响力，另一面则觉得，这只出现在消极的情况下。在前一个假定中，外在因素会让变化产生；在后一个假定中，外在因素只是消极影响。可是，两种假定都认为，外在因素能让有机体完全在这样的环境下生存。无论站在哪一方，这两种人都依靠相同的现象，以机械论理论诠释组织的相似性。但我们觉得组织的相似性是驳斥和推倒机械论的有力证据。所以，在进入细致的自我检验之前，需要稍微说明一下，为何我们认定用“适应”来解释并不全面。

首先要指出，在之前所提到的两种假定之中，只有后者或许不会陷入模棱两可当中。达尔文主义觉得适应便表示不适者要被淘汰，这种适应的概念可以称得上是纯粹又显著的。可是，在这样的理念中，进化的外在因素只有消极的作用，在诠释我们将考察的复杂器官怎样在直线上逐渐发展，变得困难重重。若以这样的理念来诠释极为复杂的器官在多种分歧的进化系统当中呈现的组成是相同的，又会遇到多么大的困难？偶然的变化不管多么细微，均有着诸多物理化学细微的因素起着作用。为了产生复杂的组成部分，偶然的变化必定需要积累；要积累，则必定要更多的细微因素相互融合。这些因素是非常偶然的，为何同样的因素会以相同的排列，在许多不同的空间当中反复出现？没有人会肯定这样的理论，就算是达尔文主义者也会说，不同的因素也能产生相同的结果，到达相同目的地的路途不一定只有一条。然而，不要被比喻欺骗了。到达目的地并不会呈现所能到达的线路，而有机体的组成只是进化为了实现而对所经过的细微物体的积累。生存上的争夺和自然界的优胜劣汰对于这些问题的解决似乎并没有什么帮助，因为在这里我们讨论的不是如何淘汰和毁弃，而是怎样保存。我所想的是，相同的组织在它们独自的进化系统中，是在结果之中逐渐地附加、慢慢累积后才会呈现出来。我们可以假设偶然原因依照偶然排列而展现，但是这些能够达到相同的效果吗？因为原因有很多，但结果却很繁杂。

机械论的原理是“相同的原因造成相同的结果”。但是，这种原理并非告诉我们，相同的结果有着相同的原因。然而，原因显然存在于原因所产生的结果里，而变成结果的组成要素时，这样的原理便能够得出如此结论：有两个人分别从不同的起点朝着终点进发，走着走着，他们遇见了，这或许是比较平常的事情。但是，他们按照各自的路程前行，却能够描绘出相互重叠的同一轨迹，就显得太不寻常了。两个人若是走的路程颇为复杂，那便会更加不寻常了。再者，倘若两个人所走的路程非常曲折，那便不单单是不寻常，更是不太可能的事情了。然而，路线的繁杂和器官的复杂性相比较，实在算不上什么。在器官里，有着成千上万的细胞依照特殊的顺序排列着，并且它们都属于独立的个体。

现在来谈谈另一个假定，看看怎样来解决它。适应已经不单单是淘汰和毁弃那些不适应的，而被看作因为外在条件所产生的努力，有机体才组成了自己的形体。这一次的确是根据原因的相似来诠释结果的相似。如果是这样的话，那么我们或许就应该站在纯粹机械论的这边了。然而，只要经过认真思考，就会发现这样的解释只是字面上的解释而已，我们已经被这样的言辞欺骗了。这种解决方法是将“适应”这个词的意思同时进行了两种不同的诠释。

倘若将水与葡萄酒倒入一个杯子使它们融合，这两种液体在这个杯子里所呈现的就会是相同的形态。它们的形态之所以相同，是因为它们适应这个杯子的方式是相同的。这个时候，我们所说的“适应”表示的是机械性的嵌入。因为在材料上适应的形状已经成型，放置于此，形状迫使材料适应自身的样子。然而，当有机体不得不适应生存环境时，那个事先存在的、等待着材料进入的形式又在哪里呢？外部环境并不是一个模具，不能够将生命注入其中，从而采取它的形式。如此看来，人们是被例子欺骗了。形式还没有存在，生命必定需要给自己创造一个适合自己的形式。对于生命而言，它应该要将这些条件利用起来，除去那些并不适合自己的，保存那些适应的。总而言之，生命必定要创造与外在用处完全不相同的器官，来对外在作用进行反应。说到这里，所说的适应已不再是重复，而成了回应，它们是完全不同的。回应中如果还存在适应，则像是解决几何问题一般，将答案看作适应假定的条件。倘若用这种含义上的适应能够诠释相互不同的进化过程达到相似形态的缘由，那将是件非常美妙的事情！其实，相同的问题会得出相同的结果。然而，这样一来，便只能像解决几何题一样，引至一种智力活动或与它有相同用处的原因，并且要放置目的性。可是这种目的性有着诸多拟人要素。用一句话来概括，倘若适应不是主动的，只是在环境的模具当中不停重复，那么它就不能变成人们想要拥有的东西。但若适应是主动的，可以根据条件所提的问题计算出来，那么这些人便能够比我们提前朝着我们最初的目标前进，在我们来看，甚至超出了目标。人们是在这样的两种含义当中从一面悄然换至另一面的。若想要掌握第二含义所用之目的论，就会被马上抓获，因为这就是人们的逃脱之路。对于科学的实验，真正有益处的是第二含义，而将哲学提供给科学的一般是第一含义。在部分特别的地方，适应过程好像有机体努力组成能够最大限度地利用外在条件的器官一样；然而，说起普遍适应时，适应便像是没有任何区别的物质，被动接纳环境的烙印。

在实际的观察中，如果先做植物与动物的对比，应该是非常有意思的事情。两者均是在雌雄两性这一方向中发展的，这是件能够让人惊叹的事情。受精的表现在高等植物和动物身上是相同的，因为两者均是两个“半细胞核”相互融合而受精。这种半细胞核相互碰触之前，特征与构造均存在区别；触碰后，价值是一样的。不仅如此，即便是性要素的构成，两者也都是在同样的情况下进行的。这些要素的组成在其根本意义上是减少染色体的数目与排除一定量的染色质。但是，植物与动物是在各自环境的帮助与不同阻碍的伤害下，用相互独立的系统进化的。所以，这两种系统也在各自走着自己的道路。它们因为数以万计的原因组合在一起，做出了形状与功能上进化的决定。但是就在这些极为繁杂的原因上面，两个系统上均出现了相同的结果。没有人敢于断言，这就是“适应”现象：有性生殖的效果变得不再显著，怎么可以再谈论适应？或者谈论诸多外在条件的压力？有性生殖能够诠释为各种不相同的含义。在著名的学者之中，有一部分觉得植物的雌雄性在自然之中是多余的，即便失去了也无多大影响。对于这些仍在探讨中的事情，我们暂时不进行讨论。“适应”这个词的模糊性及要超越机械性因果论与拟人目的性的必然性，能够运用更加浅显易懂的例子来进行验证。创造目的性的学说，是想把自然造化比喻为聪明工匠的运作，不断地强调感觉器官的巧妙构造。现在，人们在低等动物身上也发现了这些器官（它们处于初级状态），而在最简单有机体的斑眼中和脊椎动物无比复杂的眼睛之间，大自然也为我们提供了许多处于中间状态的形式，因此，我们最好还是说：这是自然选择的结果，自然选择自动完善了这个器官。总而言之，如果存在一种能够证明的激起适应的原因，那么自然选择就是这个特殊的原因。这是因为，有性生殖的定位和含义，有性生殖及它的生存条件的联系，依然需要我们去探究。而眼睛与光明的关系则很明显，如果把这种关系也叫作适应的话，便能够了解其中的含义。所以，倘若在论证眼睛这个特殊的实例时，能够显示出那两个学说所依据的原理并不是很充分，那么我们的验证想必能够达到一定高度的概括性。

十、用特殊事例检讨生物进化论

先讨论信仰目的论者所坚持的例子，即我们人类眼睛的构造。对于目的论者而言，要解释一切要素在这繁杂器官中排列得这般整齐，并非难事。据《目的因》文中所言，为了让视觉起到作用，“巩膜表面的一部分只能是透明的，以方便光线透射到里面……角膜只能和眼球的开口部位相对应……透明的开口部位后面存在着具有收敛性媒质（晶状体）……暗箱的尾端需有网膜……网膜下垂的地方存在着许多锥状体，只有射入到锥状体轴线的光，才能够达到神经层。”人们相信了这样的理论，因为这种目的因辩论者站在进化论的假定上。在我们的眼里，有数千种因素通过某种统一的功能被调整得非常完美，着实让人惊叹。可是，倘若将这种功能归纳到斑眼对于光线的化学感应性，我们便需要在它的起初，即在纤毛虫类里进行观察。最初，这样的功能只是一个偶然事件，但因为某种无法得知的装置，这种器官出现了细微的变化，从而变得复杂；或者说，因为生物从这功能之中得到了益处及自然淘汰所产生的线索，间接地使得这种器官变得这种。器官的复杂化还致使这种功能得到改进。所以，我们所具有的这种眼睛渐渐成型。这样的构成过程能够让机械之外的原因无法进入，只依靠功能与器官之间巨大的作用与反作用，便能够来诠释。

然而，若像目的论与机械论所谈论的那般，将问题放在功能与器官之间，这问题的解决方法就会变得更加困难了，因为器官与功能是两个完全独立的术语，并且彼此间相互限制，因此探讨它们之间的关系时，无法像机械论所期待的那般，先验地决定器官优先于功能；同样无法如同目的论所需求的那般，先验地决定功能优先于器官。倘若先对比相同本质的两种术语，也就是不对功能和器官进行对比，只在器官与器官之间对比，那么验证的过程必然会出现根本性的不同。如今，我们能够稍稍踏上让人相信的解决之路了。并且，越是能够接受进化论的假设，就越有机会大获成功。

十一、达尔文与微变

现在，将脊椎动物的眼睛与扇贝之类软体动物的眼睛进行对比。它们的根本部分是相同的，均由同样的要素组成。扇贝的眼睛与我们人类的眼睛是相同的，视网膜、角膜、细胞组织的晶状体等构成要素全部存在，甚至存在视网膜组成要素的倒位结构，这是普通非脊椎动物的视网膜所不具备的。虽然，软体动物的起源时间还存在争议，但不管怎样，软体动物与脊椎动物的分化，远远要在扇贝进化出复杂的眼睛之前，这应该不会有人反驳。但是，构成的相似是怎样出现的呢？

在这个方面，我们需要先自我检查一下进化论诠释的两种相对体系。一种为纯粹的偶然变异，一种为环境影响下的定向变异。

对于前者的假定，众所周知，是两种完全不同的形式提出的。达尔文曾说，非常细微的变异是由于自然选择积累而成的。对于突变这种情况达尔文是了解的，但这样的“玩笑”——他是如此称呼突变的——他认为，只会创造出不能延续的畸形。因此，他以眼睛不能觉察的变化积累诠释生物的起源。如今，很多博物学者均认同了这样的说法，然而也有部分人是持反对意见的。这些反对者认为，与过去特点差别巨大的很多新特点，忽然在同一时间段内产生，最终形成了新种类。后面的假定已经被很多学者提出，特别值得我们注意的是贝特森。并且，在雨果·德佛里斯的卓越的试验之后，这样的说法变得更加具有意义，也被众多学者所提倡。这位植物学家用月见草来做试验，在几代之后便取得了一些新品种。这个试验的理论非常有意思。物种要依次经历稳定与变异两个时期。变异时期降临时，物种就会创造出诸多意外的状态。可是我不能支持这样的假定，也不倡导“不能观察到的变异”的假定。我想表达的是，在这里我们提倡的变异，不管它的大小，若是偶然发生的，则无法对我们之前所发现的结构类似性做出解释。

其实，我们先采取达尔文的“不能觉察到的变异”说。这种细微变化的发生充满着偶然性，并且持续积累。但是有一点我们是不能忽略的，那就是器官的所有组成部分都要相互协调。功能究竟是器官的结论还是它的原因，都没有太大区别，可只有一点是无可争议的，那便是器官倘若无法发挥它的用处，便失去其意义了，也将无法呈现出选择的契机。视网膜的微小构成要素不管多么先进、多么繁杂，倘若视觉器官里的各个部位与视觉中枢无法同时发生改变，那么视网膜的进步不但对视觉是没有好处的，并且会让它变得更加混乱。倘若这样的变异只是偶然发生，那么不同的变化必然无法相互了解，也无法在器官的各个部分里同时产生，导致器官不能在功能上继续发挥作用。达尔文认识到了这点，他假设变异无法觉察，这成了他的理由之一。视觉器官在某一点上突然产生的变化若是十分细微，那就不会阻碍器官的功能，所以，这起初的突然变化能够等到其他部分的变化的积累，以帮助它进行弥补，而视觉能够达到更加安全的高度。这一点在理论上是可行的。可是，无法觉察到的变异即便没有阻碍眼睛的功能，但是这时候也不会对功能起到明显的帮助作用。在这种情况下，自然选择有什么理由保留这种变异呢？因此只能说，无法觉察到的变异就仿佛有机体在建立时所打下的地基，是为了今后的建筑而留下的。这个假定与达尔文的原理没有办法融合在一起。就在观察脊椎动物的眼睛这种沿着单一进化系统而发展的器官时，这个假定便非常难以避免。然而，在观察到脊椎动物的眼睛与软体动物的眼睛的构造相似时，这个假定非常重要。可是，实际上，倘若这些变异是纯粹偶然的，那么我们怎样才可以假定在两条独立的进化线路上，无限的细微变化以相同的次序产生呢？如果分开来看的话，这些细微的变化都毫无作用，但是它们又是如何被选择和保留下来，并且在两个进化线路上按照同样的次序积累起来的呢？

十二、德佛里斯与突变

下面我们来讨论突然变异的假定，看看它是否可以解决这样的问题。这个假定在某个点上的确缓和了这个难题，然而在另外的方面又让这问题变得更加困难。倘若软体动物和脊椎动物的眼睛经历几次突然的跨越而变成当前的形态，则这两个器官的相似就比许多细微的相似渐渐的累积所获得的相似更容易理解。但是，它们均由偶然导致，前者的偶然只能是奇迹的发生，后者则不能因为偶然而发生奇迹，需要积累的相似性数量被减少了，并且每种相似都得到存留而渐渐地积累下来，这样的表象也很容易让人了解。因为根本上的变化是非常明显的，这样的变化能够让生物得到好处，从而能够对选择作用产生回应。然而，即便如此，也还是有另外一个问题无法得到解决：视觉器官的全部组成部分很快地产生了改变，为何还可以相互调整从而完成眼睛的功能？因为哪怕是其中的一小部分改变了，视觉也无法发挥出它的功能，除非这种改变是绝对的无限小的改变。这样看来，各个部分必然将同时发生改变，而每个部分都需要与另外的部分相互协调。的确，我们能够做出这样的假设，即一些无法相互协调的变化在一些不幸的个体中出现，这些个体因为自然淘汰而灭迹。最终，只有能够相互协调的才存留了下来，获得了保持视觉、改进视觉的功能。这些协调者也许必定会出现。但是，这种情况的发生既然是偶然的，那么在生物进化的历史上，这种偶然事件总是重复发生，以至于每时每刻都会产生全新的互相协调的复合体，按照相同的方向继续前进下去，我们能够承认这一点吗？更有甚者，我们该怎样才能够假定，在两条不同的进化路线上，一连串纯粹的“偶发”在相同次序、相同排列中出现，并且分别能够使自身越来越多、越来越复杂的各种因素互相协调、完全整合？

当然，有人可能要提出相互关联的规律。达尔文自己已经表达了这样的规律。他说，一种改变并不是限制在有机体的某个点上，另外的点也必定会存在这种影响。达尔文所列举的例子，至今都可视为经典：蓝色眼睛的白猫通常是没有听觉的，无毛狗的牙齿也不会健全。或许确是如此，然而，在这里不允许随意地玩弄“相互关联”的词义。一致性改变与互补性改变，并不是一回事。在后者的含义里，某种器官的作用在相对繁杂的条件下保持并逐渐完善后，许多改变能够相互调整。毛发的异常即便伴随着牙齿的异常，也不需要特别的解释，因为毛发与牙齿的构成类似；如果阻碍毛发构成的化学改变来源于胚胎，则牙齿的构成也必将遭受阻碍。蓝色眼睛的白猫没有听觉，或许也是出于相同的原因。在这些例子中，“相互关联”的改变是指一致的改变。可是，我们谈到的眼睛的不同部位会忽然产生“相互关联的”改变，是使用了这个词汇的全新的意思。这里所需要探讨的诸多改变，不但是在同一时间出现的，因为起源一样才相互融合，而且相互调整，使器官持续完成相同的功能，还可以更加完美地完成这一功能。胚胎所出现的某种改变将对视网膜的构成产生一定影响，也将同时影响眼角膜、眼帘、晶状体和视觉神经等个体的构成。对于这个观点，我是持认可态度的。这些构成性质之间的差别要比毛发和牙齿的构成在性质上的差别要大得多。可是这些构成在同一时间出现的改变，不见得能够维持视觉功能甚至能够改善这种功能，如此一来，只需要站在突然变异的假定上，我就不能继续认可了。但是，倘若让某种神秘原理介入，而使这种原理起到了监察作用，则可另作他论了。这样的话，则需要放弃“偶然”变异说。其实，“相互关联”这个词语的两种意思与“适应”的两种意思是相同的，无时无刻不在困扰着生物学家。这两种意思的混淆，在植物学可以被认为是合法的。在植物学的领域里，用突然变异来解释物种构成的理论，有非常坚实的依据。植物领域与动物领域不同，它们的作用与形态并非是密切相关的。形态上的明显差别，如叶子形状的改变，对于其作用不会产生太大的改变。因此，即使差别没有一整套的互补性改变，这种植物仍然存在生命力。然而，在动物领域是有所区别的。比如，眼睛的结构是非常复杂的，有着极其细微而又巧妙的作用，研究这种器官，和研究植物完全不同。在这里，我们不能把一致性改变和互补性改变当成相同的理论。“相互关联”这一词语拥有的两种含义就必然需要谨慎地区别对待。若将其中的一种含义用于前提，另一种含义用于结论，这样就变成了错误的推论。但是，有人在讲述细节时，引用相关原理来诠释互补性改变，然后探讨与之相关的整体，发现“相互关联”只是胚胎中出现的一些变化而导致的某种群体变化而已。这种理论是完全错误的。在如今的科学中，信仰目的论的人从始至终便将相互关联用在这一含义当中。他们心里低声说道：“这只是因为需要做更加明确的解释，对原理的性质进行了解，使科学向着哲学转变，同时我将更正这样的理念，重新回到纯粹的机械论当中。”的确，到了那个时候，他们会重新回到机械论的，然而他们已赋予“相互关联”这个词语全新的含义了，而这个含义却无法对细节进行正确的解释。

总的来说，决定进化的突然变异如果是不能觉察到的变异，那么便需要储存并且积累这些改变，同时需要依靠一种基因——未来物种的基因，因为选择和淘汰无法完成这项任务。从另一个角度来说，倘若偶然变异是突发的，那么一切突然的改变只要无法相互弥补以完成相同的功能，那么本身功能便无法延续作用的发挥，全新的功能也无法将其取代，因此只能再去寻求基因的帮助，以汇聚之前继起的变化，从而保证方向的连续性。无论如何，繁杂的相同构造已经在不同的单一的进化系统线上共同发展，这个事实并不是源自偶然变异的单纯积累。所以，在这两种需要进行自我审视的假定之中，我们必须依靠第二个假定。假定变化并非源自偶然的内因，而是源自外在条件的直接影响，同时了解怎样从系统发生论的论点诠释眼球构造在独立系统中的相似性。

十三、艾默与定向进化

软体动物与脊椎动物虽然各自进化，但都处于光的影响下。

而光是致使所有结果的物理因素。在光持续不断的作用之下，它们能在永久的方向中出现持续的改变。当然，脊椎动物和软体动物的眼睛无法因为一系列的偶然改变而完成。这个时候，如果光作为选择机制介入，只会让所有有益的变化存留下来，两者的因素也无法因为偶然的作用——这作用常从外部来观察——采用同样的协调形式，用同样的方式进行改变。然而，如果假设光会对有机物质产生直接性的作用，从而对它的构造进行改变，让自身的形态适合这样的构造，情况便又有些不同了。如此，便能够用原因的相似来诠释两者结果的相似之处。眼睛日益复杂，是因为光在材料上产生了烙印，这种烙印逐渐深刻。这种材料是有机的，并且拥有接受光的天然属性。

但是，有机组织是否可以和烙印进行比较呢？我们已经了解“适应”这个词汇的模棱两可了。逐渐适应这个外在条件的模具，形态变得日益复杂，与器官组织渐渐变得复杂，越来越可以有效利用外在条件的情况并不一样。前者，材料只是接受烙印；后者物质能够自主地反应，从而将问题解决。谈及眼睛逐渐能够适应光的影响，后者必然是我们所要讨论的。然而，人们不经意间总会从后者转至前者。并且，单纯机械论的生物学经常会想方设法让我们将物质接受环境影响的被动适应，与有机体对这种影响的能动适应混为一谈。其实，我们应该能够了解，自然经常诱使我们的精神将这两个适应概念相互混淆，因为自然必然需要在创造出能动反应的机制时，先从被动适应开始，因此在我们对问题进行处理的时候，着眼点很明显要放在低级有机体的斑眼上。基于物理学的概念，斑眼能够因为光的作用而做出反应，在简单的斑眼与脊椎动物的复杂眼睛当中还存在诸多中间的阶段——尽管一个事物是由另外一个事物逐渐变化而来的，但它们之间的性质并不一样。这就像演讲先要做的是接受观众的情感，再对观众进行支配，可是附从和主导并不一样。有生命的物质需要依靠环境，必须先被迫了解环境，除此之外没有其他办法。在主导某种动向时，有生命的物质起初要接受这种动向。生命就是以这种屈从开始的。斑眼和复杂的眼睛之间的中间部分，在这里没有那么重要：不管中间部分如何繁多，斑眼和复杂的眼睛之间的区别就像照片与照相机之间的区别一样。斑眼这张相片确实在逐渐向着照相机的功能性转移。然而，是否只有光这种物理力才可以引起这样的变化，让光所存留下来的印象转为利用光的器械呢?

或许有人会说，在这个问题上，考虑实用性是荒谬的。“眼睛不是因为观察而存在的，而是因为眼睛的存在，我们才能看到这个世界。器官依旧是器官。‘实用性’这个词语只是表示组织的功能性结论。”但是，我所说的眼“利用”光，并非只表示眼能够观察。我已经说了这个器官和运动器官之间存在确切的关系。脊椎动物的视网膜与视觉神经联系在一起，视觉神经依靠相互联系的大脑中枢与运动器官衔接。因为眼睛的存在，我们才可以凭借它的反射运动，利用有利的事物，避开有害的事物。从这个意义上说，光被我们的眼睛利用了。若光在物理上创造出斑眼，便能够在物理上对某种有机体的活动产生决定性的影响。比如，有纤毛的纤毛虫类在光的影响下会出现反应，就属于这种情况。但是，没有人会觉得，光的功能已经成了物理原因，构成了与脊椎动物视觉器官相接的所有组织，如神经系统、肌肉系统、骨骼等。其实，眼睛的构成，是与日光的直接作用根本不同的东西。在探讨眼睛和另外同眼睛无法分割的器官的联系时，就更加明显了。人们已经在潜意识中让有机物质具有了这样的独特功能，这种无法想象的功能构成了非常复杂的器官，从而运用于单纯的刺激。

但是有人说这恰恰说明它真的没用。在他们看来，物理学和化学能够解开一切未知的事物。艾默的一本著作在此方面揭示了很多东西。众所周知，这位生物学家在历经了诸多探索之后表示：在外部持续对内部进行影响的情况下，变化会在确切的某个固定方向中产生，而并非像达尔文所说的那种，源自突然变异。艾默的论述来自非常有意思的观察和实验，来自对蜥蜴皮肤颜色的改变过程的研究。在这之前，多夫梅斯特尔的陈旧试验也已经证明：同一蝶蛹常因温度的改变而变成完全不一样的两种蝴蝶，这两种蝴蝶在很长一段时间都被看作完全不同的种类——蛱蝶春型和蛱蝶夏型；但是在不冷不热的温度中，就会出现中间型的蝴蝶。与这一事实相类似的还有一种小型甲壳纲动物：这种卤虫会随着其生活的水中的盐分的增减，而发生身体上的变形。在这些试验当中，外因通常是变化的原因。但是“原因”这个词语在这里应该怎样解释呢？我们在这里对于因果关系的理论不进行太过详细的探讨，可是有一点必须要说明，那便是一般人通常将这个词语所代表的三种不同的意思混淆在一起。原因之所以能够产生作用，通常是源自冲击、开端及展开：撞击台球桌上的台球碰到另一个球时，因为前一个球的推动而使得后一球运动；点燃炸药的引线，会引爆炸药，炸药通过释放产生了作用；发条缓缓松开，唱机上的唱片放出了动人的音乐。倘若把放出的音乐当成结果，而把松开的发条当成原因，便能够说原因是因为展开而起作用的。区分这三种情形的是原因与结果两者间联系的强弱。在第一种情形中，结果的质与量随着原因的质和量的变化而发生改变。在第二种情形中，结果的质与量并不会因为原因的质和量的变化而出现改变，结论是稳定而不会变化的。在第三种情形中，结果的量取决于原因的量，但原因的量无法对结果的质产生影响。因为发条使得唱盘转动的时间越长，能够听到的音乐则越多。但是，听到的旋律本质或其部分本质，并非依靠发条的作用。只有在第一种情形下，原因才能够对结果起到说明的作用。而在另外两种情形下，一部分结果是已经事先得知的，它所依靠的与其说是原因——当然，在程度上会有一些不同——还不如说是机会。卤虫变化的原因是水中的盐分；蛹化为蝶时，它翅膀的颜色与样子的不同的原因是温度的高低。在这个时候，“原因”这个词语能否作为第一种含义来解释呢？显然不是。因果联系在这里指的是展开与释放的中间含义。从而，艾默又谈及变化的“万花筒般的”特征：有机体的改变与无机物的定向结晶相同，是在某个方向（定向）中开展的。这个时候他很明显地使用了“原因”的第一种解释。倘若这一过程起作用的是物理化学，那么我们是能够认可艾默的学说的。但是，倘若将这种诠释方法扩展到脊椎动物眼睛的逐渐构成上，那么有机体的物理化学作用便必定要做出下面的假设：“光的作用让有机体创造出了许多逐渐进步的视觉器官。这些器官都是十分的复杂，并且能够在使用视力的同时，逐渐使其视力增强。”目的论的信仰者对这种特别的物理化学特点，或许也只好如此认为了。倘若我们向机械论哲学指出，软体动物的卵子与脊椎动物的卵子有着不同的化学组成部分，软体动物在演化过程当中的化学成分和脊椎动物演化过程中的化学成分也不一样，然而它们因为光的影响，构成的器官却是一样的，则机械论哲学的立场必然将陷入更大的困难之中。

越审视自己便越能够了解，是许多微小原因构成了两种不同的积累，从而出现了相同的结论，与机械论哲学所依靠的原理是很矛盾的。我们总是将探讨的中心集中在系统发生论产生的例子上，然而个体发生论所给出的事例也能够同样成为有力的依据。在日常生活中我们能够看到，自然界中，各个联系紧密的种属依靠根本不一样的胚胎构成，从而达到了同样的效果。近几年来，关于“异胚形成”的观察大量增加，推翻了胚叶独特性的经典理论。我们再次对比脊椎动物的眼睛与软体动物的眼睛，脊椎动物的视网膜是依靠幼胚的脑袋向外延伸的——这是需要关注的地方——明显是神经中枢向周围扩张而成的。相反，软体动物的视网膜直接源自外胚叶，并不是以胚脑为衔接点间接形成的。这样看来，人与扇贝是依靠不一样的进化历程而构成相同的视网膜的。如今暂时不对这两种差别极大的有机体进行比较，即便对相同有机体的“再生”这一神奇的事实，也能够得到相同的结果。割除蝾螈的晶状体，则能够看见晶状体从虹膜再生的情形，而起初的晶状体由外胚叶生成，虹膜则由中胚叶生成。又如鲵鱼，在不对虹膜构成危害的情形下除掉晶状体，晶状体依然能够从虹膜的表层重生。若除去虹膜的表层，重生便能够在残存的地方的内部及视网膜层产生。不同部位和构造，通常只行使自己的功能，但是在必要的时候，还能够做一个辅助型的配角，创造出与器官相同的部位。这样我们便能够知道，原因的排列尽管有很多种，但最终的结果却是相同的，这便是不同的原因造就了相同的结果。

想解释这种结果的趋同，则必然需要依靠在的指导原理，无论是达尔文主义，特别是新达尔文主义“无法觉察到的变异”说当中，还是在“突发的偶然变异”假定中，都是无法看到这种趋同的可能性的。在“内外力的融合，器官在进化之后融入到了某种方向”的学说当中，依然无法看到这些趋同的存在。所以，我们必然需要进行自我审视，从而去了解现代各类进化论中我们一直没有接触过的学说——新拉马克主义。

十四、新拉马克主义与获得性质的遗传

依照拉马克的理论，生物所拥有的是依靠器官的适用方式来决定变化的能力，以这种方式所得到的变异能够传给后代。到现在，依然还有某些生物学者对这样的说法表示赞同。他们认为，这里所出现的新物种的变化，并不是内在于胚体的偶然变异，也不受制于并不被某种特有的决定论所掌握的机制，因为这样的决定机制论对于一般的效用实用性通常是不会理睬的，只是让某种特质向一个固定的趋势发展。这样的变异是因为生物的努力对生存环境的适应而出现的。这种努力尽管只是某种器官在一个固定的模式当中遭受外在环境所给的压力而展开的机械性功能运动，但当中却包含了感知和思维。这种学说的最出色的代表人物之一是美国的博物学者寇普，他把“努力奋勉”这个词解释为具有感知和思维的作用。所以，在如今所有这种类型的进化论中，唯独新拉马克主义对内部心理作用在进化中的影响做出了认可，可我们却依然不能因此便按照

这样的理论来实践。同时，唯有新拉马克主义对相同复杂器官怎样在单独进化中构成的进化学说进行了解释。其实，依靠同一环境下的相同努力，通常可以得出同样的结果，这样的说法我们是给予肯定的。特别是外在环境给出疑问，倘若这样的解决方法只有一种，便更需要我们来认可。但这依然留下了一个麻烦，“努力”这个词，我们难道无法诠释得比新拉马克派更加深刻、更加让人信服吗?

这是因为：体型的改变与外貌的改变是具有差异性的。一个器官使用得越多，其功能性越佳，这一点是任何人都无法否认的。可是，这与软体动物或脊椎动物眼睛的进化发展完全是两个概念。倘若在我们的思维中觉得因为光的影响让眼睛出现了那种结果，如此一来我们就又进入到了我们之前所反驳的主题当中。相反，如若将内在作用提出来，这里我们所探讨的“努力”则和我们通常所讲述的“努力”完全是两个概念，因为某些器官根本不能因为努力而变得更加复杂。由纤毛虫类的斑眼发展至脊椎动物的眼睛，这当中要经过数以万计次这样的进化改变的复杂过程。然而，即使我们承认这样的进化概念在动物身上能够得到认可，却无法延伸至植物界。在植物界，植物外貌的变化并不一定是因为功能的改变，也并非完全因为功能的改变而出现变化。同时，即使变化的原因是出于心理层面，若我们不着力地去扩大语义，也是无法把这种原因称之为努力的。因此我们必然要对努力本身进行深入挖掘，从而探索更加深层次的原因。

更重要的或许是我们有必要找到有规则遗传变异的原因。这里，我们不愿参与到关于后天特征可遗传性的话题的讨论中。对于超过我们自身能力的问题，尽量别采用太过确定的态度。然而，也不能对此毫不关心。尽管对于这样的问题有着很深的感受，但对于哲学家而言，是不能只在模糊的概念和观念上进行探索的，而应该依靠科学实验来验证他们的结论。倘若斯宾塞从得到后天特征的遗传性问题开始研究，那么他的进化论必然会与现在有很大区别；倘若我们自己所拥有的习惯只有在极其例外的情形下才能够遗传给我们的后代（我们能够进行这样的探索），那么斯宾塞的心理学就需要重新做完整的修改，他的哲学的许多部分都会被否定。所以，首先我们要解决的是怎样提出这个问题，用怎样的方法去解答这个问题，同时讲述我们自己的见解。

后天特征的可遗传性，曾经是被认可的，而后却又遭受否定。遭受否定的原因是从生殖细胞的假定性质中引出了一个先验前提。相信大家都知道，魏斯曼基于种质连续性的假定，把生殖细胞——卵及精子——和身体细胞从身体中划分出去，将它们几乎是看作完全独立的。由此出发，部分人觉得后天特征是无法遗传的，在今天依然有很多人对这个观点持认可的态度。可是，如若在经过实验之后得到的结论是后天特征能够遗传，那就能够说明种质并不像人们说的那般——独立于身体之外而以个体的形式存在；同样他们也会觉得后天特征实际上是能够遗传的。所以，这个问题，是否被认可并不重要。重要的依然是这个问题与实验有着紧密的联系。然而，这个问题也是非常难以解决的。所谓后天特征大概就是指习惯或习惯的结果。并且，养成的习惯在性质上存在着自然倾向（自然禀赋）。所以，人们经常提出这样的疑问：能够进行遗传的究竟是部分躯体所养成的习惯，还是养成习惯之前的自然倾向。倘若是这样的倾向，那么很早便涵含在个体中，从而蕴含在个体的胚芽之中，或许也蕴含在个体内部的种质里。从这一观点来看，无法验证鼢鼠的失明是因为鼩鼠是生活在地下的。或许是由于鼩鼠视力逐渐衰弱，因此只好在地底下生活。视力减弱的倾向逐渐因为种质传于种质，但鼩鼠的身体并没有得到什么，同时也没有失去。一个用剑高手的儿子比父亲更快地成了出色的剑手，但我们不能因此就说是父亲的习惯遗传给了儿子，因为有可能是自然倾向使父亲的种质转移到儿子的种质，并在原始冲动的帮助下渐渐地增强，所以与父亲的能力并没有联系，却拥有了比父亲更加出色的柔软性。驯养动物的事例也是这样，是个体养成的习惯能够遗传，还是某种自然倾向能够遗传？换句话说，是因为这种自然倾向的存在，所以某种特别的种属或它的部分成员才能够被驯养吗？这当中的原因的确很难判断。事实上，要是剔除可疑的例子及能够作为各种解释的事例，则关于得到的后天特征可以遗传仅有的可靠例子，便是布朗·塞加尔进行的著名实验了。他的实验已经被部分生理学家进行了再次的验证，而确定了这一实验的正确性。布朗·塞加尔将土拨鼠的脊髓或坐骨神经切掉，让它患上了癫痫症。这种症状逐渐遗传给它的后代，在坐骨神经、索状体等均受到损害的同时，土拨鼠的身体也开始出现各种其他病症，如凸眼症、缺爪等各种缺陷。然而，这些遗传例子无法验证动物的身体对它的种质是否有影响。魏斯曼表达了他的看法，在他看来，在布朗·塞加尔对土拨鼠进行手术时，或许有某种特别的微生物窜入了土拨鼠身体内，而神经组织则是这种微生物吸取营养的最佳之地，因此这种微生物进入生殖元素后，病症才遗传给了后代。布朗·塞加尔自己对这种反驳给出了回应。可是，伏亚桑和培隆的实验则提供了更加有力的反对意见：癫痫出现后，毒汁从体内排出。把这种毒汁注入到其他动物的体内，同样会出现痉挛。布朗—塞加尔对神经的损伤或许构成了营养障碍，营养障碍又产生了导致痉挛的毒素。这个时候，毒素从土拨鼠体内转移到它的卵子或精子里，之后在胚胎之中繁衍时导致整体的障碍。可是，当有机体成长之后，或许只在某种固定点上表现出可见的影响。这些都曾被夏尔、德拉马赫、缪苏等人在实验的过程中所运用。对怀孕的土拨鼠的肝脏与肾脏进行损害，这种伤害将遗传给后代，因为母体器官的伤害能够出现特定的“细胞毒素”，这种毒素在与胎儿相同的器官当中会产生作用。可是，在夏尔另外的实验中，却显示，用相同的方式，对精子和卵子也能产生影响。总的来说，在布朗·塞加尔的实验中，所得到的后天特征遗传或许能够用胚胎中毒来解释。不管对于这种损伤的定位如何精确，损伤都和酒精中毒等类似的情况以相同过程遗传下来。但是，后天特征遗传难道不是用这样的方式遗传下去的吗?

其实，不管是认可还是否定后天特征可遗传性的人，在部分的观点之中也存在着相同的意见：就像某些影响，如酒精，会对这种生物产生作用那样，它对这种生物的种质还会产生作用。在这一情形下，毒害的遗传是显而易见的。结果就是，看上去父母的身体细胞将对它的种质产生影响，尽管事实上是身体细胞和种质都因为相同的原因而产生作用。现在，我们首先像那些认为后天特征可以遗传的人那样，假设身体细胞将影响生殖质。最普遍的假设是，身体细胞就能够引发种质的整体变异。倘若如此，后代的改变与父母的改变相同便成了特殊情况，并且是偶然发生的。这种情况就好像酒精中毒的遗传一样。因为酒精中毒的遗传必然会因为父亲而遗传给自己的孩子，但不同的孩子所表现出毒害的种类并不是一样的，并且它们所呈现的毒害也都与父亲不同。这里我们把种质忽然产生的改变叫作C。C本身有着积极和消极两种状态，既体现得到这种物质，又体现失去这种物质。结果无法严谨地将原因重现。身体的某个部分所产生的变化即便导致种质变化，也无法在构成中的新有机体的相同部分产生相同的改变，除非新有机体之中另外的新生部分对C有着免疫性。此时，只有当新有机体的相同部分在构成时因为新的因素影响才能够产生改变。即便是这部分，其变化动向与父母的有机体对应部分的改变也是根本不同的。

所以，我们应当可以判定，偏离遗传与特征遗传是不同的。某个独立的个体得到新形态后，偏离了自己之前的形态，同时偏离了个体内所蕴含的胚胎或半胚胎在成长之后出现的形态。倘若这样的改变无法出现让种质改变的物质，以及无法使得营养作用的整体性发生改变，以夺去种质的固有要素，便无法将所有结果带给个体的后代。这些很显然是最为常见的。相反，倘若这样的改变将带来某种影响，那便很可能是在种质中造成了化学变化。因为这种化学变化，使有机体内再次产生原始的变形，而胚胎刚刚要在这个有机体内萌发，如此一来便会导致许许多多不同的结果。在后者的情形中，所出现的有机体或许会与母体一样偏离正常，然而其所偏离的情形是不同的。后代所承继的是偏离，并非特征。所以，通常来说，个体养成的习惯在其后代中恐怕无法出现任何影响。即使出现影响，后代中忽然产生的变化也无法呈现出和原有变化明显的类似性。至少，我们觉得最可靠的便是这种假定。在反证出现之前，只要那位杰出的生物学家[①]所提出的试验还没有完成，我们就要坚持现在的观察成果。即便我们尽量去配合后天特征遗传的最有力的观点，认为后天特征并不是与生俱来的先天倾向的迟缓发展，但是事实还是表明，先天特征的遗传是偶然而非普遍现象。那么，我们又怎么能够认为眼睛这种器官是因为后天特征遗传而造就的呢？我们假定：诸多的变化都向着相同方向发展并积累，纤毛虫类的眼睛才有可能进化到软体动物或脊椎动物的眼睛，那么，我们所观察的后天特征遗传怎样解答这样的变化？而且即便任何个体的努力产生各自的变化，也无济于事。总而言之，新拉马克主义与另外类型的进化论相同，依然无法解决这样的疑问。

十五、讨论的成果

我们已经对进化论的各种形式进行了探讨，了解各种学说都遭受了相同的难以解决的问题，可是我们仍然不能因为这些就将此学说完全放弃。恰恰相反，这样的学说都存在真实的依据，并且都有它们真实的一面，同时也各自展现了进化历程中的某些概念。倘若想将某种学说作为科学，则必须要在细节的研究中把握一个确切的方向，同时还需要坚持这一观点。但是，这些学说对于实体而言只是部分的发展，因此实体必然要凌驾于该学说之上。而特有的对象只有实体。“哲学”似乎与“实用”这个词并无法画上等号，从而也不会使它因为科学的严谨而受到限制。所以，我们需要表明，三

①吉阿德，著有《关于传递性的争论》。

种现代的主要进化学说对于解决问题各自起着怎样的作用，又在哪些方面存在疏漏；对于进化过程，即便其概念模糊，可是为了能够得到更具涵盖性的概念，以我们的立场来说，应该将这三种努力做一种怎样的联合。

新达尔文主义的理论这样表示：变异的性质因为是个体的胚胎之中所蕴含着的各种变化，并不是来自个体在生活环境中的经历。这一学说基本上是正确的。但是，我们之所以不能单纯依靠这种学派的说法，是因为他们觉得胚胎当中所含有的各种变化纯粹是偶然的、单一的。我们认为，这些改变是一种冲动的延续和发展，是经由个体从胚胎到胚胎的延绵而产生的，所以并非单纯的偶然现象，并且相同种类的所有成员，或者说当中的部分成员中，经常用相同的方式一同出现。这种现象存在的可能性是极大的。另外，突变说在这一点上对于达尔文主义早已经进行了修正。在它的理论里，某个瞬间在历经很长的一段时间后便会来临，这时所有的种类都出现变异倾向，而这种变异倾向并非是偶然的。就像德佛里所说，倘若种类的成员存在差异，突变的方向便也会不同，因此改变本身就成了偶然。我们需要看到的是，这种学说在植物的诸多种类当中是否得到了确定，就像我们后面所提到的，偶然的作用在植物的变化中比在动物的变化中更为明显，因为在植物界，功能对于形态的依赖并不会太过紧密。总的来说，新达尔文主义发现突然变化的周期是一定的，从而它的方向在动物中也存在一定作用，但在程度上有些许差别。

至此，我们可以去了解一下艾默所提出的假设。按照他的理论，所有形态上的变异有着确定方向，然后一代代地继承下去。倘若这假定在艾默自己所规定的范围之内，是能够得到认可的。有机世界的进化在整体上来说，定然无法事先就能够决定。我们所提倡的正好与艾默的理论对立，在我们看来，有机的世界里，生命的自主性已经在各种形态的持续创造中呈现。但是，这样的非决定性并不完整，某些部分依然未被决定。比如，眼睛这样的器官，是因为定向的持续改变而构成的。要诠释具有完全不同历史的物种间眼睛的相似性，除了这种方法，别无他法。艾默觉得只有当物理和化学的原因结合在一起后，才能够出现令人信服的结果。至此，我们的看法与艾默产生了分歧。我们在眼睛的这个例子中能够发现：倘若当中存在“定向进化”，则需要介入心理性原因。

新拉马克主义的部分学者所依靠的便是这种心理性原因。按照我们的想法，这个概念是新拉马克主义最为巩固的。可是，倘若这一原因只是个体在感知上的努力，那便只有在极为有限的情况下才可以产生作用，这样的原因只对于动物适用，对植物并没有用处。即便在动物界，也只是对直接或间接受到意志影响的物种才能够产生作用。即便有了作用，也根本不知道这种原因是怎么造成这种逐渐复杂的改变的。要弄清楚这一点，就必须得到后天特征并按照一定规则的方式遗传下去，并且渐渐积累。然而，这种方法的遗传看似一种通则，实际上却是一种例外。倘若定向的遗传改变累积、组织化，构成一个逐渐繁杂的器官，则这样的改变必然和某种努力有关联。这种努力比个体的努力更加深刻，同时单独存在于环境之外，并且因相同种类的多数个体共同拥有，努力不但蕴含在个体的基质中，更加蕴含在个体所存有的胚胎中。所以，这样的努力才能够遗传给后代。

十六、生命的冲动

在绕了很大一圈后，我们回到了最初的概念中——生命的原始冲动。生命的原始冲动是以构成形体的有机体为介质，从前一代胚芽传递至下一代胚芽。这种冲动沿着不同的进化系统传递下去，这才是变化的根本原因；至少是依照规则传递、积累、创造出新物种的改变基因。一般来说，物种从相同的根源出发，产生分歧之后，在进化的过程中分歧会变得逐渐明显。但是，倘若我们认定共同冲动这种假定，物种在某个固定的点上就必须统一进化，并且只能统一进化。我们必定要就之前所选择的例子——软体动物和脊椎动物的眼睛——把这种现象展现得更加透彻，通过这种现象也能够让“原始冲动”这个概念更加清晰。

像眼睛这样的器官，我们需要注意两点：一是其复杂的构造；二是其功能的单一性。眼睛是由巩膜、角膜、视网膜、晶状体等不同部分组成的。这些部分又可以不断地细分。就视网膜来说，它便存在着三层神经因素——多极细胞、双极细胞、视觉细胞，重叠并且融合在一起，同时每层都存在着各自的特性，构成了极为繁杂的有机体。然而这只是视网膜细微构造的一个简化图。所以，眼睛这个器官是依靠众多繁杂的器官构成的。可是视觉只是简单的事实。眼睛睁开，我们的视觉便开始运作。尽管这种功能显得有些单一，可是在构成这个无比复杂的器官时，倘若出现一点儿差池，视觉便无法发挥它的功能。复杂的器官和单一的功能，这样的比较经常会让我们的判断迷惑。

机械论认为，这种器官在环境影响下逐步形成，外在环境的影响或者直接向组织产生作用，或者选择合适的部分间接影响。这样的论述不管采用怎样的形式，对于当中的各种细节即便有部分妥帖之处，也无法呈现各部分的联系。

目的论告诉我们，各部分按照预先的目的朝着目标聚集。这样说来，这种学说是把大自然的能量比作工匠的劳动。工匠为了达成某种目的便将部分聚集起来，从而开展工作。所以，机械论反驳目的论的拟人化本质，这句话是有其正确价值的。可是机械论却在失去自我的情况下沿用了相同的方法，并且因为自缚了手脚从而导致更加的残缺不全。机械论确实已经将追寻的目标与理想的模型扫除，可是它还是认为自然与工匠是相同的，借聚集部分然后开展工作。可是，我们用胚胎的发育作为例子，机械论便能够看出生命的活动与此存在很大的区别。生命并不是依靠各种要素的融合与积累而生存的，而是凭借其自身的分化而活动的。

所以，在机械论和目的论的概念上我们必须要将思维进行发散甚至超越。毕竟这二者只是人类精神在了解人类活动时所总结出的理论。可是，要用什么样的方法对它们进行超越呢？像之前所说的那样，对某个器官的构造进行分析时，我们需要不断地细分，去了解其独一无二的功能。器官的繁杂与其功能的单一，这样的比较必然能够对我们有所启发。

一般来说，相同的器官单一且复杂，必定会出现孰重孰轻的结论。因为单一是器官的本身，而复杂则是出于我们的视角，是我们感知对象时使用的象征符号，简单地说，是代表着不同序列的元素。我们试图用这些元素对真实的事物进行模仿，可是由于这些元素的性质根本不同，因此我们所模仿的与真实的事物对象之间仍然没有可比性。比如，一个伟大的画家在画布上画出一个人体，我们能够用许多马赛克方块对这样的画作进行模仿。倘若将马赛克的体积减小，数量增多，色调越丰富，则原画的线条和阴影便被呈现得越明显。但是，为了能够同画家单纯的画像一模一样，就必然需要使用足够小的因素让阴影重新得以呈现。画家将模特的整个形象迁移到画布上面，呈现出的投影越显得不可分割，画像便会让人觉得越漂亮。如果这位巨匠的画作，在我们看来只是马赛克镶嵌的结果，或者在我们的感知当中觉得画布上的人体外观是马赛克拼图，那么事实上我们就已经受到机械论的影响了。如果，除了具体拼图材料外，还需要镶嵌工匠的一个工作计划，那么这又表示我们成了目的论者了。可是，无论在什么情况下，我们都没能去历经真正的过程，因为那些拼在一起的小马赛克方块其实是不存在的，只是画本身投影在画布上的行为被我们的感知所接受，所以在我们的眼睛中被分解成若干数量的小方块，这些小方块再重新组合在一起，从而展现出令人惊叹的排列。这样看来，眼睛是一个非常复杂的器官，同时也只存在视觉这一单纯的功能。对于我们而言，它已经被分化成若干的小方块，但是如若将这个整体看作一个结合，便能够在我们的视觉中展现出完美的排列。

倘若我将自己的手从A点移动到B点。这种活动对于我而言有两个层面的展现。在来自内面的感知里，这一活动是一种不可被分开的行为；而从外面看，则是一条由A点到B点的曲线。在这条曲线当中，我们能够随意地分解出无数小点，也能够将曲线本身看作是这些小点之间的相互的排列。然而，这许多的小点与结合这些小点的排列，都是自己的手从A点移动到B点的一种不可分解的活动。

此时，机械论只能观察到细小的部分，目的论则能够考虑到这些细小部分所构成的组合。但二者都忽视了实体本身——运动。以某种概念来说，运动比这些细微的点及它们的组合都更加重要，因为只有在这无法分割的单纯中进行运动，继而引起的那些点和它们所构成的组合才能一同被得到，从而得到非组合也非点的本质。然而，从另一个意义上来说，运动又不及点与衔接点的组合，因为想要将这些点组合成某种顺序，就得先排列顺序，再将这些点放在一一对应的位置上。换句话说，需要将工作和感知组合在一起。手的单一活动不包括这两者。手的活动在人性的理念中并不是知性的，同时也不依靠因素构成，因此并非结合的工作。眼睛与视觉之间的关系就是如此。视觉中并不仅仅存在许多组成眼睛的细胞及它们的相互协调。在这个意义上来说，机械论与目的论都还走得不够远。可是机械论和目的论在另一个意义上来说却又太过极端，因为在机械论和目的论中，它们都将赫拉克勒斯的艰巨工作交给了自然之力，以便让自然将复杂的诸多因素提升至视觉这种单一的行动上。其实，自然造就眼睛，就像我们举手一样，没有耗费一丝力气。自然的纯粹行动自动分化为各种因素。这些因素已经朝着相同的概念调整，就仿佛手的运动当中的各种点，后来才发现这些点能够满足同一公式。

然而，这样的情况是很难理解的，因为我们不得不将有机组织当作一个人工产品。其实，制造产品与生成有机体是两件完全不同的事情。前者是人类的能力，将物质分解成若干部分，之后再组合起来，使它们相互融合，从中得到共同的行动。我们已经提前将这种行动设为中心，将这些部分排列在这种行动的周围。所以，制造是从周围朝着中心发展，倘若按照哲学家们的理论，就是多向一的发展。相反，生成有机体的功能是从中心朝着四周发散。这几乎始于一个点（相当于数学的一个点），之后在这个点的周围扩展出渐渐延伸的圆形波纹。制造的过程当中，处理的物质数量越多，效果便越明显。这是因为制造就是集中和压缩。相反，生成有机体的行动当中含有极强的爆发力：开始的时候，所需的是无限狭窄的场地和极少量的物质，似乎生成有机体的力量不愿意进入空间似的。精子开启了生成有机体的过程，而精子在有机体当中却是最小的细胞之一。其实，真正发挥这种作用的，也只是精子当中非常微小的部分。

然而，这些也只是表面上的差别。倘若将这些差别深入分析，便能够找到根本性的差异。

一件被制造出来的物品，可以描绘出制造的整个情况。换句话说，制造者在物品中能够再次找到自己投入进去的事物。比如，制造机器时，制造者首先需要的是把机器的零件逐一准备好，再将它们组合起来。在做成的机器上，能够观察到零件和它们的组合。所以，结果的整体表现了工作的过程，工作的一部分也与结果的一部分相对应。

实证科学便用这样的方法处理有机组织，并且只能这样处理。我认可这样的方法。实证科学只有在这样的条件下才可以应用于有机体。其实，实证科学想要做的并不是向我们展现事情的真相，而是给我们提供了运用事物的最佳方法。物理化学已经成了科学。并且，只有在可以依靠物理化学的方式解决有生命的物质时，这样的物质才可以与我们的活动相对应，所以想要对有机组织的科学进行研究，就必须将有机体当作一个机器。细胞成了这个机器当中的零件，有机体则是它们的组合。让各个部分进行有机化作业，才是让整体有机化的根本原因。这便是科学的观点，而对于哲学来说则完全不同。

在我们看来，有机体机器的整体已经完全呈现了有机化作业的整体（仅用相似性来说），但机器的各种零件却没有和作业的各个部分相呼应，因为表现机器物质面的已经不是所进行方式的总和，而是消除障碍的总体。这与积极的事情相比，更有否定性。所以像我们之前的一项研究表明的那样，从能力上来说，视觉是一种方式，能够达到我们眼睛所无法触及的很多事物。可是，这样的视觉无法变成一种行动。所以，它或许适用于妖怪，对于生物而言却不适应。生物的观察是有效的观察，并且局限在生物能够与之产生作用的事物上。生物的视觉就如同通道，像一条运河，器官所代表的是通道化的工作，像建造运河的作业。如果只从材料上看，只用堆积在河岸上的沙土，是无法诠释运河的建造的；同样，器官的创造，也无法利用解剖学要素的组合来诠释。倘若是机械论，则会认为这是慢慢地将沙土运上车；目的论所比喻的沙土是不能随便运输的，而是依靠建造运河的人按照计划搬运。但是，运河是用根本不同的方法建造的，在这里机械论和目的论，都是错误的。

我们之前运用举手这种行动，对自然造就眼睛的这个过程进行了比喻。而这种比喻说起来算是比较贴切的。但是，在我们之前做过的假设中，手没有遭受过任何阻力。现在假设，我的手不是在空气中移动，而是在铁沙之中移动。手插得越深，铁沙则互相推挤，而手所遇到的阻力则越大。某个瞬间，手上的力量消耗殆尽，这时铁沙则排列成某种形状，那种形状就是我的手和腕的形状。现在，我们假设手和腕都是无法看见的。观察者必定觉得铁沙形成这样的排列，是由铁沙颗粒及沙堆当中的力量形成的。有些人或许会将每颗粒的位置归结于相互接触的微粒所产生的作用，这样的人必定是机械论者；而另外一部分人则说，是整体计划紧密地将各种要素的作用进行分配，这样的人必定是目的论者。其实，我们将手插进铁沙里，是属于不可分割的行动。颗粒运动中难以究诘的细节和颗粒最后排列所形成的组合，只是这种不可分割的行动的消极表现；是一种抗拒的整体表现形式，而并不是个体主动发生作用的综合。所以，倘若把颗粒的排列称为“果”，而把手的运动称为“因”，我们只能从原因的整体表现来对结果的整体进行诠释。然而，原因的各个部分和结果的各个部分定然无法相互对应。对于这种理论，机械论和目的论都无法进行诠释，只好去寻求某些特别的理论。在我们所作出的假设中，视觉与眼睛的关系同手和铁沙的关系相类似。铁沙将手的运动轨迹描绘出来，将运动通道化，并对此进行限定。

手的力量越大，插入铁沙的部分则越深。无论手在哪个位置停止，颗粒在瞬间便自动地形成静止的状态，同时相互协调。视觉与眼睛的情形也大抵相同。构成视觉的不可分割的行动稍稍前进，形成眼睛这一器官的物质面相互调整的要素数目便出现些许的不同，但不管在何种情况下，要素的组成都是完整的。再强调一下，在组成这种组合的过程中，是以整体形式进行运动，而不是局部。机械论和目的论对于这一点似乎都没有进行考虑。眼睛这一器官的构造令我们惊叹，然而我们也没有注意到这一点。在我们惊叹的基础上，会经常蕴含着某种观念，觉得能够实现的只是这种组合的极少部分，组合的完全实现则成了一种特殊的恩惠。目的论者使用目的来对这一特殊的恩惠进行诠释；机械论者则表示这一特殊的恩惠能够依靠自然选择得到。但二者都在这种组合当中看到了一些积极的东西，所以在原因当中看到一些能够分离的东西——也就是加入某种或许能够现实化的东西。其实，原因的强度即便存在一些差别，也只可以用完整的形式在某个瞬间产生结果。随着原因向视觉方向的不断发展，或者赋予下等有机物简单的色斑素，或者赋予龙介虫属动物原始性的眼或沙蚕属动物略具分化的眼，或者鸟类接近于完美的眼。这些器官，它们之间的构造的复杂程度会有不同，但一定会呈现出相同的协调性。所以，动物中的两个种类无论有着多大的差别，只要双方向着视觉进化的程度相同，则都能够形成相同的视觉器官，因为这个器官的形态会呈现出视觉功能的发展程度。

但是，谈及视觉的演变过程，我们难道又回到了目的性这个陈旧的理论当中？如若视觉的演变有意无意地呈现出要完成的目标，那么我们确实如此。然而，视觉的演变依靠生命的原始冲动而展开，也涵盖在这一运动当中，因此能够在各种单一的进化系统中发现。可是，视觉演变为何会被涵盖在生命的原始冲动中？我们或许能够这样解释：生命比其他任何东西都更具有作用于一般物质的倾向。这种运动无法被事先决定，所以生命在演变过程中会呈现出各种无法预测的形态。可这样的作用通常在高水准的程度中存在偶然性，至少这当中存在选择。选择需要以一般事物事先呈现了许多的可能行为为前提，所以，在这种行为之前，就必须为生物标示出行动的可能性。视觉亦是如此。各种实体的可见轮廓很容易地表现出我们对这些物体的可能行为。所以，视觉在各种动物中，存在着相同和不同的地方。如若视觉强度相等，则能够呈现出同样复杂的结构。

之前，我们谈及组成构造上的相似，同时将眼睛作为特例，因为我们必须在分别对机械论和目的论阐明态度。现在所留下的便是对我们的态度更加明确的表述。我们在做着这种尝试的同时，也在对进化的各种不同结果进行着探究，可是我们的观点并没有放在这些结果的相似性上，而是放在了它们的互补性之中。

第二章　生命进化的分歧方向：麻木、知性、本能

一、进化过程的一般概念

倘若生命只是一个单一的过程，就像一发炮弹从炮膛射出去一样，那么进化运动就是一种很简单的运动，我们也就很容易地确定下来它的发展方向。但是，生命却远远没有这么简单，它其实更像是一颗炮弹爆炸成碎片后，那些碎片本身又再爆炸成许多更小的碎片，之后这些碎片又再爆炸，如此一而再，再而三地继续下去，没有尽头。而我们所了解的不过是与自身比较接近的那部分，也就是爆炸后的粉尘而已。我们需要做的事就是必须从这里逐渐地返回到运动的最初状态中去。

炮弹爆炸时炸裂的样子，是由炮弹中所装有的火药本身的破坏力和包含着火药的金属弹片对爆炸过程的阻力所决定的。生命进化成为不同个体和物种的情况也是一样的。生命进化取决于两种情况，一种是生命遭受到了一般物质的抵抗，另一种是生命本身所具有的爆炸能力，这主要是因为各种趋势之间的不平衡而产生的。

二、成长

生命进化必须首先避开的问题就是一般物质的抵抗。事实上，生命通过运用谦卑顺从的方法很巧妙地避开了这个问题。生命承认自己十分弱小，于是以顺从的姿态与生命进化过程中的物理和化学变化相互配合，甚至屈从于它们，一起走过一段路程，就好像铁轨机要离开铁路得先在铁轨上走上一段一样。现在已经无法知道，生命以最简单的形态出现的这些现象，究竟是物理和化学现象，还是已经就是最初的生命状态。生命必须适应一般物质的习惯，这样才能一点点地把磁化物质指引到另外一条轨道之上。正因为如此，在最开始出现的生命的样子是十分简单的，明显是一些根本没有分化的小原生质块。虽然样子看上去就像今天我们见到的变形虫，但是其内部绝对蕴含着巨大的冲力，而这些冲力将足够支撑它们进化到最高级的生命形态。正是在这种冲力的作用下，最原始的有机体生命才能得到最大可能的成长。但是，有机体生命的膨胀也是有限度的，到了一定的程度不仅不会再继续扩大，反而还会产生分化现象。而生命运用高超的方法，消耗漫长的时光，来避开这种新的问题。在进化过程中，生命既允许增加容易分裂的元素的数量，又要求保持这些元素的统一性。生命采取各要素分工合作的办法将它们联合起来。正因如此，看似已经丧失延续性的复杂有机体，实际上各种功能都能照常运转，就好像生命体一直在正常长大。

三、分歧和互补的倾向

但是，生命分化的深层次原因却是出自生命自身的内部因素。其实，生命就是一种趋势，而趋势的发展在本质上是呈集束的形态。正因为趋势会不断扩张，所以才产生出各种变化的不同方向，而生命的冲动也就形成了不同的分化方向。我们在自身性格发展中能够发现这种现象，每个人只要回忆一下自己的过去，就很容易发现，在童年时期的自己拥有着各种各样的个性，而这些个性之所以能够混合在一起，是因为它们都处于萌芽阶段，但就是因为处于萌芽阶段时个性的不确定性，所以童年才会充满了希望，这也是童年的最大魅力之一。但是，事实上，这些不确定性的个性，会随着年龄的增长越来越矛盾。而且，因为我们每个人只能活一次，所以我们就要对这些个性做出选择。而事实上，在我们人生的道路上，原本就充满了不断的选择和放弃，撒落着我们在成为自我的过程中留下的一切残片，也撒落着我们可能会成为的自我的一切残片。虽然大自然可以支配所有的生命，但是它肯定不会强迫生命做出牺牲。大自然允许了生命的成长和变化的趋势与过程，让生命利用这种发展趋势产生出多种多样的物种，继而让产生出的物种再不断进化分类。

不仅如此，物种还具有明显的独一无二的重要性。写小说的人在创作人物时，往往是将在主人公身上放弃的东西，在以后构思新人物时提到它们，新出现的人物可能是主人公的一个缩影，也可能是一种补充，但相比较而言，总是比主人公要逊色得多。生命进化过程同这个道理一样。在生命进化过程中会出现很多条死胡同，而除此之外也只有两三条主要通道是畅通的，其他的都根本行不通。我们拿人类社会和蜜蜂或蚂蚁社会做一下比较就会发现，蜜蜂和蚂蚁的社会虽然井然有序，严格统一，但却是一个一成不变的社会。而人类社会虽然开放而要求进步发展，但常常充满分化和内部冲突。理想的社会形态是，既不断地取得进步发展，又可以一直保持平衡和谐，但是，这种社会形态很难持久。两种互相补充的品性（即进步和平衡）早在萌芽状态时就已经实现，但是随着以后各自变得强大，却越发的水火不相容了。倘若我们不用打比方的办法来描述社会生活的冲力，那么，简单地说，基本上这种冲力是向着促使进化成人类的过程的，而剩下的就是在通往膜翅类（如蚂蚁）进化的过程中。由此看来，蜜蜂和蚂蚁的社会具有弥补人类社会不足的一面，不过，这只是一种表现方式而已。然而，走向社会生活的却是生命的全面性运动，特殊冲动行为并不存在，这种全面性的运动会在进化过程中因分化而创造出新的形态。假如社会能出现在两个系统线路上的话，那么这些社会也就会有两种系列的性格：冲动的共有性和道路的分歧性，当然两种系统性格也就不自觉地互补了。

也就是说，我们搞进化运动研究的内容就是，找到并区别分歧的诸多方向和对这些方向所发生的事情的重要性做出必要的评价。着重来说，也就是研究各种分歧趋势的过程。并且，利用这种趋势，运用始动原则找到始动原理的东西或模仿品。换一种说法就是，生命进化与机械论所倡导的完全是为了适应环境的需要，同目的论所论述的为了实现整体的计划相比，是根本不一样的。

四、进化与适应的意义

生命进化的必要条件是适应环境，这一点毋庸置疑。一个明显的例子是，倘若一个物种不去适应它所处的生存条件，就必然会走向灭亡。认为外界环境是生命进化的必要力量与宣布外界环境是生命进化的主要原因，这二者是完全不同的两种看法，而后一种是机械论的基本主张。如果按照这种主张推理，原始冲动的假设就是根本不存在的。原始冲动的原理是生命本身内部的冲力作用，经过不断地变化，将生命由低级进化为高级的形态。生命冲动是显而易见的。倘若生命愿意停留在最初的形态，当然这对生命来说或许会更为安逸舒适，那样的话生命的进化就根本不会出现。从对化石的粗略观察中我们就可以发现，某些孔虫类从志留纪起（距今三亿五千万多年）就根本没有发生变化，还有，海豆芽属植物虽然经历了地球上无数次的剧变却仍旧是古生代时的样子。

实际情况是，适应无法决定运动的一般方向，也无法对运动本身给出解释，只是可以对生命进化运动的曲折性进行解释而已。在通往城市的道路上充满了高低不同的上下坡，它必须适应道路上的地形状况。但是，地形状况并不是这条道路形成的原因，也不会规划它的走向。地形状况只是提供筑路的基础——土地。倘若我们是考虑这条道路的整体性，而不是单独去关注它的部分内容，那么地形状况最多也只是一种障碍而已。其实，道路本身是愿意自己一条直线通城里的。对于生命进化的过程和所遭遇的种种经历而言，也是如此。但是，显然地，生命进化过程在根本上就不是一条直线，并且更是向着不同的方向发展的，到最后也没有一定的目标。总而言之，生命进化在适应环境的同时，还常常富含着创造力。

生命进化不是对所有的偶然环境的一种适应，也不是去实现某一个计划。所谓计划，本身是事先设计好了的东西，在实现之前就已经可以展示或得以展示的东西。计划的彻底实现有可能会被延迟，甚至无限期地被拖延下去。但是，有关计划观念的论述，仍然可以用当下的已知术语来描述和体现。而与此相反的是，生命进化如果是一直不间断地更新创造的话，那么它不单单会创造出生命的种种形态，还会同时创造出使用智慧来了解生命的各种观念。也可以这么说，进化的未来渗透进了它的当前，可是绝对不可能用当前的观念来勾勒其轮廓。

这就是目的论的错误之处，因为它会牵连出另一个更大的错误结论。

倘若生命是在完成一个项目的计划，那么生命越是向前发展，就会越表现出更为高级的相统一性。这就像建筑师设计的建筑物一样，随着石块不断地增加砌起，建筑师的构想也就会随之得到反映和表现。与此相反，假如生命的统一能在时间的流动中全部存留，且在冲动中推进生命，那么和谐就不会在其之前而是会在其之后。统一性在终点并没有什么牵引力，而是在一开始，在起点上就获得了推力。生命在冲动中一边分化，一边传播着，而且在前进中渐渐散开，以各种形态展现出来。这些生命形态之所以在某些方面存在相互补充的现象，是因为它们有着同一个来源。不过，由于种属间的不和谐因素越积越多，这些生命形态也会相互排斥。为了论述得更加简单一点，我们曾假设，每一个物种所承受的推力在被接收后将传递至别的物种，至于其传播方向，则是直线趋向于生命进化的方向。然而，进化并不是都在向前进行，很多物种都在原地踏步，偏离和倒退的现象则更为常见。

通过以上这些我们可以知道，因为造成进化运动产生分支的因素，个体经常在进化中迷失方向，徘徊在自身的原点，也就引发了更多的混乱。假如这些生命向着最初推力确立的方向一直前进，也就会成为我们所说的进步。在这个过程中的确有着进步，不过进步只能在少数几个进化系统中得以实现；而且，由于一些重要的系统逐渐出现了高等而复杂的形态，其内部也存在各种分支，这些分支则会日益出现偏离、停滞和倒退等现象。某些哲学家认为，每个细节皆同整体规划互有联系。可是，当分析起具体的例子时，总是和先前的预计产生差异。他们将细节和整体放置在一条横线上，也就不存在高低上下了，也不曾虑及偶然因素，如今倒觉得一切都是偶然形成的。

与他们相反，我们应该相信偶然性在其中占有很大的比重，认可所有存在于自然中的事物都不是统一的，从而找到分离事物聚集而形成中心。此外，这些分离事物的聚集还能为我们展示出别的什么。比如，我们能够从中看出那些有引导性的方向，生命在这样的方向上一边运动，一边拓展起初的推力。可是，我们是不会见到每个计划的细节的。计划的存在价值在于给某项工作规划好目标，而这样也就阻断了未来的延伸。可与之相反的是，在生命进化道路的前面，通往未来的大门是一直洞开着的。所以说，生命进化起初便是凭借着一股力量，持续地创造发展着的。这些发展形成了有机界的大一统，不仅数量上浩瀚无垠，而且种类上灿若繁星。生命本身比人类所认知的更为高级，毕竟人类的认知只不过是其中的冰山一角。

不过，解说比起运用要简单得多。想要彻底了解进化在以前岁月里的过程，就必须得全盘了解自然世界的进化史。很显然，这不是人类可能完成的。许多学者针对不同的物种提出了不同的系谱，但由于这些学者各自见解不同而产生了诸多分歧，而其中的种种疑窦在当下的科技水平下仍旧是难以解决的。但是，我们通过对比这些观点能够发现，学者们有点舍本逐末了。他们在细枝末节上大做文章，却不注重进化这条主线。所以，只要我们沿循这条主线前进，就不会迷失方向。更何况我们也不是自然学家，我们的工作不是列出不同物种的进化顺序，而是要找出各种物种的进化方向，所以，对于我们来说，主线才是重中之重。而且，我们对这诸多方向也不能一概平视，更应该关注那条关于人类的进化之路。所以，我们虽然在不停地寻找各种方向，却也一直在反复提醒自己，不能忘记我们的首要工作是找出人类与动物世界的联系，还有动物界在自然界的位置。

五、动物与植物的关系

首先，我们从第二点出发，那就是在动物与植物之间是基本上找不出一个明确特征来分辨它们的。有人曾试着以细致而严格的方法去区分动物界和植物界，可惜最终还是失败了。因为在某种程度上，对于植物的生理特征，是很难找到哪一个是动物所不具备的；而对于动物的生理特征，同样不存在哪一个在某个种属或某个植物个体上见不到。因此，治学严谨的生物学家们都认同动物界和植物界只不过是人为的划定而已的说法，而且这也的确言之有理。学过数学和物理的人们都知道，很多定义都是根据物体的静态属性来定义的，而且物体的静态属性只针对这个被单独拿出来的个体，不能对其他的同类也适用。所以毫无疑问，从中我们可以看出生物学家们想法的正确性。

不过，在我们看来，对于生命科学这一领域的定义，和以上所说的内容截然不同。不存在哪一种生命形式是不含有其他的绝大多数生命的基本特征的，或是潜伏，或是隐藏，只不过个体间略有程度差别。但是，假如能有有力的证据证明这些差别并不是偶然形成的，并且形成差别越大的物种进化程度越高，那么通过不同程度的差别来定义这些物种就行了。所以对于物种的界定并不是说它们身上有着哪些特点，而是说它们身上的哪些特点是更强一点的。如果从这点出发，那么对动物和植物便可进行界定和区分，这也是同生命进化方向的两条岔路一致的。

动植物进化方向的差异，一开始便体现在获取养分的方式上。大家都知道，植物赖以生存的元素——特别是碳和氮——都是直接在空气、水和土壤中获取的单质或化合物。可是，动物要想得到同样维持生命的元素的话，就不得不食用其他的、已经通过有机物形式固定好这些元素的植物或动物了。但是我们能够看出，不论是植食性还是肉食性动物，它们获取元素的最终根源总是植物。但这样的定律在植物中也有特殊情况，如茅膏菜、捕蝇草、食虫堇等食肉植物便是从动物中获取氮元素的。而且对于微生物界的菌类来说，它们获取养分的方式也与动物类似。不管是通过发酵、腐生还是寄生，它们都无法自已合成这些营养物质，都是从现成的有机物汲取营养。由此可见，就我们之前所说的静态定义，还是不能判断我们所遇到的物种究竟是动物还是植物。但是，以上的差异却给了我们一个起点，从这个起点出发，我们可以动态地界定动物和植物。因为这也是动物和植物向着两个方向发展的分支标志点，在这之后，动物和植物就分别向着两个方向演化。有一个值得注意的现象是，真菌虽然遍布大地，但是却不能进化。相对于大多数的高等植物，真菌似乎就是流产掉的乞儿，因为从细胞的层次来讲，它们只能算是高等植物的部分组织，而且许多高等植物在发芽之前，便在子房的胚囊中形成了这种组织。目前全世界已发现7万种真菌，但它们在进化的道路上一直踟躕不前，并不像普遍的植物那样获得营养。起初茅膏菜、捕蝇草等食肉植物也像别的植物一般通过根来从土壤中汲取氮，再利用叶绿素吸收并固定空气中的碳酸中的碳元素。可能后来出现一些意外，比如，土地变得贫瘠，不能提供充足的养料了，于是它们进化出能够捕食并消化昆虫的能力。所以，通常情况下，与某些特征的呈现相比，如果我们更加注重这些特征的发展趋势，且将进化的道路视作在该趋向上无限拓展时，我们就会发现植物与动物的最本质区别在于：植物能够从空气、土壤和水中直接吸收矿物元素并合成有机物。但是，在另一方面，这种本质区别可能和某种更基本的差异有关。

动物不能直接固定随处可觅的碳元素和氮元素，因此，它们为了生存就必须觅食固定了这两种元素的植物，或是捕食其他含有这两种元素的动物。所以，它们为了生存不得不“动起来”。小至能突出伪足获取水中有机物的变形虫，大到有感知器官寻觅食物，有运动器官来捕食，有神经系统来调控感觉和运动的高等动物。从它们身上不难看出，它们的特征都是在自然界中有着能动性。最原始的动物形态是一小块的原生质，这些原生质包裹在有一定弹性的蛋白质薄膜中，因此，它们的变形和运动都能自由进行。但是，植物的细胞就没这么好运气了，它们被包裹在刚性很强的纤维素膜中，能动弹简直是天方夜谭。不过植物也没有动弹的必要。对于植物来说，它们想要获取的营养元素都能直接在周围的空气、水和土壤中得到，因此无论是低等还是高等的植物都进化成了静止不动的形态。当然了，植物中也有运动的情况。在达尔文的一本著作中就谈及藤蔓植物的运动情况。他还提到茅膏菜、捕蝇草等食肉植物捕食昆虫的运动情况，以及洋槐树叶和含羞草叶片的运动情况等，这些都是耳熟能详的了。然而，植物叶鞘内进行的原生质循环体现了它和动物原生质之间的关联；而且，在很多寄生动物身上也能看出类似植物那样静止不同的特性。所以，要是用静止性和运动性这样过于简单的方法来区分动物和植物，那就大错特错了。不过，对于动物来说，静止性一般会让这些物种变得迟缓，也就不再向原本进化的方向发展了。这点同寄生现象异常相像，但其特征又类似于植物方面。更何况，植物运动的频率远低于动物，方式也不如动物种类繁多。植物的运动仅在局部区域，极少“牵一发而动全身”。不过有的时候它们也可能自觉地动起来，在我们看来这就好像是它们酣睡许久而忽然醒了过来一样。总而言之，尽管静止性和运动性同时存在于动物界和植物界中，但很明显地，在植物身上静止性占主导，在动物身上则运动性执牛耳。这两种相对的趋势对动植物的进化起到了引导作用，不过相对于更深层次的浩瀚汪洋，只是表面的几块浮冰。

毋庸置疑，运动性和意识之间存在着密切关系。高等生物的意识也与大脑的某些区域相互关联，神经系统越是发达，可供个体选择的运动方式就越多样，程度就越精准，随之而来的意识也会越清晰。不过，这些运动性、选择和意识都不是形成神经系统的必要条件。神经系统的功能在于，将各自分散在有机物中不清晰的运动加大强度地集中于某些已知方向的通道上。等级越是低等的生物，其神经中枢就越是简单化，其物种间差异也越大。到最低等时，很多生命体的神经元甚至彻底消失，对于其他的器官和很多解剖学元素来说也同样如此。你不能因为一个动物没有大脑就说它没有意识，而这就好比因为一个动物没有胃就说它不能获取营养一样的荒诞无稽。事实上，很有可能是由于其神经系统像其他的系统一样由各种组织分工形成。神经系统并不能自己开发出某种功能，它只能通过反射和自发来调控别的运动，并提升那些运动的强度和精度。想要形成反射，就得有一整套具有脊髓或延髓的反射弧；而想要做出自发选择，就得有大脑中枢的调控，这就好比是一个交叉路口辐射出好几条能通往并控制各种种类不同却精度相当的运动体系的道路。对于没有神经元的地方会产生一种同时参与发射运动和自发选择的物质。这种物质既没有发射机械般的精准，也没有自发的知性运动。不过我们对这种物种的反应尚未明确，对它的认知还很模棱两可，但是它还是在很少的程度上参与了这两种活动。所以我们可以说，哪怕是再低等的生命体，只要它能自发运动，它就具有意识。那么相对于运动来说，意识是其产生的原因还是其造成的结果？在某种程度上，意识是运动的形成原因，正是有了意识，生命体的运动才会有的放矢；不过在另一层面上，意识又是运动产生的结果，没有运动所支撑的意识不是沉睡就是衰减。像根头虫这样的甲壳纲动物先前肯定有更为分化的系统，从它身上我们能看到，随着它进入了静止的寄生生活后，它的神经系统也在逐渐地退化着。我们知道意识活动的发展是在神经系统的基础上，因此对于这类生物我们可以推断出：这类生物的意识可能比那些分化程度更低的生物们还要弱——那些生物甚至根本没有神经系统，可它们依然可以运动。

那么对于能够自己获取养料，但却扎根于大地上静立不动的植物来说，会不会也能进化到有意识活动的地步？被纤维素膜紧裹的原生质不但让最简单的植物无法运动，也让它们接受不到外来的刺激。同样的刺激要是施加到动物原生质上就会被感知，使其一直清醒。因此，我们说植物没有意识，但这并不等于将无意识和有意识作为两块烙铁，一个烙上全部的植物，一个烙上全部的动物。对于那些已经退化到不能动弹的营寄生的动物们，它们的意识早就沉睡了；而如果植物获得了自由运动的能力，它们的意识也将被唤醒，且被唤醒的程度和它获得自由的程度成正比。但是，有意识和无意识还是体现出动物和植物的两个不同进化方向。所以我们要研究有意识动物的最好的例子，就得选出能代表这个物种的最高级别；而对于研究有意识的植物，那就得选择植物世界里最低等的个体，比如，藻类的游动孢子，甚至是那些单细胞生物。从这个角度来看，我们能用有感知性和清醒的意识来定义动物，用无感知性和沉睡的意识来定义植物。

大体来说，植物都能通过光合作用将无机物转化为有机物。所以具备这种属性的植物不必感受，也不必运动。但是，动物必须自发地获取营养才能维持自己的正常生命活动，所以它们朝着意识更加高端复杂的方向进化。

动物细胞和植物细胞来自同一个祖先，最早的生命有机体便徘徊于动物与植物之间，且同时具备以上特性，这点基本没有异议。我们也曾提到过，虽说动物性和植物性二者的进化趋向不同，但是，这两种进化趋向却一直保存在每一个动植物个体中，只不过程度不同。大体来说，这两种趋向通常都会一方压制着另一方，使得另一方无法显现。但是一旦出现环境的变更，被压制的一方又可能复苏，重新展露出它的原貌。当环境发生了改变，植物为了生存不得不使其细胞的能动性和意识复苏。与此同时，动物的进化也和植物进化的趋势息息相关，可能会受阻，会停滞，甚至会倒退。对于某种动物物种来说，不论其运动如何频繁和多种多样，往往它们总会出现无意识和呆滞状态。动物们总是很勤奋甚至很疲惫地延续着自己的动物性。纵观整个动物的进化历程，当中有着很多漏洞，以至于很多寄生动物们都在不断地退化着，不过这也很可能正是植物进化的一个转机。综上所述，无论我们从什么角度来看待这个问题，动物和植物必然源于同一祖先，且其祖先当初包含了以上两种趋势。

不过我们能看出，起初这两种趋势是相互包容的状态，但是随着它们各自的发展便开始渐行渐远，所以进化出来了有静止性和无意识的植物们，以及有运动性和有意识的动物们。没有什么超自然之力导致了这两界的分离，这正是自然界的生物们出于生存本能而选择的方式，为了获得赖以生存的碳和氮，动物和植物分别采用了不同的方法。植物在自然环境中机械般地持续吸收着这些元素，动物则通过运动和意识活动，断续地搜寻含有这些元素的有机物。可见，两者都在勤奋且懒散地生存着。我们想要在植物体内找出神经元，哪怕是最简单最原始的神经元，都是痴人说梦。正如在动物身上有某些方向性一样，当植物进行光合作用时，它将二氧化碳中碳和氧之间的碳氧键断开了，便使得太阳的辐射能朝这个方向注入进来。但是植物的易感性不同于动物的敏感性——这是长期进化出来的——叶绿素对于光的敏感。相对于神经系统是行为和意识之间的连接桥梁，植物的叶绿素便是合成淀粉和感光性的交叉路口。我们可以大致地把光合作用看作是植物的“神经活动”，可毕竟植物还是没有神经元的。植物体内所含有的叶绿素就好比是活跃在动物体内的神经元，某些时候植物也能使体内主动运动的功能复苏。类似的，动物也能在特殊的环境之中衍化出植物般的生理活动。从玛利亚·范·林登最新的实验中，我们注意到有些鳞翅目动物的蛹和幼虫能在阳光照射下把空气中的二氧化碳转化为有机物，这和叶绿素的功能如出一辙。

当人们较为清楚地观察到了自然界，便能够以相当准确而清晰的词语解释为何有机界和无机界可以相交而又相离的问题。

正如我们在前面所说的，假设最初的生命存在着某股动力，给生命体注入了必然性的同时，也注入了更多的不确定性。这股动力凭空产生能量，或者说它产生的能量目前尚不能被我们所觉察，不能被我们的设备和实验所发现。所以，这股动力的用途在于将其能找到的自然界的能量最大限度地加以利用。然后这股动力发现了一条途径来解决这个问题，那便是先在各种储有能量的物质中获取能量，并将这些能量预存下来，等到需要使用时，再将其释放出来。所以说这股动力具有释放功能。但是释放动力的关键在于已有能量的大小，毕竟巧妇难为无米之炊，只有储存的能量越大，释放的起点越高，它所产生的效率才越大。要知道，在地球表面可以利用的最主要能量就是太阳能。太阳一直熊熊地燃烧着，为我们持续地提供能量。而这些地球表面的太阳能就像是寄放在仓库中一般，到了必要的时间、必要的地点和必要的方向，才会从仓库中被取出来并加以利用。成为动物的食物中的能量，正是来源于这个仓库。这些储存起来的能量大多以复杂的有机物为载体。因为这些有机物体内有着大量的化学键，而这些有机物就好比是烈性炸药，只需火光一现，顿时惊天动地。所有的生命体都在不断地合成这些炸药，同时也在不断地制造着爆炸。我们知道能量是守恒的，生命体将太阳能存进了仓库，便会在它们的生命活动中损耗。而那些最初的生命体们一从太阳那里得到能量便挥霍无度，不知存储。如今的某些生物，比如，有些含有叶绿素的纤毛虫仍在进行这样的生活，显然这是一种无法进化的低级形态。动物和植物各自朝着不同的方向进化着，是不是和它们的选择性遗弃另一种趋向有关呢？还是说地球的生物们，或许根本就不能将这两种趋向同时留在体内进化并发展下去呢？我们只能说，基本所有的植物都在第一条道路上前行着，而绝大多数的动物也都步伐不一地奔走在第二条道路上。假如我们的自然一开始创造出那些炸药的目的就是为了要让它们爆炸的话，那从生命进化的趋向来说，那就不应该是植物的进化，而是动物的进化了。

这样看来，动物界和植物界的“和谐”，也就是指这两个世界互补的特性，很有可能就是它们同出一源的两种趋势而已。而最初的趋势越是继续发展下去，就越是难以在某一物种上同时存在。所以形成了分支，进化的方向也就各异了。与此同时，也出现了有的地方看起来对立，有的地方又互补的两种特征。但是，对于这两种特征来说，不管它们二者之间的关系是对立还是互补，它们始终还是一衣带水，有着密切联系。尽管动物们时常碰到某些突发事件，它们还是朝着继续消耗非连续而自由的能量方向发展着，植物们就安心地固定在大地上积蓄能量。对于第二点我们无须多言，但是我们得说，现在植物们要从新的分支中得点儿好处了，而这新的分支有点儿像动物和植物之间的区分。起初的植物细胞不得不自己来固定碳和氮，可要是有了某些“微型植物”能够专门固氮的话，植物们也就能舍弃固氮的技能了。这些“微型植物”又将固氮这项复杂的工作细细划分成了若干专项工作。微生物将空气中的氮转化为氨化物，它们也和动植物一样源于同一祖先，而且正如植物带给动物好处一般，微生物也在给予植物好处。要是我们把微生物也视作一个大的群体，那么我们就能看到土壤里的动植物尸体被它们充分地分解成各种生命物质。起初的生命正是因为这些物质才能被称作生命，当它们死后又被这样分解开来，可见生命的含义就在于各种“分工合作”。不过这里的“分工合作”并不能够确切地描述我们眼中的进化。我们说正因各自的分工不同，所以才产生了集中的合作效用。但是我们所说的进化并不是大家一起工作，而是大家各干各的；不是大家齐头并进，而是大家分头行动。在我们看来，这些进化的元素在和谐中互补着，而这种和谐并不是因为这些元素才产生的，或许它和这些元素的源头一同形成，并随着这些元素在逐渐的进化中前进而分离又互补，最终让这些元素们融洽地合而为一。

因此，尽管一个趋向会裂解成好几个元素，不过这几个元素的进化能力却并不相仿，重要性也不尽相同。前面我们说自然界可以分成三个世界，第一世界里的微生物们还在初始状态下停滞不前，第二、第三世界里的动物和植物们已经大踏步前进到比较高的层次了，这样的情况时常会在一种趋向裂解时出现。而那些源于同一趋向的各种分支，有的似乎没有尽头，有的却一目了然。后面这种类型其实不是出自自然的本意。因为自然的本意是让一种趋向衍生若干分支，再从这些分支中择其要者继续产生分支，而这才是真正的主流特征。

主流特征具有能被观察到的痕迹，这在现在的几个元素里尚可见到，毕竟这些元素的趋向包含了生物起初进化方向的趋向。而对于一个趋向里的种种元素来说，它们并不像一打鸡蛋那样在空间中整齐排列着，却像是你的心理感受一般。一开始你对某个人可能只有爱或恨或没感觉，到后来你会发现自己对他又爱又恨，这便是各种感情的相互交融，也正是其特性所在。我们说过，一种生命形式的特征也在向我们展示着其自身的其他特征，那么反过来，当我们看到进化中很多的分支时，我们也该意识到这些元素是来自同一个源头的。由此可见，植物和动物正体现出生命体在进化道路上的分支。虽然它们因为静止不动，也没什么感官，被人们将其与动物相区别，不过运动性和有意识性仍然沉睡在它们体内，是可以被唤醒的。而且撇开这些沉睡的特性不谈，它们自身的活动是不会阻碍它们的进化趋势的。所以有这样的说法：当一个进化的趋势产生了分支，其各个分支仍会把该趋势原本的特征保存下来，并继续前进发展。

在前一章里我们说过，相同复杂的体制会在各自独立的道路上进化产生。这一现象也能用以上说法来解释。动物和植物之间很多相似之处不是因为别的，正是因为有性生殖对于动物来说是绝不可少的而对植物来说就是可有可无的了，但是植物的有性生殖，一定是来源于动物不得不进行有性生殖的同一冲动。这一根源性的冲动形成于动物界和植物界尚未分道扬镳之时，后面植物日趋复杂的多样性正来源于此。不过这对于动物来说似乎就是必然趋势，毕竟比起静止不动和无意识的植物，动物始终要面对种类繁多的运动状况。而植物种类同样如此丰富多样，说明了它们当初也接受了和动物相同的原始冲动。据最近有些实验结果显示，一旦变化时机到了，植物就会随机发生各种转变。所以我们有理由相信，动物所发生的变化势必会比植物多得多。关于生命起源趋向的分支，我们就不再赘述了，现在让我们进入我个人更感兴趣的动物进化。

六、动物生命的总体趋向

前一章我们讲到，动物能够更有效地将储藏起来的能量转变为各种“爆炸”。只不过这一开始的“爆炸”并不能算是定向爆破，只是随机发生的事件。就好比变形虫会将它的伪足同时向各个方向伸出，可是一旦随着动物的等级越来越高，就越能体现出它们将能量的释放用于更精准、更明确的地方的能力。这些地方被很多首尾相连的神经元表示了出来，这些神经元是从很多没有分化能力的有机组织中产生的。所以我们推断：当神经元产生后，神经元及其附属物便具备了忽然释放出潜能的能力。要知道，没有一个细胞不是在持续消耗能量的，植物细胞也如此。但它们似乎一直很麻木地将自己放在一个平衡状态，到后来这种方式倒成了结果。不过对于动物来说，这些都集中于运动方面了，也就是放在能量转移方面。为了延续自己的生命，动物细胞必须燃烧大量的甚至是全部的能量；而对于整个生命体来说，就在思考如何将这些能量全部用在运动方面。所以，当一个生命体的神经系统和感受器官及运动器官开始工作的时候，身体其他部位都在为这些系统和器官做好准备工作并为其输送能量，这可以说是整个生命体的特性。

与此同时，我们还发现，对于高级动物来说，食物的功用是很多样的。首先，它是很多组织细胞的组成部分，如糖类、脂肪和蛋白质；其次，它要为机体提供热量，让这些动物不至于成为“冷血动物”。可以说，正是食物才保全和维护了这些动物的生命体征。而这些动物所拥有的神经系统也是很值得一提的，因为没有食物所提供的能量，这些神经系统就不会有存在的价值。但我们知道高等生物所进化出来的神经系统是它们的一大特征。所以我们推断：可能它们进食的根本目的正是为此。但这也不是说，绝大部分食物的用处就全花到这个上面了。这就好比高档酒席的花费很大程度上是花在酒水上的，真正吃饭所花的钱其实在整体开销中并没有多少，但是那些花在酒水上的钱却是不得不花的，尽管我们都会说这些钱都是“吃饭的钱”。对于高级动物来说，它们都很愿意花这些“酒水钱”。

已经有很多实验都证明了神经元和肌肉及整个有机体的其他的组织有着密切的联系。让我先来分析下营养物质在不同的神经元的组成关系。一般来说营养物质有两种，一种是四元的，比如说蛋白质；还有就是三元的，常见的就是糖类和脂肪。糖类对于各种组织都有着很强的修复性，所以是很多组织的组成成分之一。而且糖类都是含有碳原子的，因此更是人体内最主要的能源物质。而功能物质，大多都是糖类和脂肪。它们不是细胞质的组成成分，大多都在细胞内合成，它们被普遍地用于各种化学反应，产生大量的能量，这些能量被用于生物体的运动和产生热量。但是有很多糖类用于修复机体的组织，不过这并没有什么特殊性，而是很普遍的情况，就像机械磨损了需要修理一般。高等生物体内只有很小一部分糖类是用于提供能量的，而就是这很小的一部分，却起到了很大的作用。

用于提供能量的糖一般都是葡萄糖，它们通过动脉里的血液被运送至肝脏，然后形成了肝糖原，储存在肝脏的各个组织细胞中。大家都清楚，肝脏的作用之一就是将血液中的葡萄糖转化为肝糖原储存起来，而当血液中的葡萄糖含量少了，它又会将肝糖原转化为葡萄糖输送到血液中，从而将血液中的葡萄糖控制在一定范围内。从葡萄糖和肝糖原的转化当中我们不难看出，生命体的很大作用在于为神经系统和肌肉组织提供能量。我们能看到生命体为此采取了两种方法，但是效果相同。第一种方法是，生命体给肌肉细胞一开始就预存了很多的能源物质，那就是肌糖原，而相比之下神经细胞里的能源却少得可怜，它只能将肌肉里的能量释放出来，而且无法在同一时间发出诸多指令。但是肌肉里的能量毕竟是有限的，一旦这些能量用完了，就需要神经系统的调控，也就是第二种方法，然后肝脏的肝糖原便会转变为葡萄糖，为机体提供能量。因此我们能看到二者的特点，肌肉本身储存有大量能量，就好比一个暴发户；而神经则像是财政部部长，自身没钱，却能调动大量资金。

如果我们再细细研究的话，就会发现，需要肝糖原供给能量的是那些运动的器官。而生命体的别的组织器官，就好像是为了能给神经系统操控才产生的。神经系统作为有机体生命活动的调节中枢，让我们有所疑问，那就是在神经系统和身体其他机能相互交流信息的过程中，神经系统是否是其他组织器官的领导者？假如我们只看其他组织的表现，就觉得似乎是这么回事；要是再想起其他的组织器官是通过什么来获取能量的，那就更能笃定无疑。因此我们对生命体的运动系统的评估就是，和其他的系统处于同一水平，并无特异之处。感觉—运动系统是由很多其他系统所支持的，没有充足的能量就运作不起来。也就是前面提及的，可以调控神经和肌肉耗能的关键，还是在于肝糖原的多少。但是，感觉—运动系统要是真的是整个生命体的领导者的话，它能作用的区域就不会受制于肝糖原的多少，或是整个生命体糖原的多少。当感觉—运动系统开始进行机体的调控时，其他的组织器官就会从四面八方，源源不断地向其提供能量。据莫拉和杜福尔的实验表明，这正是实际情况。肝脏合成的糖原受神经系统的控制，而神经系统也会操控肌肉的运动。换句话来说，运动的整个系统一直在大手大脚地挥霍能量，此时血液中的血糖含量就会降低，然后会消耗肝脏所储存的肝糖原；这时肝脏就在源源不断地将肝糖原转化成葡萄糖，同时也在不遗余力地将这些能量传递到血液中，为机体供能。也就是我们所说的人类一切感官皆源自运动系统，又会回归到运动系统。哪怕我们说整个身体的其他组织系统都在被它操控着，也不算过分。

我们再来看看不吃饭的后果。有一个普遍的情况就是：人们在解剖很多被饿死的动物的时候，发觉它们的大脑基本没有多大变化，而它们的其他器官都或多或少地变轻了，且这些器官内的细胞也发生了很大程度的改变。此时的现象似乎是：这些组织器官似乎都是虔诚而狂热的教徒，它们不遗余力地追随着神经系统，哪怕要它们付出自己的生命，也在所不惜。

这种情况说明，如果我们认为，以感觉—运动系统的例子可以推导出整个神经系统对于肌肉及其他组织器官的调控作用，那么我们就会发现，高级生命本质上便是一整套的感觉—运动系统。这个系统建立在消化、呼吸、循环和内分泌等系统之上，这些系统也会对感觉—运动系统进行维护和保养，给它提供一个优越的内在环境，从而让其更好地发挥作用，更加有效地进行能量的转化。当然这也不能一概而论，还是有些限制因素的，比如，神经的衰退与老化。神经系统的存在价值就在于与其相连的感官系统。对于神经系统来说，它越完善，支持它的成分就越多，自身也就越精准。我们都知道神经的活动起始于原生质中，所以它必须团结周围一些可团结的力量，将它们集中起来，才能支撑自己的活动。而这些诸多的神经活动是一环套一环的，它们是相互依存的，以至于整个体系最终形成了一个循环。所以，只要细细分析这个体系中的一员，我们就能解读出整个循环，因为它们都是相互关联的。不过这个循环的中心还是神经系统，正是这个系统起到了感觉与运动之间的桥梁作用。

关于这点我已在前一本拙作加以论述过，因此此处就不再赘笔了。我们来想一想使神经系统进化的两个原因，一是对于运动的更加精致的调控，二是让受调控的范围加以扩大。本来这两点看起来是相互矛盾的，而由于神经系统的产生，却让这两者协同了起来。对于神经系统来说，是要有感受器和效应器的，而神经在这之间的运作起初是活动于一个个原生质当中的。与此同时，形成神经系统的神经元也不一定都是连续的，不管它们是线状还是网状，它们都在表现出功能上的非连续性，每个神经元都会在一个交叉处结束自己的工作，而下一个神经元则会在这些交叉处有选择地进行下一步工作。无论是很低等的鞭毛虫，还是站在进化巅峰的脊椎动物，我们在判断其进化高度时，都以神经系统的发达与否来加以评定。它们在进化的不同阶段会有着不同的工作完善和复杂程度的增加。在本书的开头曾说过，生命的进程就在于在已知的方向上添加不确定性。这种不确定性是生命进化出来的，而且越来越多，到了后来简直就成了必然的了。而神经系统一开始就只处于一个起始点，从这个起始点上它产生了大量的分支，不断地延续，而且在每条分支上都产生过这样那样的问题，所以，严格意义上来说，神经系统才具有最大的不确定性。对于整个生命本质的冲动来说，很多都用在了神经系统上，若对整个自然界简单一瞥的话，便可轻易看懂。但是对于生命本质的冲动，我们还有待继续详解。

七、动物性的发展

我们必须得意识到：自然界中促进生物进化的动力不是无穷的。它一直在想着突破自我，却总被各种各样的琐事牵绊着。极端的目的论主义中有很多的荒谬想法就来源于此。目的论认为我们的自然界像是一间大房子，这间房子是由我们所建造的，而且各个房间都有着一定的作用，都有其存在的意义，都在不舍昼夜地发挥着作用，体现出它们的价值，但是必须得全部集中在一起才能井然有序；看上去似乎有点松散，但其实只要各部门相互配合，就会有着高度的和谐统一。自然中的造化就像我们的建筑一般，某种东西总会对应着某种功用。

但事实上生命的进化并非如此，很重要的一点就在于付出并不一定就会有收获。不管是低等还是高等的生命体，我们都能看到它们的巨大努力，但这种努力有时会后继不足，有时还会遭遇阻力。这样它就会同以前的前进方向产生偏离，就像是从一面镜子中看到的相反形态一般，常常使人迷惑不解。有时可能这生命体已经尽了全力，顶住了来自外部和内部的困难了，可还是得向自己的物质性妥协。这也是我们自身有所体会的情况，我们所谓的自由在形成时便会产生很多的习惯。而我们的自由若不时常刷新自我，就很可能会被习惯吞噬，所以，自由也在不断自我更新中。所有光彩夺目的思想一旦被人写成了论文，都会变得黯然无光，因为语言背离了意识，文字摧残了精神。我们诚挚的激情一旦外化成了行动，也会在利益关系和虚荣心的作用下变得冰凉冷漠。我们必须意识到：凋谢的思想在一段时间内还会留有盛开的思想的特性，我们也时常将其混淆，所以我们会不分美丑，难辨善恶。

这种不协调的深层原因在于生命的运动和表现之间的节奏差异，而且这差异是不可避免的。生命总是在运动，总是在前进，但有的生命不愿运动下去，就想着停滞不前，所以就产生了差异。一般的进化都在直线前进着，但有的种群偏爱萦纡曲折，就好比一股龙卷风一般，自身在不断地旋转着，可同时也在前进着。但是单个的生命体都爱安宁静止，以至于我们常常把单个生命体看作一个物体，而不是一个进展进程，只像是一幅画面。不过，有时我们也会在瞬间看出其中的慢镜头，比如说母爱，我们就能得到很多的感动。母爱的动人之处在很多的动物身上，一直发人深省。同时，在植物对于其种子的细致关心上，也不乏母爱的身影。有的学者从中看到了生命的真谛。这种爱通过无声的方式告诉我们：生命的真正意义在于延续下去，这是一场漫长的接力赛跑，不断有人倒下，也不断有人补上，就这样薪尽火传，前进下去。

对于生命的前进和生命的表现之间的比较，体现出了很多特性。生命一直在想着做出最大程度的跃进，但每个生命体只想付出最小的努力。要是从生命最本质的角度看来，它似乎就是不同物种间的交替，也就是一种成长的延续。不过这些生命体都是自私的，它们只想着为自己争取到好处，只想得到那些能付出最少劳动的东西。有的物种就安于现状，不想前进了，也懒得认识外面的世界，只想着从自然界中捞些好处，还要省去很多其中的麻烦事。但是，生命与生俱来的创新性会和这种情况相颉颃，创新就好比是守旧的衍生，目的都是为了保全自己，只不过从中脱离了出来，就像是跨栏运动员们并不关注栏架在什么地方，他们关注的只是自己必须快速地跨越它们。

关于生命的形态，从定义的角度来说，就是生命体能继续生存下去的形态。不管我们怎样说明生命体对环境如何如何适应，只要该物种能生存下去，它们就已经适应了环境。就此看来，古生物学和动物学发现的每个连续的物种都是一种进化的巨大成功。可我们要是只看进化后的情况，而不审视当初的环境，便会有失偏颇。进化时常会偏离，也会时常没走多远就进了死胡同，可以这么说，失败是常有的事，而成功则是侥幸产生的，而且还不大完善。我们以后可以看到，在动物进化的四个主要方向上，有两种已经到了悬崖边上，而另外的两种付出的代价与收获的结果也并不相称。

由于文献的缺失，我们不能重现个中细节，但大致的体系还是能从中看出。前文讲到，动物和植物其实很久以前便从同一祖先中相互分开，植物走向了不运动的睡眠状态，动物走向敏感的神经系统发展方向。动物们的努力在于创造出了很简单的生命体，可这简单的生命体却能具有天生的运动能力，最重要的在于它们还处于一种不确定的形态，这样日后就能更好地适应环境。这类动物很像是我们今天看到的蠕虫，它们可以说是棘皮动物、软体动物、节肢动物和脊椎动物的共同祖先，而且还有着很大的发展空间，比起今天已经成型的蠕虫们，它们是重要的可塑之才。

但它们也面临一个危机，这个危机会妨碍它们继续前进下去。只要我们回看一眼那些原始的动物们，就不禁觉察出它们的一个通性：它们都或多或少地被一层坚硬的壳质包裹住了。这些外壳束缚了它们的行动，甚至让它们静止。原始的软体动物比今天的软体动物具备更普遍的外壳，节肢动物一般也都有壳，很多原始的鱼类也有很坚固的类骨鞘。可以看出一点：身体柔软的动物们都朝着一个方向进化以保护自己，避免被别的动物吃掉，那就是长出坚硬的壳。不同的物种在成长的过程中都在想着如何才能利己，它们在进化中总趋于最快的转变。原始的生命体无法将无机物转化为有机物，而后面的植物基本都能完成这些。在动物的世界中，它们都在弱肉强食着，有的动物就利用自己优良的运动能力去捕食那些运动能力低下的动物，从而养活自己，就像植食性动物吃草一般。而这些动物的运动能力越强，它们自身也就越危险和贪婪，不论对同种族还是别的动物来说。可以看出，虽然动物界在向着更高的程度进化着，可它们也遇到了巨大的阻力。棘皮动物们的硬化皮肤，甲壳纲动物的甲壳，软体动物的外壳，原始鱼类的硬鳞胸甲，这些都是出于它们为了抵御外敌所做的自我防护。但与此同时，它们自己也难以行动，有的动物甚至无法运动。就像植物们舍弃了思想，给自己套上了一层纤维素一样，这些为自己穿上铠甲的动物也仿佛进入了半梦半醒之间。至今的棘皮动物和软体动物都一直生活在这种麻木状态之中，而脊椎动物和节肢动物似乎很早就意识到了这一点，然后逃离了这种困境，有幸生活在如今的环境之中。

实际的情况是，以上两个方向都体现出了生命的积极性。鱼类将它们的硬鳞胸甲转化为软鳞，而昆虫则更早地褪去硬甲露出躯体。这两类动物都在利用自己的迅捷以弥补防具的薄弱。这样一来，它们不仅能躲避天敌，也能捕食其他生物，更能自主选择周边的环境。其发展好比人类装备的更新，一开始是单纯地追求防御，到后来就崇尚便捷的攻击，正如那句老话所说：进攻是最好的防守。所以我们看到古希腊的重甲兵被古罗马军团所替代，重装的骑兵也被轻便的步兵所替代。所以不论是生命的进化，还是人类的发展，最为成功的都是克服了巨大的困难。

所以对于动物来讲，褪去铠甲，最大的好处在于能够行动自如。在前面我们讲到适应的时候说过，某一物种在环境中的改变能够通过对别的物种的利弊来说明。所以说，不管是变异的浅显原因还是深层的原因都在于让生物体生存下去。生存的力量使得生命被分为动物和植物，并且动物们日益趋于灵活，这让某个时间曾想进入麻木睡眠状态的动物清醒过来，从而继续前进下去。

而对于脊椎动物和节肢动物的进化发展，除去那些寄生或其他的退化情况外，它们一开始便选择了神经系统上的“感觉—运动”的进化。动物一直在寻求着可动性和灵活性，它们在积极地探索过程中难免会产生对于能量铺张浪费的现象。但是，最终它们还是在很多不同的方向达成了这一目标。观察节肢动物和脊椎动物的神经系统，我们能发现，节肢动物的身体分为几个长短各异的环节，所以运动就被分配到数目各异的肢体之上，且各自功能不同；而脊椎动物的运动就在两对肢体上，它们所受的限制微乎其微；再到我们人类，我们只靠两腿行走，从而解放出我们的双手。

这就是我们所掌握的情况。不过，可能在更深的层次上还有些值得我们去发掘的，比如说，生命内在所蕴含的两种力量。这两种力量起初交融契合，却在成长的过程中逐渐相离。

想分清这两种力量，我们就得在节肢动物和脊椎动物的进化历程里找出那些顶峰。怎么找到这些顶峰呢？不能全按函数上的套路。因为在一条进化道路之上，我们无法绝对正确地区分出在两个物种之间哪个更为高等，我们得从很多细致的方面去对比和权衡出它们的种种特性，才能分辨得出什么是它的本质特征，什么不是它的本质特征，以及怎样的特征才能被我们所考虑进去。

判断一个物种是否优越的标准，很大程度上就是两个字——成功。某种程度上来讲，成功和优越这两个词就是同义词。讲到动物，成功就可以理解为在复杂的环境中得以生存，克服了各种各样的困难，繁衍出众多的物种，占有了尽可能多的领地，而这就是其基本含义。作为脊椎动物的成功者，人类便是如此。在节肢动物中，昆虫——尤其是膜翅目的蚂蚁也是成功者。人类若是地上之王，蚂蚁便是地下之主。

与此相反的是，那些出现得较晚的，除了那些可能由于特殊原因而造成退化的物种以外，它们应该比早出现的那些动物更为优越一些，因为它们已经掌握了更为前端的进化资料。人类很可能是最晚出现的脊椎动物，膜翅目的昆虫也是在昆虫中出现得最晚。鳞翅目是个例外，因为它们的生存离不开花。

综上所述，我们通过不同的方法得出了相同的结论。节肢动物的进化以膜翅目的昆虫达到顶端，脊椎动物的进化以人类达到顶峰。本能以昆虫最为发达，而在膜翅目的昆虫身上，本能得到了最大程度的发展。对于动物们的进化来说，除了那些趋向于植物的退化者外，它们都向两个方向前进着，一是本能，一是知性。我们可以说：麻木、本能和知性，是动植物原始冲动的三大元素。当动植物选择以不同的形态生存时，这三大元素也以不同的程度分离开，形成了三个不同的方向。植物生活、本能生活和理性生活被认为是人类生活发展的三种不同阶段，但其实这也只不过是不同的方向而已。这其中的差异不是强度上的差异，也不是程度上的差异，应该说只不过是性质上的区别而已。

八、生命进化的主要方向

对于这点的深入探究是至关重要的。正如我们前面所说，植物体和动物体之间虽然相互独立但又相互补充。那么，对于知性和本能来说，它们的关系也正如此。但是我们不得不先交代一点，那就是知性和本能在等级上是不在同一级别的，人们总是觉得这两者之中的一者比起另一者更为高级，而且往往觉得更高级的那个就是本能，这是为什么呢？

原来在一开始的时候，知性和本能是相互交织在一起的，它们来源相同，且都不是单一状态。上节说到，植物体内沉睡着的动物的意识和能动性可能会苏醒；在遇到特殊的情况下，动物体内的植物性也有可能会复苏。因此说，植物性和动物性二者一开始就是相互交织的，并没有完全分离开。我们看到的情况只不过是某种的比率更高点，所以，具体表现出某种特性，这和知性是一个道理。在知性中也混有部分的本能，同时，本能也被知性所填补。正是因为在本能中也混有知性，人们才往往会说本能和知性是属于一个层面的。而事实上，二者复杂程度的差异并不算太明显，有关某一者的解释说明同样可以用另一者的相关术语来加以详述。这二者之所以混杂在一起，是因为它们能互补；而之所以它们互补，又因为它们有区别；而它们的区别则在于它们发展的方向不同。

对于此处的重点讲述，大家不必意外，对于本章来说，这才是重点。

值得强调的一点是，在后文中我们将会说到一些很明显的差异性问题。我们说过本能和知性是你中有我，我中有你的，但我们更想用知性的本身来解释知性，对本能也同样如此，这样一来就不好将它们进行细致的区分了。这只是两种趋势，而不是一个定则。所以，在本章所论述的内容中，我们只谈谈生命诞生初期的本能和知性。当我们看到一个生命成了一个生命体时，总能看到它在为了追求某个目标而不断地努力着。因此见怪不怪的，在对于知性和本能的分析时，不难看出其中包含了大量各种各样的努力。但我们分析这二者区别时，就算不通过具体生命体来分析也不算不科学，虽然看起来有失偏颇，可是讲到客观角度上区分其差异，还是有所裨益的。不过就此看来，不管是知性还是本能，都只能将其中庸看待，我们看到的情况都是在中间位置一直波动着的。所以，我们所描述的便是大致勾勒的情况。对于知性和本能，我们能够看得出其外在的轮廓，可是我们往往会忽略了一个问题，那就是它们相融之后中间的阴影部分。这个比较模糊的概念是值得我们细细探究的，我们要做的是以直代曲，用很多细小的直线来慢慢勾勒出曲线部分。

真正意义上，人类在地球上的首次出现大约在什么时候呢？通过计算得知，那大约就是石器时代。法国考古学家培得于1838年在最古老的河床上发现了石器，后来又在穆林·基纽采石场发现了石器，于是引发了争议。其争议在于，究竟所发掘出来的石器是真正的石斧，还是不过是块天然形成的相似的石头而已。假如说，这个石器就是石斧，那么毫无争议，我们所看到的便是我们的知性，即是人类的知性。有人类的知性，同样也有动物的知性，有的行为看起来有模仿的痕迹，可有的行为却确确实实是属于知性范畴的。让人眼前一亮的行为便是动物对于工具的制造，我们能看到有的动物能够制造出比较粗糙的工具来，有的甚至还会使用人类所制造的工具。因此，就知性的角度来看，比人类稍稍低等的动物们，比如说，猿猴与大象，都能制造一些工具。再往下便是可以辨认出什么是工具的动物，比如说，狐狸就知道什么是陷阱。而我们可以认为有了推测便有了知性。推测是一种经验之谈，也是发明创造的源头。发明创造则是一种行为，从而制造出工具。虽然说大部分动物的知性尚不能制造出或是使用人类的工具，但是它们往往出于本能会对此有些许的认知，由此看来，动物的知性已处在制造工具的门槛了。关于人类的知性，在很大程度上，对人类产生进步作用的就在于机械的出现，我们现在的生活依然离不开这些。开拓了某条发明创造的道路后，人类的生活及人类发展的方向就会沿着这条道路前进。我们自己不大容易感觉到这一点，但是这是事实。这些发明创造不仅影响了我们的个人行为，同时改变了整个社会的习性，这是因为我们改造自己的时间，往往比发明的时间还要长，一种发明的影响力，往往要在很长时间之后，才会被大多数人认可。就好像蒸汽机被发明一个多世纪后，人类才开始广泛地使用。而蒸汽时代对工业革命产生了巨大的影响，解放了生产力，同时也改变了人类的思想观念，衍生出很多其他的情感。往事越千年，人们看到的只有那个时代的重大事件而已。我们所生活时代的发明创造或许会被后人所记下，人们必将对蒸汽机的发明而津津乐道，正如我们现在很热衷于探讨新石器时代和青铜器一样。蒸汽机推进了一个时代的发展。要是我们肯放下如今高傲的身段，在评价整个人类的进化进程时，严格地根据当时的时代环境来研究人类知性的发展，我们就会把现在的人类称作为“工作者”而不是“思考者”。简单来说就是从本质上来考究知性，就是人类具有制造出工具的本领，并且对自己所制造的工具不断改进的本领。

那么有一个疑问，那就是没有知性的动物也能知道工具吗？从理论上来说，也是拥有的，因为它们还有本能。不过对它们来说，工具并不算是自我的一部分，因为更重要的还是在于能够使用工具的技能。但是这并不意味着本能就是使用工具的本领，这与达尔文的朋友、英国生理学家罗曼尼斯的“二次本能”的学说并不一致。

不过我们对于本能的定义同我们对知性的定义一样，并没有那么的理想主义，我们在定义对象时，都会根据对象的不同来具体情况具体对待。本能在很大程度上是对于机体组织上的延伸，或者是实现作为机体组织所起到的作用。那么，本能又是因为什么而产生的呢？最终又归结到哪里了呢？这个尚不知晓。在昆虫从幼虫到蛹再到成虫的过程中，人们一般会认为幼虫已有了很多适应环境的自主行为，但是在它们变态发育的过程中却没有一个标志能区分出它的行为是它的本能还是集体的正常生命活动。人类有可能是因本能促使而使用工具的，也可能是因机体组织的延伸而使用工具的。对于昆虫的本能来说，它们可以使复杂的机体进行有序运作。它们当中的社会性质本就分工明确，不同的个体也有着不同的本能，从而产生了不同的形态异构。对于蚂蚁、蜜蜂、胡蜂等膜翅目昆虫来说，大家都知道它们有着不同的形态。所以，通过对于本能和知性发挥功用的对比就能看得出来：纯粹的本能，就是使用甚至制造器官化工具的机能；纯粹的知性，就是制造并使用器官化工具的机能。

很容易就能够看出这两者之间的差异。出于本能，生物体会自发搜寻附近的工具。这些工具均是天然造就的，同天然造就的其他事物一样，一般都不大复杂，作用也较为单一。使用这类工具的目的在于能够减轻工作强度，提高工作效率。不过，这类工具的构造一般都没什么大的变化，不论什么时候使用都是如此。因此，我们能将其看作是特定的工具。与之相反的是知性制造出来的工具，它们不是天然造就的，必须人为制作，而且程序烦琐。不过，此类工具一般有比较大的可塑性，它们功用并不单一，而且可以在一定的范围内产生变化，从而让使用的生物们提高生存能力，解决一些面临的问题。出于直接的需要满足，这种工具是比不上天然工具的，但需求若不迫切，还是有很大优点的。而且这种工具还会改变制造者的观念，由于人类可以用工具而获得技能的延伸，所以会激发制造者萌生新的想法。而且此等工具每当满足了人类的某种需求后，人类又会产生新的需求。所以这样来看，出于本能，动物们的能动范围仍是封闭着的，它们只能在黑暗中摸索。而人类却因为工具的产生使自己的视野越发的开拓，一路向前。而知性相对于本能的优点来说，则是稍后才产生，而此优势产生后，制作工具的能力也有所提高。在人类刚出现的阶段，天然的工具和制造出来的工具还难分伯仲。

我们曾经猜想：这二者本是相互包容的。原始的心灵活动产生了这两者，当然将这两者的特性都包容其间。回顾以前的话，可能是某种本能相对如今昆虫的本能更像是知性，也可能是某种知性相对如今脊椎动物的知性更像是知性。起初的本能和知性囿于物质，还不能支配物质。假如，内在的动力是无穷的，那么，这股力量在很多生命体中也让本能和知性无上限地发展下去。不过，这股力量也是有限的，终有穷竭之日，若是四面八方地到处开花就会成效甚微，所以需要择其善者而从之。它可以创造一种器官化的工具，直接影响行动；也能够通过生物体间接来影响这个活动，如此一来，生物体就不需要天然的工具了，因为它们能够根据自己的需要制造出来了。所以，我们能看到知性和本能越是不断地发展，就越是相离，不过，不会分开得太离谱。当我们观察昆虫筑巢时，对地点、时间、材料进行选择时，就已经能看到它们知性的崭露头角了。同时还需要看出，知性对本能的需求超过了本能对知性的依赖。想要精化一些东西，动物们就得有高度有机化的机体，而要对此有所提高，靠的就是本能。所以，节肢动物往本能上发展，脊椎动物们向知性上前进。但是，对于脊椎动物来说，它们意识的主要组成成分还是本能，只不过其知性的发展表现出了逐渐取代本能的趋势。这种知性尚且无法制造工具，不过已经在尝试着发明工具了，其目标就在于不受本能的限制。至于人类的知性已经是很发达的了，人类已经不满足于仅仅吃饱穿暖，并不受外在侵害的程度。从中我们已经可以看出知性的成功之处了，但同时，也需要看出自然的力量从中发挥的价值。

本能似乎被知性所舍弃了，不过自然却始终对二者不离不弃。一方虽然成功了，但程度有限；另一方虽不占上风，但仍有发展的空间。但是正因为风险越大，回报也就越大。所以，我们可以得出结论：知性和本能好比是通往同一目的地的两条道路，二者可谓是殊途同归。

从更深层次来讲，知性和本能之间其实还是有着很多根本性区别的，现在我们就本书谈及的区别进行相关的讲解。首先我们要说，本能和知性涵盖了两种不尽相同的认知，而要讲到以上两种认知就不得不先简单地说一说意识。

本能当中有多少意识的成分呢？我们认为，这当中的意识是时有时无的。因为我们知道，其实植物也是有本能的，但这当中不大可能带有情感。对于动物的本能来说，有些行为也是无意识的。而且值得一提的是，无意识的状况也分为两类，可能很少有人会区分当中的差异。一类是本来就没有意识，还有一类是意识消失了，用数学来形容的话，就是这两类都是零。不过，这其中的第一个零就是数字上的零，而第二个零则是绝对值相等的正负数之和。一片树叶被风刮起来了，这是无意识的，这当中并无情感可言。但是本能当中表现的无意识也如同这片树叶一般吗？当我们因条件反射或在梦游的时候，我们表现出来的确实是无意识。不过，在这时候的无意识是由于行为的表象与实施出来的差异，虽然说想到了要做某件事，但是真正在做的却不是先前想做的事，这便是无意识的体现。不过，有的时候意识也会稍稍显露出来的，好比有时在睡梦中的我们也能觉察到身边微弱的环境变化。不过有一点是存在的，那就是当一个行为在执行过程中出现了中断，那么意识就有可能产生了。存在着的意识与表现出来的行为相抵消了，在这当中可能没什么积极的东西，但是会消除消极的东西，所谓的意识也就是行为和表现出来的不一致。

对此深入探究的话，意识就好比是照亮行为或潜在行为的光亮，这些行为则会促使生物体实施出来。意识就是让生物体做出选择的，因此，在那些将要产生行为却没有形成行为的区域里，意识是最为激烈的。而那些只想做出唯一行为的区域，意识就几乎为零。所以我们应该认识到，如果一系列的行为从一开始就能被预见到最后的话，若在此过程中遇上了什么阻碍，此时意识就会出现了。所以，对于意识，我们这样的定义：潜在的行为和具体的行为之间的数学差值，也就是想到的和做到的之间的差距。

所以，我们据此推测：知性倾向于意识，而本能则倾向于无意识。这样的根据在于，生物体使用的工具如果是天然形成的，那么使用的结果也是合于自然的意愿，这样一来，也就不需要什么选择了。这时所表现出来的意识一经形成就会和行为的实施相抵消。

出现意识的地方，本能并不会像意识那样照亮行为，它照亮的往往是各种阻碍。本能的不足就在于会变成意识，也就是行为和思想之间的差距。所以这样看来，意识的产生就是偶然的情况。本质上来讲，意识着重于本能的起始，后续的一连串行为都会由此而生。而知性有着种种不足之处，所以会遭到各种排斥。一开始知性就在制造无机的工具，但这当中有许多麻烦事，包括工具制造的地点、时机以及形状和用料等。知性还不会轻易满足，往往得陇望蜀。总体来说，本能和知性都是一种认识，不过本能的认识是直接的，无意识的；而知性的认识是深思的，具有意识的。但只从意识上来说的话，这二者不存在本质的差异，仅仅是程度不同。那么从心理学角度上来说，我们就看不出本能和知性的差异何在了。

要想抓住知性和本能的本质区别，就不能在它们的内涵上大做文章，而应该搞清楚它们所作用的不同对象，并分析它们所作用对象的不同之处。

马蝇会在马的肩膀和脚上产卵，它知道自己的幼虫得在马的胃里生长发育，也知道马在舔舐自己身体时就会把这些卵送进消化道里。毒蜂叮咬昆虫身上的一个点，这个点就是昆虫神经中枢的所在之处，这不会置昆虫于死地，但也让它们动弹不得，就像是专业的昆虫学家和外科医生一样。而某种鞘翅目的甲虫，会将卵产在毛花蜂所挖地道的入口处。一等毛花蜂经过时，从卵中孵化的幼虫就跳到毛花蜂的身上，然后等毛花蜂完成了交配，雌蜂产下卵后，它们又会跳去卵上，然后进去大快朵颐。等到几天后卵被吃光了，它们会进行第一次变态发育，然后继续吃蜂蜜，然后化蛹，最终长成成虫。这些小甲虫们自打出生的那一刻就好像知道了毛花蜂会从地道口出现，它们要乘坐这架“大飞机”前往有卵的目的地，然后它们吃卵、吃蜂蜜直到它们长为成虫，这似乎是它们祖祖辈辈都清楚的一件事。我们能看到这里面有着某些知识，而这种知识是昆虫所特有的，可见这种知识反映在了外在的行为还不是内在的意识；但是同时昆虫们也形成了一种意识，这种意识让它们在恰当的时间与地点，做出一些有利于自己生存的行为，这些都不需要学习，是一生下来就懂得的事。

所以，以此类推知性的话，知性也是不需学习就能得到的，可是这与本能还是有所区别的。我们只是大致地叙述一下大家都认同的情况，而不想搞什么理论上的哲学争论。比如说，很多动物无法理解的事，人类的幼儿很可能一下子就懂了。可见，知性是一种固有的能力，而且是与生俱来的。这种先天的技能虽然有很强的理解能力，但也不至于能理解从未见过的事物。因此说新生婴儿寻找母亲的乳房时，虽然他就从未见过，可是他还是会找得到，并且吮吸，所以这种情况就不是知性，而是本能。总而言之，知性对于事物是无法生而知之的。要是它无法生而知之，那么刚出生就是一无所知的，那么会不会有些事情是早就知道的呢？其实，它所认识的不是事物，而是其中存在的各种关系。比如，出生不久的幼儿不清楚某一物体是什么，也不知道有什么作用。但要是以后他听到别人说过这个物体的名称，他就能很快地把物体和名称联系上，从而也就知道了这个物体性质如何。很多动作都能表现出很普遍的联系，大脑通过联想这些，不需太多的表述就能理解。所以，最原始的语言甚至根本不需要动词。这样看来，知性能够很自然地理解某事与某事类似、包含与被包含、原因与结果的关系，看到一系列的主语、谓语和宾语就能理解出当中的相互关系。那么，知性对于这些关系的理解是否就是天生的呢？对于这些关系到底是必要不可删减的关系，还是一些带有普遍性的关系，那就是逻辑学家该研究的事了。每当我们想到这些，总会想到好几个与此相关的领域，而最终只会得出一个结论，这个结论就是：大脑是在先前通过先天的认知而形成的。因此我们说，对于本能和知性，不管是怎样的先天认识，它们都是先作用于某一对象，然后再想到有怎样的联系。

哲学家对认识做了材料和形式上的区分。材料是认知机能给我们提供的最初等的东西，形式则有助于我们了解材料之间的联系。那没有材料，只有形式，也能认识事物吗？还是可以的。我们说认识并不是我们所必需的，它只是一种习惯；并不是一种属性，而是一种趋向。学生写分数的时候，知道在分子和分母之间会有一条横线，他们还不知道这个分数大小是多少，但是知道了二者之间的联系，这也就是我们所说的经验之谈。所以对于本能和知性的认识我们也可以这么说：知性，也就是天生的知性，是对形式的认识；而本能，便是对材料的认识。

如果从认识的角度而不从行为的角度来看，生命的内在力量是有限的。这种原则一开始容许两种理解方式共存，这两种方式哪怕是相反的都可以，它们还可以相互交融在一起。第一种方式是对形式的认识，将不同的对象、不同的方向联系到一起去的天然的想法，根据已知的天然的事物来联想到未知的事物。对于事物的看法不是说“一定如此！”而是“根据已知条件，想必是这样”。第一种方式便是本能的性质。与此相反，第二种方式便是知性的性质，一般都在做出假设。看起来这其中的第一种方式在一开始是比第二种实用的，放到其他事物上也如此，但是具体到某一事物来说，那就只能对某一部分而言是这样的。对于这个对象熟悉的话，那就不是将其描述出来，只是暗示而已。而第二种方式是对于外在的简单认识，看起来比第一种浅显，但是若事物多了起来，它的外在框架能容纳更多的事物，这就是它的优势所在。而生命内在的力量是有限的，所以天生对于这两种方式的选择就只会只留其一。一种在于提高认识的量，另一种在于提升认识的质。前者是就事论事，后者有点放诸四海而皆准。这两种方式一开始相互交融，后来由于发展，又相互分离开，到最后就形成了如今的本能和知性。

所以说，知性和本能便是认识的两种形式。而我们也是从认识的角度，而不是从行为的角度来分析这两者。若仔细察看就不难发现，本能和知性就是同一技能的两个方面而已，这也就是上文定义出的一种衍生形式。

如果说本能就是使用天然工具的能力的话，那么它肯定和对这个工具及这个工具的使用对象的先天认识有关。所以，我们也能说本能就是对物体的先天认识。不过知性的作用在于制造出人工工具，一个具备知性的生物就不必再依赖自然，因为它可以自我适应，且改变自己的工具。所以说，知性的作用就是能在任何艰难的环境下都能排除万难，生存下去。知性一直在寻求对自己最适用、最有效的手段，这便是一种发现问题并解决问题的联系。对于知性与生俱有的趋向就是成立许多联系。这种趋向中还有着对于自然中一些寻常关系的认识。有些知性所产生的行为都和这些寻常关系相关，并且以此为基础进一步产生复杂的关系。所以说当行为是在于制造时，知性的认识就在于各种联系了。这样的认识比形式的本能更有优势。因为形式是空荡荡的，我们能在其中填补各种事物，有用或没用的东西都能填充进去。但是认识就太过目的性，只以运用为准则，这样就会太拘泥于相关的事物。而知性有机体的目的在于超越自我。

但是我们要看到，知性有机体并不如自己所想的一般能够超越自我。这种性格就是单一的样式而已，却没有内涵，所以对于其重点来说并不投入其中。与之相反，本能是有内在的冲动，可是不能像知性一般进行具体的探索，它并不是一种思想。所以我们对于这些加以细究，目的是为了找出更本质上的知性与本能的不同之处，甚至将其度量出来。其标准在于，有的事情是知性所可以寻求出来的，可是知性却无法发现其存在；而有的事情要依靠本能发现，但是本能却从不去寻找它们。

九、知性的原初功能

讲到知性的问题，先要介绍些细节问题。前面我们讲过，知性关键在于建立联系。那么，知性的联系具有怎样的性质呢？这是值得分析的问题。说知性就只是一种思考的行为的话，那就太过草率了。要是这样定义的话，就把这种抽象的东西绝对化了，这样一来反而会解释得更加模糊。应该说知性是天生就有自己的具体形式的，正如我们生来就有自己的相貌一般。我们需要以此来解释形式，或许也只能这样解释。我们所探讨的形式可能并不具体，不像这样必须、如此这般。有的学者认为知性在其根本上是统一的，也有学者认为知性的作用就是在于将统一融汇进不同的事物之中。不过“统一”是一个模糊的概念，比“联系”“思考”的概念还模糊。要是再深入研究这一点的话，比起“统一”这个概念，可能知性的作用也在于“分离”。如果知性的作用在于不得不统一的话，那就是说我们的认知就是对于思维的一种需求和依赖，这和我们现在所认识到的可能有点差异。假如知性有别的形式，那么认识也会有所差异。而且，要是知性不依赖任意事物的话，那么所有的东西就都会依赖知性的。这样的话，似乎知性的地位有点突出，而知性所产生的认识的地位就显得太寒微了。要是知性太绝对了，认识就是相对的。可我们知道，人类的知性是在于对行为的需求。一旦有了行动，我们就会看到知性的形式，不过这种形式是不大好细说的，也不会单独存在，但也不能因为这样就说形式就依赖于知性。认识并不是因知性而形成的，在某种程度上来说，这是具体的行为。

哲学家会说：行为产生于有序的世界之中。这种有序是我们认为的。而行为的前身便是知性，所以，要是用行为来解说知性的话，那就本末倒置了。这也是斯宾塞的看法，如果我们也是这样认为的，那么我们就和斯宾塞一起错了。斯宾塞是这样看待知性的：假如物体的一些常性能够追溯到当时人们心理上的感观，这样就很好解释知性了，物体内部的有序状态好像就是知性一般。用哲学的方法能够把知性和物质的来源解释到怎样的地步呢？且听下章分解。本章我们来谈谈心理学上的“有序”，也就是说在这个客观世界里，知性所能适应的在哪里？这个问题都不需要运用到哲学，光是常识都足以解释了。

我们不妨重新入手，并且假定知性的作用在于制造。而这种制造是以无机物为材料的，制造的材料若是有机物，也会像处理无机物一样，将有机物一视同仁。而在无机材料当中，制造通常情况下都是利用固体，其余的材料会因为流动性而从旁流开。同样的道理，在知性的制造过程中，也会有流动的东西逃离了知性，这样生命中的内涵便会逃离。我们的知性一旦摆脱了自然的控制，就会将无机固体作为最主要的对象。

要是我们仔细看待知性的制造的话，便能发现知性的制造最擅长的就是固体。对于常见物体的基本特点在于什么呢？无非是空间扩展性。像这样某个物体对其他物体就是外在的，而它自己内在的各部分之间的关系也是外在的。我们认为，某一事物是可以细分成若干成分的，而对于它的某个成分，还可以继续细分，哪怕无限下去，也没什么大问题。不过当前我们得把我们提出来的某个成分看作是那个事物，有且只有唯一一个。讲到物体的连续性时，我们已经承认物体是可以任意细分的了。大家都知道，物体的连续性其实就是材料能让我们使用时的属性。当我们使用时，便会发现其中的非连续性。一旦如此，我们的行为也是受其影响的。而非连续只能考虑到其自身，我们依靠自己的思考产生非连续性的行为，不可能一直都是连续的。所以可能我们的大脑所认可的就是非连续性的概念，而知性就是非连续性的。

另一方面，我们的行为的对象多是能动的，我们关注的是该对象会去往何处，某时某刻又会出现在哪里。也就是说，我们在意的是运动的结果，而不是其过程。在一系列的运动当中，我们所关注的是运动的目的与意义，也只有在该运动中断或发生意外时才会吸引我们的注意，就算知性和运动是有所联系的，其中也没什么意义，所以知性不趋于运动。假如知性是一种指导性原理，它就会在运动中实现自己，因为运动是绝对的，静止是相对的。不过知性并不如此，只要它不想自己戕害自己，就会采取相反的进程，就是从静止开始，似乎这才是绝对的。而它理解的运动是将一系列静止的东西排在一起，从而形成运动。这种逻辑上的悖论我们会在后续讲到。我们要是把这种运动与其目的联系在一起，那就能看出知性的正确性了。它用放置在一起的静止代替了运动，也并非认为自己是在完成重构，而是在进行替换。哲学家们将一种本来是为行动服务的思辨形式搬进了思辨领域，这就是哲学家们错误的地方。我们现在要探讨的是：知性的本性，趋向那些静止的事物，或者说，我们的知性只能对这些事物产生清楚的意识。

制造是从材料中获取某种形式，而对于材料一般是选取最易于获得的，但这样的材料一般是从各种材料中筛选得来，这就需要各种尝试，且通过思想将形式从材料中剥离出来。这样一来，知性就不会仅仅满足当前的形象，不会只有一根准绳，而是会觉得天下之材，皆可能用。柏拉图认为，出色的辩证哲学家就是像高明的厨师一般，他们宰杀禽畜时能寻找到其关节肌理，从而可以做到游刃有余。这样的知性，才是真正有意义的思辨性知性。但是行为或制造的初衷与此迥异：它的出发点在于要将我们看到物体的天然形式都想象成人工的，使得我们将有生命的生物看成是一种外在表现而已，从而让我们觉得材料与形式并无联系。而事实上，材料在我们的思想中就像是一大块面团，我们能把它们扯成小块，也能把小块揉成大球。然后，我们说有这么一种“空间”，是可以无限分割下去的，也可以拼接到一起的。这样的“空间”无法被觉察到，但能想象得出。我们观察到的只有其轮廓，而这些轮廓隐藏了空间的实体。而我们对于材料的制造，也就是对其的分割和拼接，便像是对“空间”的加工一般，我们能看到的只是表象的轮廓而已，深层次隐藏的实质很可能只是虚无的、漆黑的一片，知性对事物的真正组合很可能就像这空间一样。而且相对于物体来说，它们也有着这方面的趋向，这是思维开拓性的表现，动物们可能对此并无意识，但它们也想看到有空间立体性的事物。但空间也是对人类制造的一种象征，关于这一点我们就不多说了，简单地介绍就是，知性的特点在于能将任何材料分割开来，再将其重组起来。

至此，我们说过了一些关于人类知性特点的问题，但也只是一直以个体来论述，还没投身于社会之中。因为人是社会性动物，要是人类的知性以制造为目标，那么这样的知性还得和他人的知性相协调。动物之间需要用符号来交流，昆虫之间也有语言，就像是人类的语言一样符合生活的需求。有了语言就会有共同的行为，不过昆虫的行为和人类可不大相同。由于各个昆虫的身份不一样，因此分工也就各异，而且很多个体都因其特殊的形体而专司其职。我们说蚂蚁的社会有着它的语言，但是构成语言的元素并不多，这些符号一旦经过一个蚁群的使用后就永远不会改变了，它们就会定位在已知的表述上了。但人类的社会中制造和行为多种多样，不同的个体不是只能有一个身份，所以需要根据自己不同的身份所担当的角色来学习语言。作为语言的符号也并不是无限的，但是却可以作用于无限的事物之上。而且人类语言的特点在于存在着对象的转移性，我们从幼儿身上能看出一二。幼儿在记某个单词的含义时往往会将其扩大到很多方面，就算有人把他们的意象转移开了，他们仍然会将他们的想法联系到很多事物之上。“任何东西都可以指代任何东西”，这就是幼儿语言的潜在原则。这样的想法被他们错误地普遍概括化了。其实，动物的语言也会有概括化，一个符号往往可以概括一类事物，但人类的符号更有运动的性质。本能的符号是固定的，而知性的符号是运动的。

而单词的作用就在于它能从一个事物上跳转到另一个事物上，从而形成概念。但语言并不能让知性外化，也不会外在反映出什么问题。这样的知性自身有一股内在的努力，但也会消耗很大能量，这是一种虚构出来形成自我超越的形式，也会成为真的。没有语言的话，知性就将持续徘徊在它感兴趣的东西上，还会一直迷失自我，踌躇不前。语言的作用在于解放知性，而单词在事物的跳转性上就体现出了它的灵活性。它不仅能在物与物之间跳转，还能够从事物联系到以前的记忆上，再从记忆跳转至先前的意识，从而联想到那个行为，这也就是我们所说的观念。语言和单词为知性揭露了其内在世界，对于知性的思索，也就外化了其内在世界。知性在等一个机遇，语言给了它这个机遇，借助语言这项工具，知性可以深层地服务于人类。知性的首要工作是制造工具，这当中有很多方法，并不是都能适用，需要进行筛选，从而超脱利益关系。然后，知性会自我反思，视自己为创始者，有着很全面的表现张力。这时知性对任何事物都有了概念，哪怕是和行为无关的事物。由此我们说：有的事情得须知性来探求。但是知性更关注于理论问题，这其中的理论不仅仅是一般的规律性问题，也有生命的意义等。

那么，知性通过怎样的方式与方法来接近此类问题呢？这点很容易想到，因为知性对一般的事物都基本知晓，通过语言扩大了自己的工作范围。语言并不是某物，而是为了指代某物，它有转移性，但也会被知性所捕获，被知性用在非事物上。这些非事物就凭借语言得到了描述，但语言同时也可以将这些非事物转化为事物。知性不会操控自己的对象，它会依照对象的习惯运行。知性中的形式就是材料的形式，这是知性的拿手本领。这样一来，知性工作时才会得心应手，它想给我们展现的也正是如此。

而出于对自己的正确认识，知性得在非连续的形式中看待自我。而一个概念和一个物体一样，都是外在含义。概念同本来的对象一样有静止性，众多概念的集合便是一个知性的世界。这个世界基本是一个固体的世界，很轻，很透明，易于知性的运作。而概念并不是我们对一个事物的感觉，而是知性对事物行为的关注。所以，概念只是一个象征而已。逻辑学就是出于事物发展的规律来考虑的，是对种种事物的观察而总结出来的规律，也就是事物之间的基本联系。因此，逻辑学在几何学中取得了巨大成功。其实，这两者本来就是相辅相成的，事物的基本性质由我们的直观感受而知，这种感知形成了我们的自然几何学，再将其拓展开的一个分支就是逻辑学，自然界的逻辑学本来就是几何学的一种延伸。而通过对几何学的学习，能让我们在很大程度上深入感知到这个世界，这点我们下章再来言明。好在我们可以对物质世界中这两门学科分开学习，而我们对材料之外的世界就需要用我们所掌握的知识去推理了，这和纯粹的逻辑推理还是有所出入的。

所以，我们说知性的要点在于将材料转化为工具，换句话说，也就是将材料转化成了器官。生命的本身并不拘泥于有机物，也会将无机物附加到生命体之上，无机物也乐于如此发挥自己强大的作用。这就是生命给予知性的第一大事。但知性似乎对生命并无兴致，它习惯了静态的事物，像个局外人似的从旁指导着这一切的运行。等到它真正面临生命体时，便手足无措了。知性将一切的有机物都分解成了无机物，从不会违背自己的初衷，也不能进行连续的思考，正确地认识这个世界的运动性。总体来说，它还是难以理解进化的创造性，而这就是生命。

让我们先来讲一讲连续性。在我们的生命中，我们的知性能掌握的领域就是能让我们产生行为的领域。我们想更改某个物体，就要将其分割开，这就像组织细分为细胞一般的科学合理。可要是研究细胞，就会发现一个细胞也是一个生命体，而且越是深究，越是精细。生命的进化程度越高，形成生命体的元素也就会越多。这样看来，通过科学的手段，我们好像越发接近生命的本质了。可是，我们却发现在生命的本质当中，生命的含义却在不断地退步着。有的学者认为生命体的本质在于连续性，觉得细胞的存在便是一个有力证明，此见解我们下章再叙。现在我们只能说，就算这种观念是正确的，那也只是一种突破，并不能说明生命中的本质在于连续性，我们只会看到生命同连续性会渐行渐远。连续性是无法由知性产生的，知性的天性在于非连续。这种看似的连续性中有很多元素，且众多元素相互杂糅，连续性和非连续性在我们的制造中，也在我们的知性运作的范围内，永不停息。

在空间中我们是相离的，在时间里我们是一致的。知性的作用并不是去考察进化的，或者说，智力本身就不能考察纯运行性变化的连续性。关于这一点，稍后会详加叙述。我们要表明的是，知性将变化表现为一系列的状态，每个状态与其自身的出入都不大。我们看到的某个状态发生了内在变化，便会将该状态进行分解，再将其组合的话，会发现新的状态依旧没有改变，然后如此持续地进行下去。但我们需要指出的是，思维并不只是一味地重新组合，重组固然是其重要的一点，也是能使它们稳定的因素。这样一来，我们不断对运动进行观察，竭力去模仿变化的运动性，但是就在当我们觉得几乎已经可以确定好它们了，即将把真实的情况揭示出来时，变化本身却从我们的指缝中溜走了。

知性一直想着用已有之物进行重新组合，因此，它并不能捕捉历史上的新出现之物，因此，它不容许未知之物。所以，它反对新生事物，只要求已知，只要求公式的测算，这样它才会满意。所以，我们看到的知性一直扮演着已知者的身份，一直翻着旧账。不过，知性似乎乐此不疲，不论对待怎样的对象，它都会把它们抽象化，让它们相离相消，可以的话，便用一些相似的事物来替换已知的事物。不过，虽然是以旧代新，但还是会有新的事物产生出来的，所以一有新事物的形成，便是一个因果关系，变得不可预知。原因是结果的一部分，它和结果一同形成，它能决定结果，也会反过来被决定。这是我们自己能觉察到的，也是可以被别人从我们外部凭借直觉感觉到的，不过，我们既无法用知性的词汇来解释，也无法纯粹地思考而获得。但我们要想一想知性的作用，那就没什么疑惑了。知性的因果性和它的作用体现出我们内在的运作，我们知道知性的作用在于制造，这是我们能预料到的，它一直在用旧的形式和自身的材料来机械化运行着，而且还会一直重复下去，日复一日地得到同样的结果。但是创造是制造的第一步，可我们的知性是不能把握住创造的，不管是在宏观上还是在微观上。创造通过产生新生事物，将已知的东西变成未知的东西，把旧的东西变成新的东西，并重新排列组合起来。但是知性是不能理解新生事物的，所以它不认可创造，因此说知性无法理解到生命的本质。

因此不论如何探究，我们还是回到前面所说的。有关知性的话题就不必赘述了，光看它的结果就行了。我们看到它能如何指导非生命体，可是一沾上生物体就没辙了。生理学的进程向我们揭示，对待肉体和心灵，知性是不会简单粗暴的，而是温柔和缓的。我们一直想保护身体，净化心灵，从而随意拿他人和动物做活体实验，这无疑是医学对我们的戕害，但我们也如可怜虫般被它弄得晕头转向。这一行为的错误，在于我们时常把自己看成了非生物，把很多流体看成了固体。我们的知性只有在非连续性、非生物的环境下才能安详健康。所以，用解释生物的词汇是不能理解知性的。

十、本能的本性

与此相反的是，本能正是基于生命本身而产生的。知性看待所有的事情都是一概而论的，而本能则是辩证地处理。假如酣眠于本能之中的意识苏醒了过来，那么本能就不会对外变为行动，而是对内形成了认知。假如我们能够向本能请教一些问题，我想它会向我们揭示出很多有关生命体的深层奥秘，它已经承担了机体很多重要的生命活动。但惭愧的是，我们也不知道机体的生命活动会在何处停止，机体的本能会在何时启动。

基于本能，新生的小鸡会用喙啄开蛋壳，这只不过是小鸡根据它为了出壳的习惯天性。但是，当小鸡还处于胚胎时，特别是当它还只是蛋内的一团蛋黄时，它的许多运动都是出自它的本能而发生的。所以这样看来，那些最原始的本能其实就是为了各种生命活动。在生命活动正在进行的同时也会产生一些潜意识活动，这些潜意识活动起初看起来像是随意识而发生的，但到后来就会自发地形成。如果意识可以自我扩展，便会同生命的积极性融为一体。

一个生命体内的所有的细胞忙碌地挤在一起努力干活，虽然分工不同，却不只是为了自私地活着，同样也在为其他的细胞热情地服务着。面对这种情况，我们是不是也能将这些细胞的行为看作是本能呢？但是这些都只是细胞的自然反应，都是细胞活性的基本体现。一个蜂巢里的蜜蜂构成了一个群体，当中的个体若是脱离组织便很难单独存活下去，即使能有充足的食物，并且没有外敌的侵扰也活不久。见此情景，我们难免会想到其实那个蜂巢就是一个生命体，而那些蜜蜂就好比是一个个的细胞，它们都被一条看不见的链子绑在一起。而且能让蜜蜂继续存活下去的动力，也就是能让细胞存活的动力。从本质上来说，这二者并无区别，只不过前者是在后者的基础上发展开来的而已。通过这个道理，我们就能看出其实能和器官所起到的作用应该也相差无几。

而且，就算是出于相同的本能，但在不同的生物体身上也会有不同的表现形式。比如，很常见的一个例子就是关于蜜蜂和土蜂的。这两种动物都是有着明确分工的社会性动物，不管是出于本能还是整个群体的要求，在不同的群体里各司其职，勤劳而小心地共同构建着自己的蜂族王国。这当中肯定有因分工不同而产生的其他变化，但是它们的主旨都是一致的。

不管是出于动物的本能，还是细胞的特性，它们都体现出了它们的知性与无知。细胞似乎只能认识那些和它有关系的细胞，动物们也似乎只认识那些能对它们有帮助的动物。只要生命是和某个物种之间息息相关，生命的本质便似乎也和自身没多大关系，只剩下以前的一两点了，此时的生命就像是记忆和意识那样运行着。但我们将自己的一些东西留在身后时，我们的记忆会将这些东西拉回到现在。所以说，某个物种对于其他的物种的认识与了解，也仅仅只在某些方面而已。这些认识出于生命起源时的天性。至于生命的天性，用一位古代哲人的话来讲便是“由己推人”。通过自身联系到其他的事物。而那些动植物们的很多本能，也是在环境的突变中形成的。要是我们研究这些本能的话，就不得不将其同记忆对比起来。就算一时忘掉了，在突发状况下同样会浮现在脑海中。

诚然，我们用科学能解释很多行为与生命先天的本能和后天才形成的本能之间的关系。可就这些本能来说，要是真用科学来解释的话，却不一定能给出一个比较合理的解释。我们说过生命的本能和知性是同出一源的，只不过它们朝着不同的方向去发展罢了。而这个根源的本身既是外化地体现出来，又在向内地埋藏自己，这体现出了其自身的不协调，也说明了本能和知性并不相融。对于本能，我们不能用知性的解释加以说明。

假如，有一群先天性失明的人在一起生活，就没有办法让他们相信，要看到远处的某个物体，根本没有必要先看到他和那个物体之间还有哪些其他的物体。但是，他若能看见的话，就能立刻知道这一点。我们可能告诉盲人：视觉的产生在于光在视网膜上的振动，也就是视网膜的触觉。这是关于物理学角度的解释，物理学家就是想告诉你，其实很多知觉的产生就是在于运动。我们这样解释并不是让大家也这样理解。希望大家理解的是，本能和知性的关系就如同视觉和触觉的关系一般。用科学的手法解释本能的话，那就只能用知性，但是，这样一来，只是泛泛而谈并不能深层次解释本能。

这种情况用进化论的学说即可解释清楚，此学说大致分为两类，且互有歧义。第一种是依循新达尔文主义观点，认为本能是通过淘汰作用而剩下的元素产生的杂合，这对生命体是有好处的，通过胚胎发育成为个体之后，便会一代传一代地进行下去，从而一代优于一代。第二种认为本能就是退步的知性，此行为被很多物种实施后认为有利于自己生存，于是乎就成了一种习惯，然后这种习惯被流传下来，就成了本能。第一种说法没什么大的问题，很有见解地指出了本能的来源不在于生物体的获得，而是在于胚胎，但是缺陷在于无法说清楚很多昆虫复杂而敏捷行为的形成，很明显那并非一朝一夕之事。不过，按照这种学说，本能所产生的进化行为就是新旧的交替和上天偶然所赐，再经日益积累所成，但我们知道本能不仅仅只是积累这么简单，每当新的事物融合进去都会打破原有的平衡，势必要再次调节，怎么能一直指望偶然因素呢？虽然胚胎中有着大量的基因突变，有的情况会很复杂多样，但这些突变若不能适应自然，同样会被淘汰。所以，变异必须行之有效才能有利于生物体的生存，这是不可能总指望偶然因素的，所以还是得指望知性。所以，有些学者认为，生物体所表现的高等的本能反应，很大程度上是由于自我意识的促进形成。要是这样的话，是需要很长时间的，会令人觉得可能习惯也会一代一代传下去的。对于动物的本能，我们认为是依赖知性而形成的，且具备能够遗传的习惯，不过这个观点放到植物身上就不合适了。虽然，植物生命内在的努力也有一定的意识，可那肯定不会是知性。很多兰花利用昆虫的传粉和藤蔓的攀爬行为，那都是出自植物的本能。

尽管如此，并不意味着我们要将新达尔文主义学说和新拉马克主义学说就此舍弃掉。新达尔文主义学说认为进化并不是发生在个体之间，而是胚胎之间，这点确实如此。新拉马克主义学说认为本能生来有一种努力，不过和知性的努力并不相同，这当然也没错。不过，新达尔文主义认为本能的进化是出于偶然的，这是不正确的；而新拉马克主义认为本能的这种努力只是个体的努力，那也有点问题。进化的基本单位是物种，一个物种改变它们的本能，从而达到提升自己的目的，这样的努力才更有价值。这并不是单纯地依赖自我，也不是单纯地依赖环境。这里头有着自我期望的因素，但也不是纯粹的自发而形成的，在很大程度上取决于偶然因素，但也不全是因为偶然因素产生的。

当我们把膜翅目昆虫的一些本能进行对比时，就发现这些行为呈现螺旋阶梯式上升。这当中的每种情况都会让我们觉得它们就像是围绕着一条中心轴，它们都和中心有着一定的相似度，也都在朝着不同的方向发展着。不同个体之间虽有变化差异，但它们始终和中心位置保持了一定的距离，既不离得太近，也不偏离太远。本能的复杂在于它是一直完好且单一的，不过，它会向一个方向进行复杂的发展，就像是一层层的阶梯一般。但是有的看起来相近的物种，要是单从本能的角度上来归纳的话，我们就会发现它们之间却不一定是亲近的关系。近几年，学者们对几种蜜蜂的社会本能很感兴趣，对它们进行研究后发现，无螯针蜂的本能就夹在土蜂原始本能和蜜蜂成熟的知性之间。可是，无螯针蜂和蜜蜂之间并没有血缘关系，这样的社会多样状态和它们成员的数量并无直接关系，倒挺像是一首乐曲。它们围绕一首主题曲而产生了几条相近的旋律，然后再根据这些旋律延伸出许多变奏，有的简洁，有的繁细，主题曲则无处不在，又处处不在。我们难以用明确的文字来描述个中感受，这需要细细体会。当我们观察毒蜂对别的昆虫的蜇刺时，也有类似的感受。这种毒蜂一般产卵于蜘蛛、甲虫或螟蛉的体内。它们被毒蜂扎了以后，会几天之内不能动弹，从而给毒蜂的幼虫提供鲜肉。这类毒蜂只扎昆虫的中枢神经，让它们死不了也动弹不得。从这些毒蜂的行为中，能看出它们的有意为之。土蜂蜇刺玫瑰甲虫的幼虫，会只扎它们身上的一点，这一点正是甲虫的运动神经中枢，要是扎到其他的神经中枢，很可能会让甲虫死掉和腐烂。黄翅地笼蜂会捕食蟋蟀，它了解蟋蟀的三对脚受三个神经中枢的控制，因此会先扎颈下，再扎前胸下部，最后扎胸腹交接处。阿莫菲拉毒蜂会扎螟蛉的九个神经中枢，然后咬住它的头，让它麻痹却死不了。可见这捕食的中心主题是“让猎物麻痹，但不致死”。其中的变奏是，毒蜂有时会直接杀死螟蛉，有时也不会完全麻痹它们。有时本能同知性一般也会出错，同样会出现个体上的差异。有学者认为地笼蜂的本能是由知性逐渐发展出来的，对这点本人不敢苟同。假如说，地笼蜂由于时常实践，已经知道了蜇刺猎物的什么部位能让它们动弹不得，也知道扎它们的头会让它们痹而不亡，可这并不能证明它们会将这样的行为遗传下去。要是在目前的实验中，有能证明后天行为可以遗传下去的确切证据，那么，现在在这方面也不至于产生这样的分歧。实际上，就算是习惯能遗传下去，其后代的行为也会是不完善、不精确的。

我们遇到的问题在于，我们一直用解释人类知性的词汇来表述膜翅目昆虫的知性。这样一来，地笼蜂就成动物学家了。动物学家通过认识其他的昆虫的角度来了解螟蛉，也不附加自己的观念，只是从外部来认识而已。所以说，地笼蜂也应该像动物学家一般，确切地了解螟蛉的神经中枢位于何处，起码到处扎一扎，看看效果如何，才能弄清楚以后该扎哪里。但是，如果说地笼蜂很清楚地知道自己和螟蛉之间存在一种通感，那么，这样的通感便会告诉地笼蜂要扎螟蛉的哪个部位，这样一来情况就会有所差异了。对于对方弱点的把握，并不是一开始就能知晓的，只有当它和对方狭路相逢时才会知道在哪里。在此情况下，地笼蜂和螟蛉就不是两个生物体了，我们可以把它们看成是两种行为，就像是两者交错的联系一般。从科学的角度并不能这样叙述，科学是不允许行为高于有机体的，也不会让通感高于认知和感官。因此我们说在此便是哲学工作的开始，或者说是哲学工作的结束。

无论我们将本能看成一种“综合性反射”，还是看成是因知性而形成的习惯，抑或是各种优胜劣汰和偶然作用的叠加，总体来说，用科学的语言来理解本能的行径就在于将它拆分开了，就像是一台机器被拆分开了成了许许多多的零件一般，而组装的工作就交给了知性。相对的，科学的工作就在于把我们要讨论的对象以知性的词汇解释给我们听，而不在于将它们一一具体分析。不过，科学的发展让哲学也随之进步着，如今的生物学已不再是古希腊时期的哲学，不会只认为生物的进化就是一条路直通知性，而不靠感性和本能。我们知道知性引领着低等生物朝着高等方向前进着，它们外形的改变不会更改它们的知性。近代生物学的成就在于认识到进化是在不断产生分支的，而这当中的两个很重要的分支的端点，就是我们看到的知性和本能。如此一来，我们就不禁疑惑，本能怎么可能是知性的一部分呢？怎么能够用知性的词汇来解释呢？单纯地讲知性和绝对可知性的真理，不就是在对亚里士多德的自然论老调重弹吗？当我们走到悬崖边缘处时，比起停下来四望踟蹰，还不如原路返回。

本能不在知性所属范围之内，但也不在精神力量范围之外。出于情感因素而不是反思的同化与异化，可能我们会无知地、过度单纯地用知性来理解，但在我们身体里也会像昆虫一样的在本能下意识到发生了怎样的事。本质上来说，来源相同且相互融合的事物会在进化中发展下去，并分离开来。而知性的作用在于让两个物体相结合，让它们之间产生联系。用知性能分析很多事情，但都不能深入地进行内在研究。对具体的深层因素也就能大致地分析因果而已。不管在螟蛉的神经系统发出了怎样的电流信号，我们的眼睛和知性只能让我们知道有这样的信号存在，却无法让我们看到具体是怎样的信号，但是这些能让我们清楚地了解知性带来的表面现象。但是，地笼蜂扎螟蛉，则是从如何对自己生存有利的角度了解内在结果的，就不是单纯靠自己的认识，而是凭借自己的直觉，就像是我们所说的直觉式通感。

有关本能的一些理论不断地徘徊在知性和可知性之间，其中一种看法就是把本能完全地看成了知性，另一种则是把本能看成了是靠知性去理解的事物。贝斯的《我们能否记述蚁群和蜂群的生理属性》和费莱尔的《比较心理学概论》，这两部著作就说明了这个情况。我们能够看出，这两种说法都将对方的结论说了个一塌糊涂。前者说明，本能不仅仅只是简单的反射；后者说明，本能并不同于知性，倒像是掺入了一些无意识的成分。但这两种说法都只不过是象征手法，某些方面可能同事实有相似之处，但到了别的地方就站不住脚了。当然，有关更为详细的说明，我们不能用很系统的方式来解释清楚，而是用形而上学的办法；我们不在知性这个方向继续前进了，让我们从“通感”这个角度来看看。

十一、生命与意识

本能便是通感。假如，通感能够扩充其对象范围的大小，然后再折回来，用来分析自身，那就无异于给了我们一组能够解读生命运行情况的源代码，正如我们有了经过训练的发达的智力之后，发明了材料，再运用材料来改变物质世界一样。因为智力跟本能是两个方向，简单地说，智力能帮助我们创造新的材料，而本能则是指生命最初的对外界的反应。凭借现代科技，智力将越来越完整地告诉我们物质世界运行的秘密，而本能则是所有生命一视同仁地趋利避害，以区别无生命物质。智力建立在生命基础上，以生命为中心，创造、改变，这所有的一切都是为生命而服务，是努力将一切为己所用。直觉却把我们带进了生命本身，它是一种本能，没有任何倾向性，能够自我意识到，它可以是对任何对象的最直观的、最基本的感觉。

直觉是可以通过不断努力而改变的。在人类身上，既有正常知觉，还有审美价值观，而这就证明了直觉是可以改变的事实。我们肉眼第一次观察到的生命特征，都是很多直观特征的集合，而不是什么化学特征。对生命活动的意向，即一连串的简单动作，在生命里所表示的意义，我们无法看见，但这往往就是艺术家们不懈追求、力图获得的东西。艺术家凭借某种直觉，将自己摆在特定环境中，凭借想象力，突破之前的设定，从而重新得到一种思想。当然，这样的特殊审美跟其他直觉没什么两样，只能是个体化的。但是，我们可以假定把其对象换成群体生命，就像物理研究那样，遵循客观规律，将个体事实扩展到普遍规律，甚至到定律。那么，这种在哲学上达到的对研究对象的知识，就无法跟科学所获得的知识相比。智力，打个比方说是耀眼的恒星，本能只能是围绕着它的星云。但是，在智力不发达的阶段，直觉会提供我们智力所给不了的信息，以补足智力的缺陷。另外，直觉还能利用智力本身，否认智力的不完善。还有，在生命活动中，直觉起码会给我们一种模糊的感觉，启示我们，大概什么样的才能比现有的更先进。那么直觉就会被智力检验，或成功，或者继续改变直至满意。机械的因果关系或目的论都不能对生命的过程做出恰到好处的解释。直觉在我们跟其他物种之间建立了一种特殊的信息传递方式，并且扩大了直觉的原本意识，进行无尽的创造。虽然，直觉不受智力束缚，但是正是由于智力的不断升级，才推动了直觉的水平不断提高。没有智力，直觉会一直处于简单的本能形式，被固定在原有的、特定的对象上，并且被该对象影响成单一运动。

在后续部分，我们会解释知识的理论为什么必须考虑到智力跟直觉这两种机能。因为没有办法在智力跟直觉之间做出严格区分，知识理论为什么总是遭遇无法解释的困难，造成概念的偏差和错觉。知识理论的这种现象似乎很像形而上学的难题，二者都是依赖过去的经验而被总结出来的。如果智力随着材料的改变而改变，本能随着生命的演化而变化，那我们就必须挤压它们，以取得精华。这样看来，形而上学似乎就建立在知识理论基础上了。若意识只有直觉和智力，那么为了适应生命演化和外界环境，就必须把意识运用在材料上。即将知识理论建立在形而上学之上了。事实上，这两条思路各自有各自的解释，也可以彼此相通。就像一个圆环，除了对进化的研究外，没有其他中心。意识通过材料表达出来，藏在材料里，并重新塑造出新的意识，看起来似乎对立的术语，却有共同的起源。同时，考察这两者的对立和起源的统一，能使我们更加清楚地表达进化本身的含义。

关于此类情况，我们在下章另行论述。不过，从我们先前谈及的事例中不难看出：生命和意识或是近似意识的某种东西是相结合的。

之前说过，在动物界，动物意识跟选择能力成正比。意识扩大了行动区域的范围，填补了事实跟想象之间的空缺。从外部去看，我们或许会认为意识是对行动的简单帮助，是实际行动跟可能计划之间的部分。但是我们必须强调，如果意识不是最终结果，而是开始的原因和动机，事情也会跟原来一样发生并发展。我们也许会假定：意识——即便是最低等动物的意识——天然就覆盖着广袤的宇宙，但是它却局限在很小的活动范围内，因为神经的每一个优点，都可以使动物在诸多行为方式中做出选择，创造了更多可能性，就会有更多的实质性行为。扩大了范围，意识就更加自由。这些设定里面，意识都只是行动的工具。其实，行动倒更像是意识的工具，这么解释，更加贴近事实。因为意识被束缚后，只有用行动去将行动复杂化，用行动去对抗行动，意识才能自由。那么，现在两个设定中，哪个更接近真理呢？假定第一个是正确的，那每个瞬间，意识都必定精准地反映大脑的状态，想到的跟看到的之间，是严格并行的。假定第二个是正确的，大脑和意识之间存在一致性跟依赖性，并非平行，即大脑越发达，行动的可能性范围就越广，意识就越强大。那么，如果知觉是真的相同的话，举个例子说明，在狗跟人的脑海里，回忆是一样的，可是意识肯定不一样。狗的意识只能是知觉的产物，出现一模一样的场景，才会产生一样的意识。它的认知产生在当前环境，而不是记忆。而人却可以随时随地回忆，不一定需要一样的环境来刺激。人不但能重复过去的行动，还能回忆过去的行动。人脑跟狗脑的差异不是脑细胞的个体差异，而是整个大脑的差别。复杂的人脑已经使意识摆脱种种限制，独立成一种感觉了。事实让我们不得不选择第二个假设，也就是以前试图证明的观点。之前所阐述的意识形态与大脑之间的关系，正常认知跟变态认知之间的一些事实，现在就可以通过推理来证明。如果大脑状态跟心理状态一样，结果会很矛盾，混淆了两种不能并列的象征体系。

从这样的观点出发，生命的进化虽然无法纳入任何设定好的方向，但还是比较清晰的。生命的进化，就像意识跟材料的关系一样，承载着很多可能的和未知的能量。它将材料变得更加丰富，运动方式更加多样。一方面，意识像蚕蛹一般进入休眠期，随时会生出双翼；另一方面，意识包含各种可能，产生诸多分支；且这些可能是在运动中的外表展示，而不是内在的。在进化过程里，部分生物趋向于休眠，另外一部分渐渐地觉醒；生物休眠的部分则为觉醒的部分提供了更加适宜的环境。这里，有两种方式有利于觉醒。在生命中，投入材料里面的意识，将注意力固定在生命的运动上，或者使用材料上，意识会向直觉或智力方向走近。乍看上去，直觉更受生物欢迎。在直觉里，生命跟意识自成一体。而退一步，看整个生物演化，就不难看出，单凭直觉，是不会发展多远的。意识如果只是直觉，那么它会处处受限，以至于退回到本能。单一地把握感兴趣的极小范围，并且只能在狭隘的范围触及，无法看见全貌，这样，视野会很快关闭，并再也打不开。相反地，如果意识发展智力的话，范围就无限扩大了，能接触更多外部环境，在各种可能中选择，解决矛盾障碍，获得更加广阔的环境。不仅对外界，意识一旦自由，还可以转向自身，激发自身休眠的直觉包含的各种潜力。

十二、人类在自然中的位置

就此角度而言，意识不但成了进化的原始动力，更让身处具有意识的生命体中的人类格外显眼，从此，人类和动物之间何止是产生了程度上的差异，简直就是本质上的区别。关于这一说法，我们在下一章另行讲解，眼下先来说说之前的一些研究成果。

发明的结果与发明本身并没有直接联系，这是个不容忽视的事实。譬如，人类凭借智慧发明某些材料，我们首先想到的是制造。但是，它有没有真的按照我们的逻辑，为了制造而存在呢？事实上，它往往会变成其他与制造无关的东西。制造就是使材料变成工具，然后，被人们使用。人们在使用工具的过程中会创造的价值，往往大于创造的材料本身。其实，在发明的最初，往往是想利用材料的直接价值，获取直接利益，但是在发明的过程中，所引发出的其他价值，很可能会使直接利益变得微不足道。而这就是发明的精华所在。它自然而然地扩大了发明的用途，提高了此项发明的价值。最终的结果跟开始的动机，完全不成比例，甚至让人难以想象。巨大的改变往往是细微的发明所带来的。结果和原因的比例失衡是如此之巨大，以至于都很难再把原因看作是结果的产生者。原因导致了一个结果，最终也导致了一个结果的方向。这些似乎都在说明，人类掌握材料的主要意图，就是让材料释放那些藏匿在里面的价值。

当我们对比人类和动物的大脑时，我们发现二者乍看起来也就是脑容量和结构之间的差异而已。不过当我们细细地研究时却又发现，这二者除了上述差异外，还是有些其他差别的。对于那些动物，大脑中形成的运动机制只不过是将它们出于习惯而形成的运动存留在其中；而对我们人类来说，习惯性运动是后生结果而不是原生结果，它能够将别的运动压下去，调控好自主运动，思想意识也就被释放开来。

大家都清楚，在人脑中负责语言的区域占据了很大的比例。和语言有关的这片区域有可能会和其他的区域发生分歧，此时意识被解放出来，等到分歧结束了，意识又会被禁锢起来。此处我们引用了地质学家夏勒的话："我们观察人类时，发现头脑对身体古老的从属关系似乎被取消了，各个智力部分异常迅速地发展，而身体结构却基本没变。"

所以说，其实这二者的不同之处，比起我们从表面看上去的其实要多出不少。这就好比有的事情你粗略就能看出端倪，有的事情你却需要仔细观察才能得出结果。英国工程师纽考曼是最早的蒸汽机发明者之一。他所发明的蒸汽机必须要有人负责开关活塞，以便让蒸气进入汽缸，或是在汽缸里喷冷水以冷凝蒸气。有个受雇的男孩觉得这项工作太过枯燥乏味，便用铁丝将开关的手柄绑在了引擎横梁上，这样就能实现机械开关的自动运转了。要是让我们来观察一下这两台机器的话，我们能看出这两台机器只不过复杂的程度稍稍有点不一样，可我们要是再去看看两个控制机器的男孩的话，就会发现他们一个忙得满头大汗，另一个却能悠闲地坐着喝茶。所以，我们得以看清楚这两台机器的根本性区别，一个需要随时有人看护在旁边，另一个则实现了无人化操作。仔细对比人和动物的大脑的话，想必也能看出其中类似的不同之处。

所以，总体来说，假如用目的论的专业术语来说明的话就是，意识为了获得自由，首先，要把有机体划分为互相补充的两大部分，即动物和植物；其次，意识在本能和知性两个方向寻找突破口。但是意识在本能上无法寻求到突破，只有在知性上通过动物到人的突变才能达到。如此，人才能够被视为生命在地球上全部有机体中的存在理由。不过，这只是其中一种说法。事实上，所有的生命演变进化都源自两股相互激荡作用的潮流。所以，我们必须进一步研究这两股相互作用的潮流，以此发现它们共同的源头。由此，我们必须进入形而上学最为高深莫测的区间范围内。我们需要面对这样两个方向，一个明显呈现于知性中，另一个则隐藏在本能和直觉里。因此，我们不必担心迷失方向。纵观生命的演化过程，它隐约昭示着某种认识论及某种形而上学，二者不可分割。并且，当这种形而上学与其批判同时显现时，便可能对生命的演变进化过程产生某种光明的指引。

第三章　生命的意义：自然规则和知识的形式

一、生命问题和认识问题之间的关系

在第一章中，已将无机物和有机物作了界定，并且再三阐述了，将物质分解成无机物的碎片，是基于感性和理性的作用。即使将物质作为一个不可分割的整体，那物质也定是一个趋势，而不是一个对象。基于以上种种的可能，有好几种方法可以使有机物和无机物相互转换。

从另一方面来说，就像我们在第二章中所说的，在本能和知识之间也存在着对立的关系。本能指的是生命中的一些必然存在，而知识却是根据对象复制成型。然而，本能和知识都是从同一个本源开始。这个本源还没有一个合适的名字可描述，我们也可以将它叫作“普遍意识”，这个名词的外延与普遍的生命一样广阔。因此，我们可以从包含了知识的普遍意识出发，来理解知识的本源。

在这项研究中，物质的本源和知识的本源已经到了可以窥探的地步——如果知识的主要趋势已经表明了物质作用广泛的形式，和物质细分基于运动的要求，那么就表明这两种方案具有明显的相关性。知识和物质在细节上相互作用，衍生出更广阔的华丽的存在形式。我们以这一相互作用为基础，然后才能观察它们的情况。

这一尝试乍一看似乎有些鲁莽，甚至比最大胆的学者的形而上学的思考还要过分。然而，它似乎比心理学、宇宙起源和传统的形而上学要好得多。这是因为心理学、宇宙起源和形而上学的理论在实质上还是将知识看作已经存在的事物。而我们的研究，是从形式和构成上对知识进行探索。因此，这样一个研究计划，如上所述，事实上并非特别大胆。不过首先我们必须分清楚这个尝试和传统形而上学的研究之间的差别。

二、哲学方法

首先，从心理学开始论述。心理学通过对动物的研究，来探索知识的逐步发展历程时，却并不认为这样可以追溯到知识的起源。根据比较心理学所述，动物拥有越多的知识，越能思考并利用物质来进行运动，就越与人类相接近。然而，这些运动都忠实地以人类既有行为为主要趋势，并用与人类相同的方法作用于物质，再依据同样的关系运用于相同的对象。因此，动物的知识虽然还没有形成一个具体的概念，但已根据这一概念进行活动。各种动物的行为都可以纳入对知识的认识和态度，以及对外界的态度，并对外进行表现。所以，与其把动物的知识说成思维的代表，不如将其说成是行动的代表。动物的这种表现其实已经大概地描述出了人类知识的形成过程。鉴于此，用动物的知识起源去解释人类的知识起源，就像是表述人类从胎儿到成人的这段时间一样。我们知道，生物拥有越多的知识，越能在一个方向前进到很远的地方。但是，如果已经存在这样一个方向，那么知识必然已经存在。

斯宾塞主张的宇宙起源论，认为知识是早就存在的，同时，物质也是存在的。因此，物质必须遵从一定的规则，对象和对象之间的关系是相互固定的，事实与事实之间的关系也是这样。意识可以接受关系和规则，然后采取本能的普遍状态，把自身界定为知识。事实上，对象与事实的确定必然是以知识为前提的。撇开关于物质本性的这个假设不谈，从先验论的角度上讲，物质不会在我们接触到它所在的那个物体时就停止运动。物质的影响存在于世界的方方面面。从物质的引力上来讲，它的引力甚至强于宇宙中太阳和其他星体的引力。但随着物理学的逐步发展，不仅物质作为个体不再受到重视，根据最先进的科学分解得到的核子也同样越来越不受重视。对象和核子都融化于普通的相互作用。知识描述的与其说是对象本身，不如说是对象的行动。我们在对象身上所见到的轮廓，只是其中我们可感知和改变的那部分而已。我们看到的物质上的线条，催促我们沿着这些线条运动。意识作用于物质的准备越充分，也就说明知识越丰富，而这些线条也就越明确。动物与人类的成长层次完全不同，比如说，软体动物和昆虫，能否用人类的方法去分解物质，实在值得怀疑。动物不需要把物质进行分解，只是根据其本能分辨对象的特性，而无须先对对象进行感知。相反的，根据最简单的知识，也要求物质对物质发挥作用。有时候，物质会被分成主动或被动的，或者是被分成单纯物质的同时，又具有共性和个性的部分。知识所表述的就是上述现象。并且，知识越是对物质进行分割，就越是要将物质在空间中散布。这些物质虽然趋向于扩展，但它的组成部分又处于相互结合、相互渗透的状态。由此，运动一方面使智力进行自我界定，成为明确的知识概念，另一方面又使物质分解为不相容、不渗透的个体。意识越是变成知识，物质就越向更广阔的空间扩散。换句话说，进化论哲学就是在一定的空间中对物质进行表现，并且将这个物质在运动中根据客观规律进行分解。这样，进化论哲学虽然说是寻求知识的本源，但它首先就已经将知识当作肯定存在的对象。

形而上学首先推导出思维的一些范畴，这就是在做一样的研究，只是更精确化和更自动化。人们将知识进行提炼、浓缩，封闭在空洞的原理之中，再从原理中提炼出潜在的东西，以便它可以显示知识的自我整合。知识就有了程式化的定义。但是，这仍然没有表明知识的起源。相对于斯宾塞的理论，费希特寻求的是物质的真正规则，他的理论显得更有哲学性，却也无法使我们对物质的理解超过斯宾塞。费希特先掌握思维的凝聚状态，然后再扩展到实体上；斯宾塞却是从实体出发，再凝练知识。不过，他们的理论都是预先设定知识的存在。他们的不同就在于是凝练知识还是展开知识；是直接了解本体，还是进行投影并在投影中进行掌握。

在这个方面，多数哲学家都了解颇多，因为大家都认可本质的统一性，并对这统一本质进行抽象的几何表现。他们看不见，也不想看到有机物和无机物之间不能进行联系。有些人从无机物开始，再从无机物之间相结合的角度，推导了生命。有些人首先建立生命，对弱化生命进行巧妙的操作，将生命转化为物质。但是，不论是哪一种理论，对本能的描述都只有程度的差异——在第一个假设中，只有复杂程度的不同；在第二个假设中，只有强度的区别。这个原则一旦被认可，则知识和物质具有相同的复杂性；因为物理几何的理论可以完全覆盖所有人类知识，这是毋庸置疑的。如果几何学说与其他事情完全接触，那么就可以知道事物都是已知的，这就是知识，也是很多体系共同的前提。例如，费希特的理论和斯宾塞的理论——虽然我们都是用他们的名字命名的理论在举例，但他们之间并没有任何接触，也没有相同标准；但只要比较这两种理论的大前提，我们就会发现这一前提的共性。

从这个角度来看，这种类型的分析既蕴含两种信仰，彼此又相互补充：一是本能是独立的；二是本能可以为知识所掌握。认知能力具有广泛的、共同的、整体的经验，所以研究认知能力的起源是没有问题的。认知能力是必然存在并且可以加以运用的，就像我们可以用肉眼来观察地平线一样。但就认知的经过而言，分歧较大。有些人认为，知识掌握的是对象的本体，也有一些人认为知识掌握的是对象的投影。然而，不管是本体或投影，知识所掌握的是其可掌握的部分的合集。

这可以解释为：哲学过分相信个人的精神力量。无论这个哲学是独断的或批评的，是否符合认知的相对性或绝对性，哲学理论只是某一个哲学家的成果，只能是个人的一般认识，可以接受，也可以放弃。

我们应该运用更加谦虚谨慎的哲学，而这样的哲学是可以继续进行补充或改进的。我们所提到人类的智慧，不能像柏拉图用洞穴中的那个提示者那样的隐喻。人类的认识不是看空间的影子摇晃，也不是直视刺眼的阳光。人类的认识是在其他方面的。我们就像辛勤劳作的耕牛所受到的束缚，既感到肌肉和关节的运动，也感到负重和土壤耕作的阻力；运动，而又了解自身的运动；和对象接触，然后使对象鲜活起来——但是，在我们的工作关系和“耕地”的过程当中，对象才得以存在。这是人类知识的功能。有一条河流滋润我们的工作和生活，让我们从中汲取力量。在这条生命的河流中浸润并继续学习，让我们得以感觉到生活所给予的指导，使我们的知识依赖于生命河流的一部分并凝结成自己的东西。哲学只能是尝试将某些部分凝结成整体。知识是重新汇聚到这样的整体当中，追踪自身的起源和重生。但这并不能一蹴而就，而是必须经过齐心协力，逐步完成的。这就是说，我们必须要交流不同的印象，并使彼此的印象相互重叠，从而在我们人类的扩张中使人性得以超越。

三、表面上的方法循环论

但是，上述方法很容易让人想起循环论，因为我们的惯性思维会下意识地同这种方法对抗。有人说：“你没有办法比知识更超前。因为你没有办法不依靠知识去做成任何事，知识明确地存在于你的脑海中。如果脱离知识，你将一事无成。如果你希望将知识越来越多地运用于事物之中，你可以说知识在积累。不过，千万别说你凭空产生了知识，因为如果你要产生知识，其实凭借的还是知识本身。”

这种矛盾的观点总是自动产生。不过，用这种思路进行推论，应该可以证明，无法养成新的习惯。推论的本质就是把我们圈在现有的回路之中，但我们的行为会打破这个回路。假如，你没有见过有人游泳，你可能会觉得，无法学会游泳；因为要学会游泳，势必要能够使自己漂浮在水中。其实，推论总是将我们禁锢在原地。只要我们鼓起勇气跳进水里，先学会拍打水面，使自己漂浮在水中，并渐渐习惯水中的环境，就会认识到什么是游泳。因此，理论上讲，用超脱知识的方法来认识事物，是有悖常理的。但如果我们就这样承担风险，行为可能就会冲破推论的束缚，使问题迎刃而解。

如果采用更多的观点，就可以大大降低风险。就像前面说的，知识产生于广阔的现实，而它们之间并没有明确的分界，在概念性思维的周围，有一些可以让我们联想起思维的起源的知识核心。而这个核心与它周围的流动体并没有多少不一样的地方。因为它们本质相同，这个核心才会融入流动体。跳进水里的人如果只根据他之前所了解的地面的性质旧信息，而不去接受流动着的水的性质这个新信息，不去划动手脚，必然就会溺亡。他必须牢牢掌握水向他展示出的固有特性，才能掌握水的流动性。我们在进行跳跃性思维时，所依据的也是如此。

思维要跳跃，必先要冲破原有的定式。用理性进行推理的时候，理性一般不会超越原有的力量；如果超越了，也不会显得荒谬。就“步行”这个话题来说，虽然可以演变出很多种“变奏”，却不可能引申出关于游泳的规则。要学会游泳一定要先进入水中。等到学会游泳之后，就可以体会游泳的规则和步行的规则之间的联系。游泳是步行的延伸，但会步行不一定会游泳。所以，对于知识的机制即使能用知识去探索，也不可能用这样的方法去超越。就算可以使知识更加丰富，也不可能得到高于知识的其他东西。我们必须自己去接触事物，才能运用知识去改变它。

所以，恶性循环只不过是表面现象。反之，在其他的各种各样哲学方法中，循环论似乎也是最正确的。关于这一点，我们要说，这只能证明：哲学不需要，也不能接受纯粹智力论在认识学说和被认识学说之间、形而上学与科学之间建立的关系。

四、真正的循环

乍一看，让科学来考察事物，让物理、化学专注于研究物质现象，让生物与心理学去研究生命现象，似乎显得更加合理。但如此一来，哲学家的任务就会显得十分有限了。哲学家从科学家手中得到事实与规则。不管是要超越事实与规则、探求更深层次的规律，还是认为不可能超越这些规则，并科学地分析不能超越的原因，无论如何，哲学家对从科学家那里得到的事实和规则都无比重视，而这源于他们对已知事物的尊重。哲学家一般会用再认知的方法去批判地对待所得到的科学认知，有时候还会用上形而上学的方法进行补充。不过，哲学家认为这些认知的对象理应用实证科学来研究，而不是哲学。

但这样的分工难道不会让一切变得混乱吗？哲学家已经从实证科学那里得到了他们自己所认为的那种批判。在他们的描绘和分析过程中，就已经包含了形而上学和批判。而在描绘和分析过程中存在的疑问，则都留给科学家去解决了。哲学家从一开始就不接触实证问题。所以，在涉及事实原理问题的时候，哲学家只不过是用明晰的术语去表述那些自然产生的形而上学和批判而已。而这些形而上学与批判却正是实证科学对于现实对象所表明的态度。我们不可以被自然事物和人类事物二者之间在表面上的相似现象所欺骗。我们现在讨论的并不是司法领域的问题：在司法领域，在事实之外存在着一种法律，这种法律由立法者制定。根据这些条件，我们必须将所发生的事实和对事实的判断看作两种截然不同的范畴。可在这里，法律作为一种规则又存在于事实之内，并且这个规则与我们将事实分解成一个个的片段的那些轮廓相关联。要形容对象的外在，就要首先判断对象的内在性质和结构。完全脱离对象的形式是不存在的。在哲学范围内探讨原理问题的人，就像认为最高法院高于基层法院和中级法院一样，认为哲学高于一般科学。但事实上，他们只不过将哲学当成书记官，顶多也只是负责用更简明扼要的词语去记录原本就已有定论的判决。

实际上，实证科学是纯粹的知识的产物。无论人们对于知识的观点是怎样的，他都会同意这种观点：知识可以自如地处理物质。知识越是通过机械的方式思考物质，就越容易产生机械发明。知识通过对自然逻辑的形式学习而成的时候，其本身就存在一种潜在的几何学性，因为知识越深入无机物内，其几何性就越明确。知识可以与无机物相配合，因此与无机物有关的物理学和形而上学才相类似。所以，在开始研究有机物时，知识就势必要将有机物看作无机物，将之前所运用的方法运用在新的研究对象上，把在过去的研究范畴内形成的习惯带入新的研究中。知识这么做也是有其自身的道理的，因为只有这样，才能找到像研究无机物那样研究有机物的方法。不过，这样所得到的真理全部依靠于我们的能动性，那么这样的真理也只是具备一定的象征意义，而不是完全等同于物理上的真实，因为我们只观察对象的外在就提前做出判断。所以，在这里哲学的义务就是要积极地参与其中，从知识的刻板形式和习惯中得到解放，毫无保留地仔细观察生物。哲学的目的是思辨，换言之，就是要去观察。哲学和科学对待生物的态度是不一样的。科学是有着目的性的，只能通过无机物来进行研究，因此，无法考察无机物之外的其他方面。哲学即便是理所当然地认为物理事实要交给实证科学去研究，也不能将生物学和心理学这类事实都一并交给实证科学去研究，不然后果堪忧。哲学一定是先入为主地接受自然机械的观点，这个观点源自物质本身的特性，是不经思考的，甚至是自觉发生的。作为前提，哲学必然要接受知识的单纯统一学说或自然的抽象统一学说。

如此，哲学的命运就是注定的了。哲学家不允许在形而上学的独断论和形而上学的怀疑论中进行选择。而实际上这两种学说都有着共同的前提，即它们对实证科学毫无建树。哲学家有可能把本能的统一或知识的统一当作一种实在，而这个实在其实什么都不是，只是将所知道的东西聚集起来成为一个没什么用的"神"；或者是具体化作一种万能的对象，事物的特性与自然法则都可以从这个对象之中流露出来；又或者是一种纯粹的形式，将无法掌握的多样可能性看作一种自然的形式，也可以看作一种思维的形式。哲学家们用不同的语言来形容一个相似的观点，即科学把有机物当作无机物来研究是对的。知识不管是用来研究无机物还是有机物，所得到的结果之间没有任何价值上的差异和区别。

不过，在很多时候，我们发现这一研究框架在动摇。无机物已经适应了这个框架，但是如果有机物不放弃他本质的一些特性，就无法适应框架。而实际上，一开始我们并没有将两者进行区分，所以，对嵌进框架的事物难免要存在一定的怀疑。形而上学的独断论认为，人为的统一性是绝对的；但之后又出现了怀疑论和相对论，将一些科学结论中的部分人为特征扩大，加诸其他研究之中。长此以往，哲学便在两种学说之间犹豫不定：一种学说坚持绝对的客观实在的不可知性；另一种学说虽然认为客观实在是可以被描述的，但所描述的只不过是科学研究出来的东西。为了避免科学和哲学之间的矛盾，一方面，牺牲了哲学，另一种方面，科学也没有得到任何益处。我们为了不陷入恶性循环，而尽量地选择不要用知识去超越知识，结果却不小心陷入了真正的循环论。我们自己先建立了一个统一体，也就是不自觉地盲目认为所有经验都是经由科学研究，并把所有研究对象都交给科学统一，再设法在形而上学中重新寻找这个统一，这就真正陷入了循环怪圈。

反之，如果我们从区分有机物和无机物入手。就会发现，无机物会自动嵌入框架，有机物却只能依靠人为来适应这样的框架。所以，应该用和实证科学不一样的方式来研究有机物。只有如此，哲学的研究经验才能丰富起来，才能与许多以前并没有任何关联的事物联系起来，才能发现科学、认识论和形而上学都有着一样的用处。开始的时候，三者或许会因为陷入混乱而有所损伤，但后来必定会因为彼此的联系而互相受益。

事实上，认知科学已经很深感自豪了，因为科学认为自己能够掌握经验领域内的所有价值。不过就是因为所有的判断都源自一个基础，就难免会被染上一样的相对性的色彩。在我看来，假使开头就从区别性开始研究的话，就不会被染上相对性的色彩了。知识在进行对无机物的研究的时候没有受到任何阻碍。人类的行为本质上是通过无机物来进行的，而这无法不依靠任何实体凭空进行。所以，我们要研究物理学可以从普遍形式入手，而不是过度地去追究细枝末节。相反的，科学可以研究物质这是必然的，但科学可以研究生命体却是偶然的，或者说是侥幸的。在这个时候，对知识框架的运用也会显得不自然，但我们也不愿说这个运用在科学上是非法的。科学可以让我们的行动作用于物质，如果我们只能通过无机物工具来行动，那么，科学可以且必须像研究无机物那样来研究有机物。不过，对生命研究得越透彻，科学所提供的知识就越是只能象征性地进行代表，并越是与行动的偶然性相关。所以，以此为基础，哲学必须追随科学，来为科学添加一种叫作形而上学的新的知识。所以，不管是科学认知还是形而上学认知，都要在生活中被重新调整。我们的认知对于生活虽然并不完整，但也不是外在的或相对的。科学和哲学在交融之后相互促进，如此一来，我们才能进一步探索现实的奥秘。

如果抛弃知识而从外向内人为地统一自然事物，我们或许可以再次找到自然的内在统一。这是由于我们的意识希望将我们引导到一个更为广阔的方向，而我们的知识就是这样从事物中产生的。而且，物质决定意识，两者又相互依存，所以要了解其中一者的起源，就要知道另一者的起源。并且，从包含着物质和知识的对象之中将二者分割出来的过程是同时进行的。我们越是想要超越知识，就越是会完全地回归到知识之中。

五、物质与知识可能同时发生

现在，我们可以将注意力集中到一种距离外在性与知性这二者都很遥远的事物之上。我们可以在内心之中寻找与自身关系最密切的一个点。这正是一种纯粹的持续。这个持续贯穿于过去，并以新的起点继续扩展。但在这个时候，我们发现自己的意志已经紧绷到了极限。我们势必要将自我人格进行压缩，将逝去的过去收集起来，再将这种压缩的过去融入新的创造之中。这时，现在从过去之中诞生，但这转化的切入点转瞬即逝，难以把握。这个切入点源自我们自由的行动，但这个自由也难以掌控。我们持续的感觉和我们本身情况的契合度也存在这样的问题。不过，感觉越深刻，契合度就越高，它反馈给我们的生命就越是能够吸收甚至超越知识。知识的实质是指相似事物的聚合，而反复论证的事实则完全符合知识的内涵。所以，持续的事实在经过转瞬即逝的一个点时，可以被我们的知识掌握。知识从外部掌握这种新型意识，并通过一系列方法描述出来。在某种意义上说，这种新型意识已经暗含了知识的特性，但却超脱于知识，并且它本身是一个不可分割的整体，所以并不能等同于知识。

现在，让我们放轻松，不要再一个劲地去压缩过去。但若一下子完全放松的话，又会失去记忆和意志。换句话说，我们不能太过紧张，也不能太过放松。不过，我们可以从中看到一个事实，它并不是一直在持续，而是不断地消失并再生；而它就是由这些不断地再生所组成。这就是物质的性质吗？也不能说完全是这样，因为我们的分解是指将物质分解成一段又一段的短时间的持续，虽然持续的时间很短，并不能说它完全停顿了。我们还是要说，事物的物理性倾向于放松，而心理性则倾向于紧张。

综上所述，我们可以得到两个完全相反的方向：一个是精神性，另一个是物质性；并且由于二者相互的作用，可以从一个方向往另一个方向转化。而且，如果我们把二者的转化看作是一种中断的话，也可以使一方向另一方靠近。这种假设更多地依赖于持续的观点而不是延伸的观点。

我们如果意识到自己处在一种持续的发展过程中，就能感觉到自身的各个部分都在相互渗透，而我们的人格会聚集在一个点上，或者说是一个边框上，而这个边框不断在向未来靠近。在这个过程中，必须依赖自由的生命和行动。反之，如果我们不是让自己去行动，而只是在想象，那么自我就会消失无踪。过去一直传达给我们一种集中的、不可分割的自我，而现在却把过去分割成许许多多的回忆，这些回忆由于缺乏联系而渐行渐远。待回忆逐渐稳定之后，就很难再相互渗透。如此一来，我们的人格就会向空间性下降了。事实上，我们经常会感觉到人格向空间性发展。这一点我们已经在其他地方叙述，这里就不再赘述了。延展性是有着很多不同的差别，但几乎所有的感觉都在一定程度上有延展性。如果我们感觉不到延展性，而只是固定在一个空间里，这是仅从精神上来看的，并且也似乎并不是从心理学出发，而是从本能的形而上学得到的暗示。

不管怎样，就算我们尽力而为，最多也只能在延展性的方向上稍稍有所建树。但我们可以先假设：如果物质是起源于相同的运动发展，那物理学就会站在心理学的对立面。物质暗示意识，并且由意识明确地表现于空间之中，这样就可以理解意识为何能自如地存在于空间之中，为何能在空间之中自由地活动。意识经常会领会空间的隐藏意义，从而自我放松，也就是使其自身具备一定的延展性。从另一方面来说，意识虽然是从物体上发现空间，但通过足够的想象力，意识就能够使自己进行逆向思维，从而脱离物体来获得空间。从另一方面来讲，在意识的关注之下，物质会越发突出自己的物质性。开始的时候，物质会加以推动，使意识按照自己的意图向物质靠近。但受到这种推动之后，意识的推进就无法停止。意识所创造的空间仅仅是将到达终点的这个过程进行程式化。意识一旦拥有空间性，就会把这个空间当作一张网，这个网可以根据自己的意愿时而收起，时而展开；这个网可以网住物质，但人们的行动却会使这网对物质进行切割。这样，物质和意识的作用与反作用，会使几何学上说的空间和事物的空间相辅相成。意识和物质在本质上同源，却往相反的方向发展。空间并不是我们想象中的那样与我们的个性毫无关系，而物质也不像知识和感觉所表现出来的那样无休止地向空间扩展。

我们在其他地方已经讨论过第一点，而第二点，我们只需要知道：要使完全的空间性成立，必须使各部分之间完全分离，彼此独立。事实上，每个物质点都会作用于其他物质点。我们注意到，事物只有在作用于其他事物的时候才会显示它的存在，就像英国化学家、物理学家法拉第所认为的那样，每个原子都会相互渗透，而这些原子充斥于世界之中。据此，就一般意义上来讲，原子就是我们所说的物质点，而这个仅仅是意识的一个观点。这个观点是在物质被绵延不绝地细分的时候所展示出来的。我们建立了完全能够对物体进行描述的科学，正是因为要设定物质，所以必须要将其进行细分，分为互相之间完全没有相关性的独立部分。我们不得不说，即便是不存在一种完全独立的学科，科学也有办法将世界切割成一个个独立统一的系统。毫无疑问，这个办法就是让物质在空间中扩展而又不完全扩展。因为我们可以将物质分解为独立的而又具备许多相异元素的系统，这些要素之间的关系会变化，但要素本身却又是固定的。总而言之，我们根据物质的空间性，而通过物质的特性来研究空间的特性。

在康德的“先验感性论”中已经明确地阐明一个观点，即延展性并不能和物质的其他一些属性相提并论。不管是温度、颜色，还是重量，这些都不能通过无限的推理得到，而必须依赖接触经验。而空间性则完全不同，不仅可以通过触觉、视觉的方法来得到对其的理解，也可以仅仅依靠意识自己的力量来获得对空间的理解。同时，根据事先得到的一些形象，来先验地限定这些形象的特征。意识虽然没有具体地与经验进行接触，但是经验却可以通过许许多多的复杂的推理追随意志，并且证明推理的准确性。事实如此，康德已经清清楚楚地对这些做了说明，但我们还是要说，我们必然要用一种截然相反的方法去解释事实。

根据康德所说的，知识一直存在于一定的空间之中。就像生物和自己所呼吸的空气密不可分一样，知识和其自身所处的空间也是互相依存的。知识必须经由它周围的空间传递给人们。这个时候，知觉的几何性就表现出来了，而思维就可以在物质之中找到知觉事先放在物质之中的数学性。换句话来说，我们可以明确地发现推理对物质所起到的作用。可以说我们所感知到的物质是我们自身的产品。但是，对物质的本体，人们却一无所知，事实上也不可能知道。我们对于物质的本体只能是经由知觉所得到对物质的描述。如果我们觉得自己对物质的本体有所掌握，就有人会立刻找到相反的观点，而且这个相反的观点还同样可以得到证实，并同样有一定的道理。对认知的分析可以证明空间的观念性，与我们的分析完全相反的论点也同样可以用其矛盾证明这一点。这一理念贯穿于康德的批判主义哲学。康德在这种观点的主张下，毅然决然地对经验主义知识论进行了反驳。依我所见，被康德反驳的观点似乎得到了证实，但是被康德肯定的观点是否又真的能帮助我们解决问题呢?

康德的观点认为，空间是作为认知能力的一种既有形式，它是与生俱来的，我们既不知道它是怎样产生的，也不知道它为何形成现有的性状，而不是完全不一样的另一种东西。康德的观点设定出一个我们丝毫没有概念的“物自体”。既然无所知，康德又有什么权利来肯定这个“物自体”必然存在呢？假如我们通过感觉感知到一个不可知的本体的多样性，而这个多样性同我们的认知性一致，那么我们是不是可以经由部分来认知本体呢？并且，如果深入地研究这个一致性，那么至少在某种程度上，是不是可以说物质和意识事先有着协调呢？这样我们就能理解，为什么康德不做出这种不合理的假设。事实上，康德正是因为没有这样做，才引出了“感觉的多样性”怎样适应空间的问题。基于同样的道理，康德认为物质已经发展成为一个个互相独立的部分，并据此产生出一些矛盾。大家都知道，物质和几何空间的完全一致是矛盾的正命题和反命题得以存在的前提。但是，如果不把物质作为纯粹的空间中的真实事物来研究，那么矛盾就不复存在。这样我们就可以得到关于认识论的三种可选情况，并且，只存在这三种情况：一是意识受限于物质；二是物质受限于意识；三是物质和意识之间存在一种隐秘的一致性。

不过，康德似乎没有料想到还存在第四种情况。主要是因为，首先，康德并不认为知识产生于头脑的思维。其次，康德并不肯定绝对的持续性的存在，从而事先将时间和空间对等起来，当然这一点与上个观点其实也是一回事。如果要研究第四种情况，就必然要将知识当作意识的一种特殊存在，认识到它在本质上就是用来研究无机物的。并且，要认识到物质并不决定知识的形式，知识也不会把自己的性质加诸物质。同时，物质和知识二者之间也没有一个预先设定的相互协调机制，而是在相互适应之中逐步调和，最终找到一个契合的形式共存。也就是说，这个相互适应的过程是自然而然地进行的，是由于创造思维的知识性和物体的物质性是同一个运动的同一个转化过程。

六、物质内的几何学

从上述观点可以看出，我们无论是通过知觉认识物质还是通过科学认识物质，都可以得到一种接近真实的而非相对的知识。我们的知觉是为了指明行动的方向而存在的，并且根据这个目的来将物质进行分类。因为有的时候这种分类明显受到实践需求的影响，所以必然要经常想办法对之进行修正。而科学则过分强调物质的空间性，因为科学更倾向于采取数学的方法。从这个意义上讲，科学的程序太过于精确，以至于需要经常推翻重建。对于一个确定的科学理论来说，思维需要包含所有的东西，并严格地要求将事物放在合理的位置。事实上，我们必然需要用固定的术语来描述每个问题，而这个术语是暂时确定的，所以每个问题的解决都需要依靠之后的一连串其他问题来不断地改正方向。这些问题出现的次序是随机的，而科学不可避免地受到了这个次序的影响。这样一来，科学就在这个范围内受到了限制。不过，这一限制是根据客观存在，而非权利。理论上说，实证科学可以以物质本体为研究对象，只要它能偏离无机物这样一个限定的领域。

这样去看待科学认知，就会发现其地位正在逐步提高。而相反的，对认知理论的研究却变得困难无比，以至于如果单靠知识的力量就没有办法加以解决。实际上，单单通过周密的分析来决定思维的范围，这是远远不够的。其关键在于要探寻这些范围的本源。就空间这一点来说，思维必须要用其特有的一种努力来发现非空间性向空间性发展的过程。而这个过程与其说是发展，不如说是退步。我们先是攀登到意识的最高点，再从高处慢慢降落。这个时候，我们会觉得自己不会让意志成为一个不可分割的整体，而是让意识逐步扩散为相互独立而又相对固定的回忆。不过，这仅仅是一个开始。我们的意识会一边描绘这种过程，一边提醒我们过程发展的方向，并向我们暗示这种过程将会持续到终点；但意识本身并不会发展得那么长远。相对的，我们将物质与空间看作对等，就可以发现意识越是关注物质，物质的各个并列部分就越会相互渗透；同时，整体也会影响到部分，并且先于部分受到影响。所以，即便是让物质向空间的方向发展，物质也不会完全变成空间。这样，我们就可以得出结论，意识在开始的时候可以向我们描绘出这样的运动，而物质可以让这个运动向深处延展。虽然我们并不能掌握这个过程中的每一个环节，但却能掌握这个过程的开始和结束。但是，这个过程中的环节是不是一直都无法掌握呢？可以说我们所提到的哲学并没有完全地了解自身的全部。物理学将物质发展成空间的时候，就已经充分了解其自身充当着何种角色了。而形而上学却只是在一味地模仿物理学，希望通过同样的方法使自己向更远的地方发展。我们是否可以说形而上学已经知道自己的作用呢？形而上学的任务应该是登上物理学已经走下坡路的那座山峰，应该是建立一种能够探寻物质起源，以及让心理学进行逆反的宇宙论。根据这样的新论，被物理学家和几何学家看作是真实存在的，应该是物体实证性的中断或逆反。这样的实证性只能用心理学的术语来界定。

经过证实，数学是有着森严的秩序的，数学所研究的对象是有着和谐的一致性，因为数字与图形之中蕴含的内在逻辑，使得它所研究的对象无论多么复杂，数学研究者都可以得到一致的结论。思及于此，我们难免心存疑虑，因为这样就会把表面上具有实证性的事物纳入非实证性的体系之中。但别忘了，我们的知识已经肯定了这样一种规则，它向着物体运动的方向发展，而这个物体已经具备了物质性和空间性。在用知识分析物体的时候，越是往复杂之处分析，就越是会发现一种复杂的秩序存在于物体之中。因为知识存在的这种影响，导致了规则的复杂性被证实为一种实证的存在。

在诗人向我们朗诵他们自己的作品时，我们可以通过作品来触摸诗人的思想，浸润在诗人的情感里，去体会那些被语言固化的原始的氛围。这样，我们和诗人的灵感就产生了共鸣，并且借助一种有着连续性的运动跟随诗人。这种连续性的运动不可分割，就好像诗人的灵感一样。之前被淹没在感觉之中的那些诗词的声音已经带着物质性，只有这种物质性越来越清楚地展现出来，我们才能放松自己的注意力，不再紧张。我们越是不紧张，之后的那些声音就越是不相连，从而成为一个独立体。文章可以被分解为句子，句子又可以被分解为词，由此我们就会越来越接近于理想，这正是因为每个词都可以被感知。我们的眼前好似漂浮着许多纸片，而这些纸片上罗列着一个个有序的词。我们时常感叹，文字的组合是那么准确，排列是那么有序，文字契合于句子，句子又完全契合于篇章。越是，向这个放松的方向发展，我们就越能创造出延展性和复杂性。复杂性越是加剧，这种在各个元素之间拥有支配力的规则就越发令人欣赏。但是，其实这种复杂性和延展性并不能肯定什么，只能表示出意愿的缺陷。此外，由于规则实际上只是复杂性的一个方面的标志，所以复杂性增加了，规则也会随之增加。我们越是要在一个密不可分的整体中象征性地去肯定一个个部分，就越是会增加这些部分之间的关联性。而由于这个整体实际上是不可分割的，那么它被人为分成一个个部分之后，这个整体就对这一个个部分有着绝对的控制性。这样一比较，我们就可以理解，对实证性的抑制，对本源运动的逆反，不单可以在空间中创造出延展性，也可以在空间中创造出数学的那种令人惊叹的规则。当然，这两者之间依旧存在不同，因为文字是由于人类主观努力人为创造出来的，而空间则是自然而然产生的，就好像数学里两个数字相减自然会得到差数一样。不过，古代哲学并不认为上述观点对数学会产生影响，因为普拉提和柏拉图一样，完全肯定数学的本质。古代哲学受到持续性和延展性的表面影响，把持续性和延展性当作一样的事物，再把变化当作静止的退化，把感性当作知性的退化，这样就产生出一种我们在下一章中将要讲到的无视实用性的哲学。但在两种现象当中，每个部分日益复杂的变化与各部分之间的逐渐协调，都是通过一种逆向过程产生的；这个逆向过程可以视作是实体的一种中断，或者是实体的退化。

我们推导结果的过程和几何学的运作过程是相似的。但是，因为这些过程不能凭空构筑出空间，只能预先设定空间的存在性；所以，要得到目标结果，事先，必须假定几何方法是存在的。这样，蕴含着空间规则的几何学就会成为一个基础条件，使得知识可以正常运作。我们只要考察演绎机制、归纳机制这两方面的知识就可以得出这样的结论。

七、几何学的演绎机制

首先，我们从演绎机制开始。我们在空间里制造出一个图形，在这个制造过程的同时也制造了这个图形的各项属性。这些属性在制造的过程中是可以通过视觉和触觉感知的。我们可以在空间中感觉和体会定义与归纳、前提与结论之间的关系。

我们能根据经验而产生出一些其他的概念，而且这些概念只能由一些部分来构成，因而没有办法对这些概念下完整的定义。这是因为我们没有办法演绎出概念的前提和结论的关系，导致对这些概念的定义也必然不完整。如果随性地在沙土上画一个三角形的底边，然后在底边的两头画上两个角，如果这两个角是一样大的，那么三角形的两条斜边也相等，反之亦然。这是我们早就知道的道理。甚至，我们在学习几何学之前，就知道这个道理。因而，在成体系的几何学诞生前，几何已经存在于生活之中，而它的显然性比其他演绎要超前。其他的演绎都是和属性有关系而和数量没有关系的，故而其他演绎存在的依据是性质，且只是在性质中隐含一些数量关系。但我们不要忽视，位置与数量的问题是最早出现于我们的活动中的，这些问题在我们学会反思自己的行动之前，就已经存在并由知识加以解决了。原始人类比现代人类更精通于计算距离和判断方向。原始人类将经过的路线绘制在自己的记忆里，引导自己回到出发点。动物不会描述出同质的空间，因而不会进行演绎，也不会创造出事物的概念。要描述出同质空间，就必然要先发挥几何学的作用。这种几何学发展下去，就成为演绎机制。哲学家们并不想要这样来看待事物，因为他们认为只有在思维的努力之下，才能发挥知识的逻辑作用。如果我们把思维的特性看作是一种不断更新的发展过程，也就是说它经过一种不受前提制约，也不受结果和前提之间关系影响的过程而进行发展。我们可以这样看：在表面上产生作用的如果是一种早就决定了结果性的前提，但又在这种决定关系之中犹豫不决，那就是在向着与思维属性相反的物质属性发展。从知识的角度来看，努力奋斗的过程，本身是一种“放行”。从这个观点出发，几何学是自然产生于空间之中的，而逻辑学又是自然产生于几何学的，但这种观点似乎本末倒置了。反过来看，如果空间是一种放松的运动的最终目标，我们必须事先设定几何学和逻辑学的存在性，才能推导出空间的存在。逻辑学和几何学在一个共同的发展过程之中，而这个过程发展到最终会创造出一个纯粹的空间。

在心理学和精神学当中，演绎的作用是十分微弱的，难以引起重视。在这个方面，难以从已经被证实的命题当中得出结论，或是只能得出有限的结论。只有结合常识才能使演绎出的结论符合生命发展，也就是说，要依靠不断演变的真实的经验。在精神世界中，只有将精神比作具体事物才能进行演绎；也就是说，只有将精神学转化为物理学，放在具体的空间之中，才能进行演绎。如果将精神比作不恰当的物体，就难以进行正确的演绎，就好像曲线永远无法和直线契合在一起一样。演绎的这个弱点明显得令人诧异。实际上，演绎，是头脑自身的独立运作，这个运作过程只有在其独有的领域之中才能顺畅地发挥作用。但是常常事与愿违，演绎在这个领域根本难以运转。而与之相反，当关系到我们自身之外的事物时，演绎才能充分作用，就好像几何学、天文学、物理学中那样。不过，即便在这些学科当中，原理的建立也必须依靠观察和试验，也就是说要研究事物的某个方面，就必须要从那些方面去观察事物。我们可以冲破重重阻碍去发现事物的原理，而根据原理可以进一步得出结论，这些结论可以由经验加以证明。所以，演绎是根据物质的发展而发挥作用的，是通过描述物质在某阶段的发展状态，将物质置于空间之中而进行作用。也就是说，演绎描述的是空间中的物质即将进行而又尚未进行的状态。只要将物质放在空间里，或是同时放在空间和时间里，研究就能发挥作用。而当时间的车轮停止转动时，这个作用才会停止。

八、几何学的归纳机制

如此看来，演绎机制如果失去了空间直觉的观点就无法进行，归纳也是这样。通过一样的条件来重复一样的事情，根本不用像几何学家那样推理，甚至根本无须推理，即使是动物也能独立完成这样的事情。但动物的这个行为是不需要意识的，而是根据它所处的状态采取能够引起结果的本能行动，来对外界的刺激进行反应。不过，动物身体的这种机械的反应与根据知识引起的归纳机制差别很大。归纳机制建立在两个信念之上，一个是必然存在原因和结果；另一个是同样的结果是由于同样的原因引起的。如果深入研究这两个信念，就会发现两个现象：物体可以被分为一个个群体，而这些群体可以被看作单独的独立体。比如说，将水壶放在炉子上烧水，对一个对象进行操作的时候实际上必须要接触到其他对象。如果再深入进行研究，就会发现甚至整个太阳系都跟其内某一处所发生的事情相关。但我们可以确定，就我们特别研究的特定对象而言，水、壶、炉子这三个物体组成的群体可以看作一个相对独立的世界。我们认为这个小世界遵循一种规则，也就是炉子使温度达到一定的程度，水必然会沸腾。也就是说，我们承认，假如我们具备了一系列要素之后，会得到一个结果，而这个过程是自然发生的，并不是我们可以根据自己的意愿随意左右的。水、壶、炉子加热都已具备，再经过某段持续的时间，按照以往的经验我们可以得出结论，那就是水会沸腾，虽然现在还没有，但是未来的某个时间，沸腾是必然的结果。我们是如何坚信这一点的呢？值得注意的是，我们对信念的确信程度会根据具体情况的不同而有所差别，而某一小世界各要素的分量确定的时候，这信念的可信度就高。实际上，假如我们选定了两个确定的数字，那么它们的差就是确定的。就好像三角形的两个边与夹角确定的时候，第三条边就是确定的。也就是说，我们可以任意画出拥有相同的两边和夹角的三角形，这个三角形必然和原本给出的三角形完全一致。这样，完全相同的第三条边的出现成为这个系列的终结。这样一来，我们根据纯粹的空间论来进行推理：如果确定了信念的真实性，那么，如果其他的一些情形越接近这个极限，是不是可信度就越高呢？不单是这样，我们甚至可以由此推论其他一些情况，使这些情况都染上几何学的必然色彩。实际上，我们隐隐约约地认为，炉子上的水必然会像之前那样沸腾，是因为我们通过思维将现在的炉子与之前的炉子进行了重叠，把现在的壶重叠在之前的壶上，把现在的水重叠在之前的水上，把现在时间的持续性重叠在之前时间的持续性之上，所以，现在引起的结果应该也同之前一样。这个道理就和三角形两边相重叠，第三边必然重叠一样。但思维之所以会得到这样的结论，是因为思维忽视了两个要点：现在的一切要和过去的重叠，过去的系列就必须完全等同于现在的系列；时间就必须契合，让所有要素都一同出现。但这样的情形只有在几何学里才会出现。这样看来，不管是几何学家，还是物理学家的研究都没有计算时间的影响。实际上，在归纳机制之中，质变和量变一样也是重叠在一起的。如果我们的思维将现在的炉子重叠于过去的炉子，就是表示我们认为现在与过去的炉子没有任何不同之处，只要都是炉子就可以了。但是怎样才算是完全重叠？怎样才能确定两个物体完全一样？我们在没有办法确定的情况下，才将一个现象的发生完全推广到另一个现象的发生上。而物理学家们却努力把这个推广当作理所当然的事情，并将量变当作质变。这样我们就罔顾其他科学，而将质变等同于量变，使质变显示出几何学的特性。归纳机制在我们看来，就是把质的变化放在相同的空间中去考量。所以，不管是演绎机制，还是归纳机制，几何学都通过一种理想的方面来发挥作用。这一整个知识体系，就是让有着空间目的性的运动运用演绎机制和归纳机制。

九、物理法则

这样的运动在我们的思维之中建立了这些机制，这也就是事物之中存在的规则；而我们通过演绎和归纳，发现这些规则。我们根据规则来行动，我们的知识在这个规则下逐渐丰富，这个规则的重要性显而易见。普遍原因通常会产生普遍结果，而科学所研究的普遍因果关系之中其实还存在着许多细微不同。越是研究这些不同，就会发现它们之间的关系越紧密。经过这样的分析，物质就会显示出几何性。知识对正在日益复杂的规则表示肯定，而复杂化对于规则来说，和对于知识来说都是一样有益的。但事情有时会往反方向发展，假如我们以为物质不可分割、连续发展，并且持续更新的话，在一个物质整体中出现某部分的中断，或者是逆向发展和滞后，物质要素的复杂化和要素之间的关系就会诞生出一种数学规则。知识就在这个过程中与思维区分开，而与复杂化的规则相契合，在规则中反映知识的存在，于是知识就赞美规则。不过，真正值得赞赏的是物质整体的发展所进行的创造，也就是连续的更新的创造；因为数学规则发展得再复杂，也没办法创造出新生事物。而在我们自由行动的时候，就能在自己身上产生一种创造之力；而这种创造之力存在之后，就会将自己的紧张状态释放出去，通过这种扩展发展自己，诞生出数学规则，来引导要素之间的搭配。结合这些要素的时候，会出现一种顽固的决定论，来中断创造行为。事实上，这个决定论和数学规则正是因为这种中断而产生的。

物质世界的一些法则表现的正是这种消极的趋势。这些法则没有任何客观现实作为基础，而是由科学家创造出来的。科学家选取事物的一个方面来研究，通过提炼变量，运用传统的测量单位来度量，从而创造出法则。但是，有些物质的数学规则和这些规律相似。科学越是发展，就与客观规则越接近。因为物质的非扩展性如果在因自由而生的必然放松中变为扩展性，那么物质就并不是与同样的空间完全契合。不过，通向那空间的运动组成了物质。在用几何学研究物质现象时，数学规则不可能与物质完全契合，所以研究的必是在纯粹空间之中脱离了延展性的物质。

在用数学形式表示物理法则的同时对客观事物进行科学认知的时候，都有人为的痕迹。这种现象无可否认。我们通过传统的测量单位来进行研究，这与自然意愿没有关联。不管假设如何进行，也不可能将等量的温度的状态、水银的膨胀、气压的变化联想在一起。但又不能仅仅这么说。一般情况下，测量必然是人类活动，是用来在现实或是思维中将两个事物不断进行重叠。对自然事物既不能进行测量，也不能进行计算。物理学为了法则的建立，才对事物进行测量和计算，研究事物的量变过程。在某种意义上说，物理学取得了成功。物质在运动中发展到一个与空间等值的终极情况时，再进行测量、计算、推导函数变量，从而得出物理学的结论。而要进行这种发展，需要知识的延展。实际上，知识和物理的本质是一样的，也可以通过一样的方式产生，这就是知识与空间数学契合的原因。

十、认识论的无序概念

假设数学规则存在积极性，同时，物质内部又隐含着法则，这种法则与规则非常接近，就会产生完美的科学。我们不知道自然事物的原始基础，也无法确定它们的数量，所以要找到事物之间的相互关系是需要无比的运气的。如果不把物质放入既定的结构框架，数学形式的科学就无从谈起。所以，我们只能假设数学规则是消极的，数学规则表达的是一种趋向于中断的状态，而事物的物质性正是源于这种中断。根据这个假设，由于选取的变量的随机性，科学也成为偶然。只有不断对连续性的问题进行研究，才能取得科学上的成功。从整体上说，不同形式的选择都可以取得成功，因为就数学规则而言，自然事物本身并没有固定的系统；而数学表达的只不过是物质的发展趋势。举个例子，不倒翁的底部放置了铅块，所以不管将它怎么放置，不管是躺着、倒立着、扔向空中，它最终都会正面向上立起来。物质也是这样，无论从哪个方面进行观察，不论用哪种方法进行研究，根据物质中隐含的几何性，对物质的研究都会被限定在数学框架之中。

但哲学家一般不愿意根据上述参照来进行认识论的研究。他们认为数学规则既然是一种规则就不应该包含积极性。我们认为不管怎么说，这样的规则既然是根据中断的逆向规则产生的，那规则本身就是中断。有两种观点：一种是认为规则可能是子虚乌有的；另一种认为物质的数学规则即无序，是有着积极性的。我们再深入进行研究，就可发现无序的重要性。这个观点并不引人注意，但认识论正是从否定这个观点开始的。因为物质本体怎么会服从规则，又怎样服从规则，实在值得深究；而一般的认识论都否认规则的存在性。根据唯物主义的观点，客观的规则会将有序加之于无序的自然现象之上。唯心主义者则认为感知是多样的，正是感知的多样性经由人为的组织才造就了规则，而多样的感知本身是无序的。因为，我们所说的无序表达的是规则的缺失。首要的是分析无序的概念。哲学家们是根据日常生活中的某些现象来借用这一概念，就好像我们在日常生活中提到无序的时候会进行某种联想，而联想的正是某些事实的状态。

本书的下一章会告诉我们，要确定一个否定的概念，是十分困难的。而如果不研究这个问题，我们就会产生一些错觉，导致哲学研究难以进行下去。这是因为我们把物质短时间内的偶然表现看作必然，把实用性的程序带入了思辨的研究方法。比如说，我们随意地从书架上取出一本书，看了一眼之后，说："这本不是诗歌集。"然后就放回了书架。我们看到书上写着"没有诗歌"吗？显然不是。我们看到是一本散文集，但是我们自己想要找的是诗歌集。我们将自己想要的诗歌当作是函数进行表现，所以才会说"这本不是诗歌集"这样的话，而不是说"这是一本散文集"。相反的，如果我们想要找一本散文集，而取下的是诗歌集，我们也必然会说："这不是散文集。"我们的语言将视觉向我们展示的对象直接转化成我们思维所期望得到的事物。我们的思维所期望的都趋向散文这个概念，从而无法想到散文之外的其他概念。如果儒尔丹先生听到我们的这两句话就可能会据此推导出：散文集和诗歌集是书籍的两个专业术语，而这两个术语已经由一种既不是散文也不是诗歌的普通语言所表达。儒尔丹在谈到这些东西的时候，一定在思维之中联想到具体事物。但这些可能都不是真实存在的，只是从一些假象来研究一些假定的问题。比如，儒尔丹曾经问他的哲学教授："散文的形式和诗歌的形式是怎样通过既不是诗歌也不是散文的形式表达的？"他的教授回答说："是将这两种形式当作一种单纯的元素进行表达。"我们会发现，儒尔丹的提问是荒谬的，因为他同时否定了散文和诗歌这二者的实体性；他已经忘记了一个前提，那就是否定一个的同时通常是在肯定另一个。

十一、相反的两种规则

我们首先来假设存在两种规则，再假设这两种规则是同类中互相对立的。然后，继续假定我们本来是要寻找其中一个规则，却找到了另外一个，就会在我们的思维之中产生"无序"这个概念。这样一来，无序的概念就会在日常生活中有了具体的含义。我们的思维在遭遇不符合自己期望的规则、自己当前不需要的规则，或是某种意义上对自己无用的规则时，就会失望。无序的概念用简明的言语将思维的失望进行客观化。不过，这个概念无法用于理论研究。如果我们强行把这个概念用于哲学研究，就会使这个概念失去其原本的意义。这个概念表示的是某一种规则的缺失和另一种规则的存在。概念在两种规则之中交替出现，并往来不断。我们可以在往来的途中拦截这个概念，就好像我们可以在空中捕捉到在两个球拍中间来来往往的羽毛球一样。并且，我们也可以认为并不一定是两种规则中有一种不存在，而是两个规则都不存在。这个不存在是说它们仅仅是在语言世界中存在，而既不能被看见，又不能被感知。这样就产生了一个新问题：规则如何加诸无序之上？素材如何形成物质？只要对无序的概念进一步进行分析，就可以得出结论：这个概念其实什么都代表不了；而根据这个概念所产生的其他问题也就都不存在了。

实际上，我们要先将两种容易产生混乱的规则区别开，让它们处于对立面。由于规则的混乱经常会给认识论造成困难，所以区分两个规则的差异是有好处的。

一般来说，事物常常在思维之中被赋予某种规则。这样来看，规则是在思维中被发现的，是有着主观和客观一致性的。就像前面所说的，思维可以向着两个截然不同的方向发展。有的时候，思维会自然发展，成为一个紧张地、不断地进行创造的自由历程；而有的时候，思维又会逆向发展，如果发展到极致，就会不断进行扩展，将相互独立的各个要素互相联系起来，表现出几何性。根据惯例，我们会采用第一个或第二个方向，规则早就存在，因为无论哪种过程都被体现在思维之中。这样来看，混乱是自然产生的。而要避开混乱，就要理所当然地给这两个规则赋予不同的名称。命名的过程非常不容易，因为它们的形式多样而又富于变化。第二种表现着明显几何性的规则，我们可以用几何学来界定。通俗地说，当我们发现因果间的必然联系的时候，面临的常常就是第二种规则。这个规则使人联想起惯性、被动性、自动作用这样一些概念。而对第一种规则来说，这个规则经常是围绕着目的性来展开的，但又不能完全以目的性来界定它；因为它有时高于目的性，有时又低于目的性。它的最高形式是高于目的性的，因为对自由活动或是对艺术品来说，我们虽然可以把它们当作一种完美规则的表现形式，但我们只能在事情发生后用一种观念性的术语将其表达出来。生命整体也不过是相似的创造过程。假如我们把目的性当作一种事先存在的、预先设定的观念，那么生命就是高于目的性的。所以，用目的性来界定生命整体是不够的；而相反，用来观察个别生命现象，又显得太过泛泛。总体来说，又都是以生命为研究对象，而这个研究是为了确定生命的发展方向。所以，我们可以说第二种规则是无生命的、自然的规则；第一种规则是有生命的、人为的规则。另外，常识会本能地区分，又同时联系这两种规则。天文现象向我们展示了一种精妙的规则，所以，可以用数学的方法来预测天文现象。在贝多芬交响乐中，我们也发现了不逊于天文现象的精妙规则，而那是天才的、独创的作品，常人根本无法企及。

只有在特殊的情况下，第一种规则的表现形式才会非常明确。通常情况下，这种规则的出现，伴随的常常是与另一个规则的交叉特征。比如说，我们在研究生命的普遍进化过程时，人们会觉得运动的自觉性和发展方向无法确定。但是，我们在日常生活中接触到的生物和生物现象却是特定的。这些生命现象总是在重复与已知经验相同的状态和过程。再说，就像我们以往所知道的那样，原因与结果之间的发生过程总是相似的。这种相似对我们来说是分类的依据；根据这些相似之处，我们将世界上的生物个体划分成一个个的群体。无机物的分类与生物颇为类似。这样一来，在我们进行规则分类的时候，生命规则和物理规则的特性和功能就显得十分相似。无论是哪一种规则都可以使我们重复过去的经历，从而形成普遍思维。但实际上，两者的特征起源并不相同，甚至完全相反。在第二种规则下，几何学的必然特性是普遍存在的，并以一种极端的状态为基础。几何学的必然性决定了只有分力相同，其合力才会相同。相反，在第一种规则下，经常受物质的特性影响。因此，特性的介入，再加上各种复杂要素的影响，使得不同的原因也可以得到相同的结果。在第一章中，我们已经强调了同样的结构可以出现在相互独立的进化体系之中。浅言之，当人类的子孙与其祖先拥有相似的特性时，这种特性会将其他有生命的人类划分为一个群体，而这个相似的特性标明了人类的类型。产生一个因素是需要有许许多多的要素和原因通力协作的结果，若其中一个要素或原因有所差别，就不会达到原本的目的。思及于此，就知道生命原理早就监督着这些要素奋力前进，而成为思维的原动力。这种监督之力会查找过错，弥补疏漏，使事物沿着正常的轨道前进。通过这种比喻，我们可以发现物理规则和生命规则的不同之处。物理规则是许多相同的原因才能得到同样的结果；生命规则则是即使原因发生变化也能得到一样的结果。当然这只是一个比方。如果深入挖掘，就会发现这种监督之力其实是不存在的，因为缺少监督的对象。物理学或化学在研究原因和要素所造成的物体的变化的时候，要求这个原因和要素是具体的，并且数量是有限的。但是，如果同样地来分析生命现象，就会发现这个变化永无止境。进一步推测下去，许许多多的原因和要素出现在思维之中的时候，思维会希望模仿自然作用，但却难以达到自然作用的效果。这样看来，同样的事物，在同样原因的作用下，进行同样的变化得到的结果，其意义是不同的，而根源也有差别。不过，正是因为许多类似事件的发生，才使普遍分类成为可能。在日常生活中，我们总是希望遇到相同的事情和相同的环境，所以，我们在实际生活中关注的重点就是普遍分类。这样看来，第一和第二种规则在我们的行为中是因为有着同样的本质才会互相靠近的，所以不必再关注二者的区别。这种区别只有在思维领域才会得到关注。这样，就产生了一种认识，认为普遍的自然规则已经无时无刻不在控制着物质和生命。这样，我们就习惯用同样的术语来表示无机物当中的规则和有机物当中的规则；也习惯用同样的方法来研究无机物当中的规则和有机物当中的规则。

十二、类与规律

不管是古代还是近代，这种混乱都造成了难题。实际上，规律和分类的普遍性被当作了同一个概念，并用同一个术语来表达，从而导致了几何学规则和生命规则的混乱。大家都根据自己的想法，要么将分类的普遍性当作规律的普遍性，要么将规律的普遍性当作分类的普遍性。这样就产生了两个命题，一个是属于古代哲学，一个属于近代哲学。不过，无论哪一种哲学，普遍性的观点都是模糊不清的，因为这种观点无论是外延还是内涵，都不能将对象和要素对立统一起来。而这两种哲学都将两种规则等同起来了，而这两种规则又都更倾向于分析事物的变化。二者的外在接近，因此在实践上被同样的术语明确定义，却又难以在思辨当中被当作相同的定义。

实际上，古人所研究的不是自然为何要遵守规律，而是自然为何要根据规则分类。这个分类与生命研究中的客观实在对应，从而显示出遗传学的特征。并且，这个分类就只存在于物质个体当中，而生物体则有着自身的有机组织。也就是说，生物和物质是分开的。反过来说，我们靠知觉将无机物分成一个个物体。而知觉是受到物体之间关系和描述引发的反应影响的。也就是说，我们根据别人的描述做出的反应，是受到潜在的先入为主的影响的。所以，个体的分类是由半人为的行为所影响的，而这个系统依赖于我们即将针对事物所采取的行动。但古人仍然不假思索地将所有的分类放在同样的地位上，并赋予这些分类绝对存在性。世界上的物体一旦形成分类系统，规律的普遍性就转化成为分类的普遍性。在这个意义上来说，我们可以分析亚里士多德和伽利略的落体理论，这是相当有意思的。亚里士多德非常明确地区分 “高”和“低”、“自身的位置”与“借用的位置”、“自然运动”和“被动运动”。在亚里士多德看来，石头落下所遵循的物理规律，就是这块落下的石头回到了所有石头自身的位置，也就是大地之中。他认为，石头如果不在它自身应该在的地方，那它就不是石头。石头回到了它自身的位置，就像幼年的生物体长大成了成熟的生物体，从而成了石头这个类别原本的样子。如果这个观点是正确的，那么规律就会超脱思维的理解，我们也无法依靠知觉将物质分为一个个物体。如果物体和生物体的个性完全相同，世界上的物理规律就会接近分类之间的相互关系。我们就会知道，这样将产生出一种物理学，这种物理学使古人相信存在一种唯一的必然的科学，将涵盖宇宙万物，成为一种绝对统一，也就时常会用生命现象来对物质现象进行说明。

近代哲学之中也一样存在这种混乱。与古代哲学不同的是，近代哲学将规律和分类的关系倒置，不将规律归于分类之中，而是将分类归于规律之中。他们仍旧把科学看成是唯一的，却又不像古代哲学家那样认为科学是绝对的，而是将科学当作一个相对概念。值得注意的是，近代哲学当中，分类的问题已经不见了。我们所认识到的问题基本上都是围绕着规律。近代哲学是由于近代天文学和物理学大发现而发展起来的，所以，分类的设定必须遵守规律。对这一哲学来说，开普勒和伽利略所研究出的规律是理想的认识范例。规律是事物当中，或者说是事实之间的关系；进一步说，也就是用数学形式表现一个数是其他的某一个适合的数或变量的函数。变量的选择、函数的选择都是偶然的和遵循惯例的结果。不过，这样的选择需要或者说必须受到经验的影响。即便这样，规律依然可以说是一种关系，而在本质上，关系又是一种比较。知识可以同时表达许多事物的属性，而规律是具有客观实在性的。这个时候，这个知识并不是你的或我的知识。因为以规律为研究对象的科学可以说是客观科学，而客观科学又是蕴含在经验之中的，我们最多也只能从经验中提炼这些科学。比较可以不是个人的特殊行为，也可以是非个体的行为。同时，规律所代表的经验是一事物与他事物相互关联的经验，因而也就是比较的经验。这个经验通过知识传达给我们。这样看来，人类的知识是成为科学和经验的基础，而这样的观点已经隐藏在科学是由规律构成的这一观念里面。而康德的理论就体现了这样的观念。实际上，出现这种见解，正是因为混淆了规律和分类的普遍性。知识是事物与事物之间相互制约的产物，所以，事物是可以独立存在的。因为生物体的分类和规律系统毫不相干，因此，除了事物之间的关系，经验还显示出了事物之间的独立性，而我们的认知当中至少有一半就是与独立的事物个体相关，这已经不是认知构成对象，而是认知要遵守对象的规则。认知的获得是非常困难的过程，但是认知一旦契入对象，就成为完全契合的存在。通过进一步的研究，如果发现认知当中有一半能够与它相对的规则所表达的事物有关联，那么认知就不是一个相对存在。我们通常会用包含这种比较关系的事物来表达这种相反的规则，而这个事物就会趋向空间和几何学，成为一种适应于比较方式的形式。总体来说，两种规则的混乱就像存在于古代哲学之中一样，也同时存在于近代哲学之中。

我们已经详细描述了这个混乱的根源。生命规则的本质在于创造，但是上述混乱的根源并没有显示生命规则的本质，而是使生命规则成为一种偶然。这些偶然同物理学、几何学规则相似，都向我们展示了与物理学和几何学一样的重复过程，而在这样的重复过程中诞生了分类的普遍性。分类对我们而言是最重要的。而从整体上说，生命的发展就是不断进化和变异。但是，生命的发展只能依托于其所依托的生物体。数以万计的生物体在时间和空间中不断地反复，不断地创造出新的生物体，并不断生长、成熟。就好像书籍的出版过程，出版的时候印刷了几千本，还要再版许多次，而且还要不断进行修订。不过这种情况与前面所说的还是有所区别的。因为，用来重复印刷的模板是一样的，用一个模板印刷的每一部书都是一样的；但前一种情况中的同类的个体在不同的空间和时间中的不同节点，并不会完全一样。遗传行为不仅仅会遗传形态和性质，还会遗传使这些形态和性质进行变化的内在因素，而这个因素正是生命力的表现。所以，我们才认为，这种重复成为分类的基础，是物理规则中的必然，却是生命规则中的偶然。物理规则是自然的规则，而生命规则即使不是人为的，也是与人为有关的规则。

假如，我们可以时刻牢记人为的规则与自然的规则之间的差别，那么，就不会混淆两种规则的概念，认识论的这个主要难题也就消失了。

实际上，认识论的主要问题是科学怎样才能存在的问题，也就是在说为什么事物是有规则的，而不是无序的。因为规则必然存在，这是一个客观事实。但是，即便我们倾向于事物是有规则的而不是无序的，但无序仍然有存在的可能。因此，规则就成为一种隐秘的存在，令人敬畏。简言之，也就是当我们试图建立一种规则的时候，我们是在思维之中将规则看成偶然的，而不是在事物之中将它看成偶然的。我们不会去深究事物为什么不是偶然的。不过秩序不是一种强制，也不是一种附加，古代实在论就不会将观念强加在素材之上；近代观点论也不会设定知识会本能地组织起感觉的多样性。实际上，所有的规则都是偶然的，或者说被认为是偶然的。可它是因为什么而被认为是偶然的呢？

十三、无序与两种规则

不可否认，一种规则是偶然的，并且是通过比较它与另一种规则的关系时，才将其视作偶然。比如，诗歌与散文的关系是偶然的，反之亦然。不过，散文之外的所有表达方式都是诗歌，或者说被认为是诗歌；反之亦然。所以，世间万物如果不能归于一种规则，就一定属于另一种规则。不过，有时候我们并不知道自己真正要的是什么，只是通过隐约的感情来感觉思维之中的观点，就好像我们在平时生活中是怎样觉得无序的。想象一下我们进入一间房子，觉得这间房子无序的时候，我们是怎么表达的？所有物品之所以处在那个位置都是房间主人自身运动的结果，也可以说是家具、衣服等物体应该所处的位置的结果。这样看来，完全符合第二种规则，但是我们却希望符合第一种规则。这是人们故意运动的结果。总而言之，这是人为的规则而不是自然的规则。而且这种规则的缺失就是无序。实际上，两种规则，如果不是其中一种，那另一种就是存在的，并且可以被感知和思考。我并不在意第二种规则，而是只关心第一种。因为我认为第二种规则的表现并不是它自己的函数，而是第一种规则的函数，也就是无序。相反的，当我们联想起一种混乱的，物质世界失去法则规范的状态时，展现在我们脑海中的是什么？是随意产生和消失，失去各类规范的事情随处存在。起先，我们会根据自己的认知来看待物质世界，并且认为原因必会引起相应的结果。但接下来，我们会自己对世界进行增加或减少的改造，从而造成无序状态。实际上，我们用人为的规则取代了自然的规则。对于事情的产生和消亡，我们会用许许多多的人为因素来解释自然规则的消失。一个个人为的小意愿汇聚在一起成为人为的规则，而这些小意愿之上又有上层意愿。如果自己观察，就会发现上层意愿对小意愿的影响。而这其中就包含了我们自己的意愿，它使我们自己客观化为许多没有规则的意志。这些意志努力不把一样的东西连接在一起，也不让原因和结果协调。也就是说，我们自身的意志让一种简单的意愿掌握了这些小意志的集合。所以，这两种意愿此消彼长。我们可以分析运气这个概念，因为它与无序非常接近，我们可以从中找到相同的要素。比如说，我转动轮盘，就像受到了幸运之神眷顾一样，指针停在幸运数字上，让我赢了。也可能像是被邪恶之神“关照”似的，大风掀起了屋顶的瓦片，砸中我的脑袋。不管在哪一个例子当中，我们本来是要寻找一种应该存在的主观意愿，但是却意外发现了运气的存在。表述了这么多，也就是要引申出运气。对于许多现象随机发生的无序世界，我们可以认为当中是有着运气的影响的。这也就是我们期望出现的机械运动，却发现了许多意志甚至是命令的存在。这样看来，思维在给运气下定义时，竟意外地举棋不定。不管是动力原因还是目的原因，都没有办法给运气下一个准确的定义，而动力原因和目的原因的缺少又让思维产生焦虑。不管是怎样定义，每种原因都将思维推向另一种。我们根本没办法解决这个问题。如果我们把运气当作一种纯观念，则这种观念不受感情的影响。而实际上，运气只是一种客观化的心理状态，就好像人们希望得到一种规则，遭遇的却是另一种。所以，运气和无序是一种相对概念，如果将其视为绝对的，那人们就会迷失于两种规则之中，明明希望到达一种规则，却误入另一种规则。有的时候，人们认为没有规则的存在，但却发现两种规则都出现了，而且会出现哪种规则完全不受思维控制。在事物当中，或者在事物的表现当中，我们可以将无序当作规则基础；由于无序涵盖了两种规则，再由两种规则相互制约而成，所以这种假设可以存在。

但是，我们的知识却在发展，并且强行把无序当作是规则的缺失。当然，知识只是用术语或术语的组合来达成这个目的的。如果知识想用术语来表达这个观念，即无序一定是在否定某种规则，但是知识却因此发现，在上述否定中却隐含了对逆向规则的肯定。但是，我们其实并不关心，或者说不注意这种肯定的出现，甚至是为了规避这种肯定而恢复第一种规则，再否定第二种规则。我们并不认为知识是要统一多样性。尽管许多人认为不统一是不现实的，统一是可以实现的，但这种言论于事实并无任何益处。我们已经考虑到这种不统一，才会用言语表达出来。如果对现实所展现的观点进行分析，就会发现，思维在遭遇自己所不期望的某一种规则时所表现出来的失望情绪；或者是思维在两种规则之中举棋不定；又或者是我们给一些有特定含义的词语加上否定的前缀而成的空洞术语。而这些分析常常被我们忽略，因为我们不愿意去区分两种不能彼此相容的规则。

实际上，就像前面说的，所有的规则都显示出偶然性。对两种规则来说，我们可以把这种偶然性解释为一者在与另一者的关联之中显示的偶然。当我们发现几何学的规则的时候，生命规则也显现出来。而生命规则，也可以是几何学规则。但是，我们把规则看作是同样的，它包括几何学和生命规则的方方面面。我们认为，特定规则永远是偶然的，而这个偶然性使得此规则不会与其他规则相互关联，而这个规则的偶然性就存在于这个不相关联之中。换句话说，这个规则与规则的缺失进行关联的时候，就是偶然的。正是因为规则的偶然包含于此状态之中，我们就认为自己已经在注意这种状态，而这个偶然的存在性就是必然的。这样，我们就形成了一种层次，最顶端的是生命规则，紧接着是范围和复杂性稍有降低的几何学规则，再下面是规则的缺失。而规则就是从无规则状态慢慢积累起来的。所以，我们就会觉得有一种不连续的感觉，而这个感觉即使无法触摸，也可以被思索。我们意识到某一规则的偶然性是其逆反规则的表现，进而创立两种正、反相对的规则；然后，我们会发觉两种规则之中没有中间的衔接层，也不能降低规则的层次而成为一种不连贯的存在。我们所说的不连贯只是一个没有具体意义的术语。即便我们想赋予它某种意义，也是建立在两种规则的基础之上，而无法超脱规则存在。我们不会觉得不连贯存在于前，而几何规则、生命规则产生于后，然后思维再在两个规则之中感受到不连贯。这样一来，认为无序在先、规则在后的说法就是错误的，而错就错在先肯定了论点再进行推论。因为我们在假设一种无序状态的时候，就预先肯定了一个规则，甚至是两个规则。

上述分析十分冗长，它的必要性就在于显示世间物质借助逆反作用从紧张状态向扩展状态、从自由状态向机械状态的发展。我们已经通过意识和感知了解了二者之间的关系，但这远远不够。几何学的规则只是否定逆向规则，所以比较浅显。但要证明这一点，就要明白这种否定常常就是转化，所以要证明否定，只要证明转化就行了。在现实生活中，我们会用一种表达，这种表达会使我们误解现实事物或精神事物的产生。我们曾经表达了逆转的成果，而现在我们还需要表达这种逆转过程的细节。这样，逆转结果和终止原因就等同起来。但是，这种理论所说的将紧张状态放松为扩展状态，究竟指的是什么呢?

十四、创造和进化

我们之所以把这个原理叫作意志，是因为找不到更适合的术语来指称。不过，这个意志并不是个人身上的那种狭义的意志。个人的意志，是其在空间的某个具体位置的特定意志。就算在普遍意义上个人的意志符合我们所研究的原理，但是也相当容易逆向转移，摇摆不定。就像前面所说的，知识的本性就是前顾后盼。为了使我们的意志与原理契合，它就要摆脱现有的状态，而成为发展后的状态。我们必须努力观察自身，让意志和行为结合，而这种努力的过程才刚刚开始。我们在自由行动的时候，凝聚我们全部的存在以推进这种行动，就会略微领略意志的动机和突破力。甚至，我们会捕获意志的这种动力和突破力二者转化为行动的过程。不过，我们很难感受到纯粹的意志，就好像是在流动的水中一样，只能在擦肩而过时略有感触。虽然这种感触非常短暂，但我们仍然努力地去把握。这个时候，我们就能把握个体的一小段意志。就像研究物质原理一样，通过不懈努力，我们就能经由直觉研究出生命原理，而且很有可能获得生命的真谛。在历史的长河中，就有这方面的例证。辩证法的存在，就是使直觉在正确的道路上转变为概念，为人们所用。不过，直觉只有在辩证法的基础上才能得到正确的结论。事实上，它们二者并不相容。虽然，辩证法是观念和观念的结合，却容易摒弃直觉的存在。哲学家们从直觉获得突破力的时候，为了持续的运动，就不得不发挥自身的力量，而抛弃直觉。这样，哲学家的研究根基就发生了动摇。他们摒弃了之前所构筑的大厦而寻求新的立足之处。也就是说，辩证法是为了消除思维的矛盾，而这会产生许许多多的发展方向，而通往真理的道路只有一条。假如，直觉不是短暂的而是持久的，那么直觉就不仅能使哲学家自己的思维统一，还能使哲学家们之间的思维统一。现在的直觉是一种稍纵即逝而又残缺的瞬时状态，但是假如它能被纳入某种体系当中，就会具有相当的价值。而且持久和普遍化的直觉，能给我们指引正确的方向，达到所需的哲学目的。为了这个目标，哲学只能在自然和思维之中不断奔波。

十五、物质世界

我们在自身的存在之中找到意志，再寻求意志的本源，就会知道世间万物是在不断地发展、不断地创造。而我们的意志产生了这样的奇迹。人类世界经常会出现发明创造，而这是人类自发地根据意志进行的自由行为。这一行为给世界带来了新生事物。当然，这种创造更多的是变现在形态上的，而不是超脱事物之外的。我们自己并不能成为生命的河流，我们只能在这河流之中顺流而下，并推动这河流的发展。不管是天才的创造还是普通的创造，我们都需要绷紧神经，因为单单依靠材料的堆积是无法达成目的的，我们需要对先前就已经存在的各类素材进行合理的组合，使它们以一种合理的形式继续存在于组织之中。如果这个创造活动停止之后还能产生素材的话，那创造物质就成为不可能也不应该可能的行为；因为正是我们通过内在性质进行的创造而丰富了产生的事物。就好像艺术家可以创造出完美的、独创性的画面，而他们创造行为的停顿或中断会使这完美画面的产生成为不可能。如果创造的过程终止了，纯粹的形态的创造就会转变为物质的创造。我们回想一下所说的问题，如果我们要写一首新的诗作，只需要用这些固有的文字，而不必去创造新的文字。但是，诗人的诗作，极大地丰富了人类的精神生活，这是人所共知的事情。诗人的这种创造也只是一种单纯的精神行为。这个创造活动如果停止了，就会成为一种分散的语句，语句再分散为词语，这些词语则和原来既有的词语汇聚在一起。但是，这样一来构成物质世界的原子就会越来越多，这是与我们的思维原理不相符合的，和我们过往的经验也是互相矛盾的。不过，有些存在是属于不同的规则的；它们和一般原子不同，就好像诗人的思维和一般词语完全不同一样。我们不得不承认，这种存在会由于突然的增加而变大。这些增加的东西自成一体，我们象征性地用原子的排列来表现它们。

实际上，我们之所以认为世界神秘莫测，是因为我们认为世界是一下子形成的，也认为物质世界是亘古不变的。不管是研究创造天地还是先天物质，我们研究的都是世界整体。我们会在下一章具体讨论这种思维惯性的缺陷。不管是唯物主义还是唯心主义者，都存在这种偏见。根据这种观点，物质活动并不会真正的延续；同时，不管是纯精神或纯物质，都不可能在时间这个生命素材中存在，它们会脱离时间而存在于一瞬。所以需要设定物质的多样性永存，或者是设定创造物质的多样性为永恒，这种设定就带有了神圣性。不过，一旦消除了这种偏见，创造的概念就会更加明晰，它会与成长的概念等同起来。这样的话，我们就不得不说到宇宙。

为什么要讨论宇宙呢？我们知道，宇宙是由许多恒星系组成的，这些恒星系和我们所处的太阳系相似，而这些恒星系又不是绝对孤立的。太阳系中的太阳将光热投射到最远的行星外面，而整个太阳系又像被什么吸引一样，按照一定的方向转动。这样一来，这些体系就会产生一种联系。当然，相对于一个体系内的联系来说，这种体系之间的联系相对松散。所以，太阳系的孤立并不是我们为了自身方便的人为行为，而是自然使然。使所有生物得以生存的并非其他，而是它们所在的这个星球，以及为这个星球提供能量的太阳。只要能够进行思考，就可以在世界之中运用物理法则，并把法则延伸到相对孤立的世界。但是，我们并不认为将物理法则推广到整个宇宙是有意义的，因为宇宙并不永远都是以现在的状态存在，而是会不断进行发展。宇宙会由于新体系的产生而开始不断壮大。

能量守恒定律和能量递减定律是科学中两种最普遍的法则。我们不妨在整个太阳系内推广这两个法则，并将它们限制在一个相对封闭的系统，就像限定在其他相对封闭的系统一样。这样会产生什么结果呢？我们必须注意到，这两种定律并不是形而上的。前一种定律由于和量的概念相关，所以相对地要受到人们的测量方法的影响。根据这个定律，在一个封闭的系统中，能量的总量，也就是运动能和潜在能的总和是不变的。假使世界上只有运动能，或者是没有运动能而只有潜在能，那么这种测量虽然是人的行为，但这个法则就不会因为人的测定而带有人为的特征。能量守恒定律是指事物的能量会保持固定的量。但在实际生活中，能量的性质是多种多样的。我们根据能量守恒定律选择测量能量的方法。传统单位在这个定律内占有相当重要的地位。因此，同一个系列的各种能量会连带进行变化，而要推广能量守恒定律，就必须选择适合的测量方法。因此，当哲学家在整个太阳系内推广这个定律的时候，就必须要先描绘定律的轮廓。这样一来，能量守恒定律就会表现出一种变化和反变化相制约的现象，而不是作为一种定量的客观存在。换句话说，能量守恒定律就算是能运用于太阳系之内，也只能说明太阳系内一物和另一物的关系，而不是太阳系这个整体的性质。

对于第二种能量定律来说，情况就有所不同了。实际上，能量递减定律与量的概念无关。根据卡诺的理论，这个定律原本是根据对温度计的度数所进行的观察。但克劳修斯则用数学术语概括了这个原理，他用“熵”这个概念使定律得到普遍推广。这样一来，就可以更加精确而易于推广。即便没有人去测量物质世界的能量而创出能量递减定律，这个定律也会隐含在世间，并以一定的方式表现。实际上，这个定律表现的是物理的变化会降格成为能量的变化，而能量普遍存在于物质之间。假使这个定律存在的方式就是这种不精确的形式，那它就不会需要依赖任何以往的经验。这个定律在物理学中是最形而上学的，因为它可以直接表明世界的发展方向，而不依赖任何媒介和人为的测量方法。根据这个定律，我们可以见证两个不同物质的差异逐渐减少，直至降到最低。在太阳系中存在着的多种多样的变化是因为事物的不确定性，但这种不确定性会逐渐减少；而在各组成要素的振动和不断的交替往复之中，又显示了安定性。就好像人类储存了许多能量，最后，如果不将其转化为外在行动，就只好将它转化为心肺的呼吸和跳动了。

从这个论点出发，我们生存的太阳系就是在一个不断地消耗它所储存的变动力的世界。开始的时候，它拥有可使用的能量的最大值，而这种变动力却在持续减少。为何会这样呢？我们可以假设这是因为外部的一处带来的影响，但是困难只是略为减少，而变动力的外部源泉没有消失，从而引发了一样的问题。我们可以在世界当中转移变动力，而它的数量是无限的；世界当中的变动力，其总和也是无限的，所以，我们没有必要去寻求这种变动力的来源，也无法去寻求它的结果。我们没有办法去反驳这种假设，也没有办法证明它。不过，说到宇宙的无限性，就是同时认为物质和空间的一致性，以及物质的组成部分的相对独立性。这个问题，我们已经在前文讨论过。物质各部分之间是相互影响的，而我们说过这个观点和上述观点很难相容。我们可以据此再次假设，普遍的不稳定性正是产生于其稳定状态，我们所处的时代之中可利用的能源正在逐渐减少，而这能源在之前的时代却是逐步累积的。这种累积与减少会无限往复循环。就像近代科学所明确证明的那样，我们可以在理论上肯定这种假设。但是，奥地利物理学家波尔茨曼认为，这种可能性用数学方法计算的结果则是不存在的，而实际上其不可能性也在趋于无穷大。实际上，从物理学的角度，这个问题也很难解决，因为物理学家没有办法把能量和核子结合起来，而且核子是有着延展性的。即便把核子当作一个个小的能量储存空间，可它还是处于外部空间之中。而如果物理学家在空间之外寻求能量的本源，那么他就背离自己的身份了。但是，根据我们的观点，只有在超脱空间时，才能寻求能量的本源。

十六、生命起源和发展

我们首先用抽象的方法思考空间的延展性。就像前面说的，紧张状态终止之后表现为延展性。所以，我们必须要观察具体事物是否满足延展性的条件。而这些事物遵循的规则就是自然法则。这种规则自动产生于其逆向规则被否定的时候，而这种否定又产生于意志的逆向。我们可以从事物的发展方向了解事物的观念。显而易见，这就是事物的本质之一。这样，我们就可以知道事物的形成过程，其方向是同物理过程完全不同的。这样，这个形成过程可以被看作是非物质的存在。我们所观察到的物质世界，它的形象就好像是不断减少砝码的重量。不论我们从事物当中得到什么样的形象，都不可能让这砝码增加。但是，如果我们只研究具体事物，或者是不研究普遍对象，而只研究对象当中的具体事物，那我们就会更加相信这个结论。

所有的研究都表明，在物质走下坡路的时候，生命都会努力逆转这个过程。所以，研究就表明了一种可能，甚至是必然，通过物质的逆转过程的终止而创造物质。表面上看来，地球上的生物已经通过进化与物质联系起来。假如我们把生命看作一种纯意识或超意识，则生命有可能是一种纯粹的创造。实际上，生命已经和生物体不可分割了，而生物体的存在让无机物的普遍规律可以作用于生命。但生命会尽力抵抗这个规律。卡诺原理就规定了物质的变化方向，而生命却没有办法逆转它。但是，如果我们让生命自由发展，就会有如神助般的产生一种可以逆向发展的绝对行为。就算生命没有办法阻止物质的变化，也有办法去减缓物质的变化。就像前面说的，有一种原始的突破力存在于生命的发展过程中。对植物来说，这种突破力可以发展光合作用的功能；对动物来说，这种突破力可以发展其自身的感觉—运动系统。这种突破力可以使生命行为更为有效，就好像使用了强力炸药一样。这炸药并不是储存的太阳能，但又会是什么呢？如果将太阳能进行储存就会暂时避免能量的减少。爆炸会瞬间消耗掉炸药中储存的能量。而如果没有有机物作为储存空间，就无法防止能量的逸散，从而降低损耗。生命之所以会是今天这个样子，正是由于它之前所有的互补趋势消失了。按照目前的状况，生命已经完全依靠植物的光合作用存在。换句话说，如果按照原始的突破力消失以前的生命来看，生命就好像是能量的储藏室。能量如果离开生命就会消失，又没有办法像动物那样通过行为瞬间消耗，所以只能通过植物的光合作用加以储存。生命没有办法让砝码的重量停止下降，但可以努力使这个下降过程延缓。在这个过程中，生命让我们看到增加这个砝码重量的现实意义。安德烈·拉朗德在他的著作中提到，世间万物都趋向死亡，而生物的短暂抵抗于事无补。但是，从无机物的角度，我们是否可以在整个宇宙中推广太阳系的研究结果呢？旧的世界死亡就会诞生新的世界。而在生物世界里，个体的消亡并不代表普遍生命的减少，也不能将之看作是生命的必然趋势。我们再三说到，生命在许多方面不懈地努力，但是却不愿意想办法延长个体的生命，来达到整体的无尽，好像个体的消失正是为了普遍生命的延续一样，或者说是为了普遍生命的延续而甘于奉献。

我们可以想象有一个容器，里面充满高压蒸气。容器内侧出现了许多裂痕，蒸气就从这些裂痕中喷出来。蒸气喷入空气之后，基本上都会凝结成一个个小水滴落下来。而这凝结和下落的过程仅表示某些东西的消失、中断和亏损。但是，在喷出的蒸气当中，有很小的一部分仍然存在，它们在短时期内尚未凝结和落下，而且它们还会努力去阻止其他水滴的下落。就像这个例子一样，在庞大的生命容器中也会不断喷出类似蒸气的东西，它们落下之后即成为一个世界。这个世界的生物不断进化，但是，仍有一部分未凝结的会努力去阻止这种进化方向。但我们还是不要这样来打比方好了，因为这样的比方充其量只是给我们一些形象化的意思表示，而且用得不好还会引起误解。在蒸气的例子里，裂痕、喷出蒸气和落下水滴都是明确的，而物质世界的创造却是一种不确定的行为，生命在世界内部的进化方向也是不确定的。我们可以想象一下自己举手的行为，如果不用力的话，手就会自然下垂，但是活动的意志会尽力让它完成举手的动作。我们可以通过这个自我抵制的创造性行为的形象，来推导物质的形象。这样，我们就可以在生命的行动中发现逆向运动中残留的倾向，也就了解了物质解体而形成物质的过程。

我们在研究创造的时候，如果硬要区分创造者和被创造者，那它们的内涵就很容易被混淆。这就是我们研究的惯性，也是知识不得不为之的结果。在下一章中，我们将会专门论述为何会产生这种错觉。知识在本质上是为了实践，与其说它表现了事物的状态，不如说它是为了表现事物的状态才产生的。所以对于知识来说，这种错觉是自然发生的。我们会将观察到的事物的状态转化为思维感知，而在这感知中并没有事物而只有行动。具体说来，就好像我们自己所在的这个世界，整体被严格地组织起来，会自动地在自我消亡中进化；而生命从整体中分离出一些意外的形式，会在运动中自我发展、自我完善。我们可以相信，在其他世界中的事物也会经历同样的发展，就好像我们的世界一样。或许这些世界不是同时形成的，就好像我们现在仍观测到许多星系尚在汇聚形成过程之中。不管这个行动是趋向分解或是恢复，这种大致上的相似使得相似的行为不断发生。我们会觉得很多世界，就好像火箭发射升空一样，从一个点发射出来。而这个发射过程并不是单一的，而是不断地一个个喷出。造物主就是不停地喷射生命、行动、自由。这么一说，创造过程也就不隐秘了。我们在自由的行动中体会创造的过程，如果认为新生事物会产生一个现有的事物，这是不可能的。现有事物是我们从知识当中总结出来的，而实际上，这个事物并不是实体。所以，如果认为事物会自我创造，就是让知识超出原本所能。这是一种空洞又毫无用处的矛盾观点。我们可以在行动中观察，发现行动会随着自己的发展过程而进行创造。知识会在瞬时中断这个过程，从而构成各种事物。我们将中断得到的碎片进行比较，会发现一些隐秘的东西，如果与这个过程相关，就会显现出来。不单这样，如果在生命形式的活动当中创造各种各样的形态，也会显得非常简单。在遇到如此多的复杂生物体并对它们进行复杂的分析和综合的时候，我们的知识不得不退让。很难相信，物理学和化学的简单变化会产生这种奇异的作用。即便有着深邃的知识体系，我们又会怎样解释让非物质的形式来影响非形式的物质呢？这个问题的根源是我们是用静止的观点来看待完成状态、按序排列的粒子，也是因为我们用静止的观点来组织和装饰这些粒子存在的原因。实际上，生命是一种运动，而物质是逆向运动，它们都是单纯的运动形式。不可分割的流动物质形成了世界，而贯穿于物质之中，由生物体组成的生物也是不可分割的。在两个流动过程中，后者是前者的逆向，而前者却从后者中获得了需求。这样，两个流动共存的形态就产生了，也就是组织。我们用感觉和知识，会发现这个组织的各部分于时空之中是相互独立的。在经历数个时代之后，整体的突破力让个体和种属之间相互结合，从而形成生物系列，成为一个巨大的浪潮奔腾于物质的河流。但是，受制于我们的知识结构，我们常常忽视这种突破，而把一个个个体看作分子和事实的集合体。为了对物质进行作用才形成了知识，同时这也是为了将实体在流动的瞬间中断。这些碎片会根据其固定性被再次分割。知识会在两种解释中选择其一，是因为它认为生物体中存在彼此独立的局部。而这两种解释，一种是将复杂精巧的组织当作是许多偶然的集合；另一种是认为不可分割的外力作用将组织集合在一起。不过，不管是前者的复杂性还是后者的不可分割性，都是知识作用的结果。外部的作用使知识成为既有现实的掌控者。因此，在用知识的观点进行观察之外，我们还需要用思维来观察。换句话说，我们要用自我意识喷发所产生的行动直觉来观察。所有的存在都会回归或转化为运动。知识把运动的过程看作是固有的存在，再据此展现出无比复杂和精巧的规则。但是，就好像火箭发射抛弃燃烧壳，穿过重重烟雾开辟出一条通路一样，我们会看到一个自我解体中自我形成的简单过程。

十七、生命的进化过程

根据上述观点，就能够更加明确地、完整地观察生命的进化过程。我们可以清楚地区分出生命进化过程中的偶然之处与本质特性。

创造的需要中就存在我们所说的这种生命的突破。由于物质的运动与生命的运动逆向，而它们又会遭遇到一起，所以生命的这种突破不能用绝对之法制造出来。但是，生命用许多必然性的物质进行突破，并且努力在其中引入不确定性和自由。那么，这个突破是怎样进行的呢?

就像前面说的，高等生物大多有神经系统，其中包括消化系统、呼吸系统及循环系统。消化系统、呼吸系统和循环系统会通对感觉—运动系统进行清洁和维护而使其在外部环境中立足；此外，它还为感觉—运动系统提供能量进行消耗。这样看来，除去偶然因素所造成的个别例外，生物体会越来越复杂，这是因为从理论上来说，神经系统会越来越复杂。在生物体当中，一部分的存在需要依靠身体其他部分的集体配合；所以，如果有一部分变复杂，那么其他的部分也会跟着变复杂；这样，复杂化就带有传染性。神经系统的复杂化会影响其他系统的复杂化，不仅在实际上如此，在权力上也是如此。但是，神经系统本身又先进在什么地方呢？由于自动活动给自愿活动提供工具，而它们又共同发展。所以，在人类这种生物的脊髓和延髓之中有着非常多的运动系统。这些系统只要接收到指示就会做出对应的行动。意志有时候会全力构筑这样的系统，有时候又会进行选择。选择运用什么系统或是系统组合？什么时候启动什么系统？动物的意志中可供选择的系统越多，运动道路的岔路就越繁复；那么，此动物的脑神经就越发达，意志就越坚强。这样，神经系统就会发展得越来越精密、丰富，独立、高效。就像橡皮泥可以随意变换形状一样，生物的行为也已经越来越像一种可以随着新增活动不断调整的机械运动。不过，在神经系统出现之前，甚至是在高等动物出现以前，原始生物变形虫已经显示了这种特性。高等动物的神经系统的调整功能，在变形虫身上，就体现为借助变形分担负荷。由于不需要像高等生物那样进行复杂的工作，所以变形虫的行为方式十分简单。协从系统也没有必要为运动系统传递能量以供消耗。这种生物用其整体来消化有机物维持自身运动。这样，不管是在最高等的生物还是最低等的生物身上，我们都可以发现生命的两大特征，一是储存能量，二是通过媒介在各种各样的行动中消耗能量。

但是，能量是怎么来的呢？其实就是来自所吃的食物。食物就好像炸药一般，一经点火就会将其中的能量释放出来。那么，又是谁制造了这种炸药？有的动物从其他动物身上吸食营养，这时食物就是动物的肉；如此类推下去，我们会发现食物最终还是植物。因为只有植物才能从太阳上吸收能量。动物不是直接从植物身上汲取太阳能，就是利用其他动物来间接地汲取植物中的太阳能。但是，植物是怎样吸收太阳能的？毫无疑问，是通过光合作用。这种作用是一种特殊的化学反应，人类还没有办法真正理解它。这种作用区别于我们在实验室所做的其他化学反应。光合作用是通过留住二氧化碳中的碳原子来储存太阳能。就好像让人把水搬运到高处的容器中来储存能量；水到了高处以后，就可以随时通过水车等工具转化成能量。被固定的碳原子就好像被运到高处的水，而二氧化碳是氧原子和碳原子结合而成的；只要触动条件，使碳原子与氧原子再度结合，其中储存的能量就会恢复到原来的状态。

这样，不管是动物还是植物，所有的生命体都有一种努力的本质，也就是努力储存能量，再让这能量通过一定的方式释放出来。生命为了建造这种方式做了大量的工作。生命的突破力一旦经过了物质就会做出这样的努力。如果这种突破力是无限的，又或者有其他因素的帮助，就能完成这工作。但是，突破力是有限和单一的，这种突破力所产生的运动会逸散和分化，再加上阻碍重重，使得突破力无法冲破阻碍。生物世界的进化过程就是经由这些斗争推动的。一开始，最大的分化就是分为动物世界和植物世界。它们之间相互补充却又相互冲突。植物所储存的能量是为了给自己消耗，而不是为了动物。但是，植物在消耗能量的时候没有办法持续消耗或集中消耗，其效率也较低，所以没有办法负担原始冲动力进行自由活动所需要的供给。一个生物体没有办法承担双重工作负荷，即用一样的力量，一方面，在慢慢地进行能量的积累，另一方面，又利用能量。所以，虽然外界对生物体的影响不大，但是因为受到双向作用的影响、原始突破力的趋向和物质对这种突破力的抵制，生物体便分别趋向植物和动物。在这个大分化的基础上又产生了很多另外的分化，这些分化在偶然中造就了生物体的进化。当然，也造成了一些退化和停步。我们要知道，每个种类的生物都要超越自己才能发展，就好像普遍的生命运动一样。这些生物都为自身的发展考虑而无暇顾及其他。这样，自然舞台上就诞生了许许多多的争斗，迸发出炫目的碰撞。但是，造成这些争斗的并不是生命原理本身。

这样看来，偶然性在进化过程中占有非常重要的地位。进化采用或创造的形态，基本上都是偶然性的。原始趋势分化成为一个个互补的趋势，然后形成进化体系。但是原始趋势的分化也是偶然的，它受到随处可遇的各类障碍的影响。此外，不管是退化、停止，还是适应，都是偶然性的。只有两点是必然的，一是能量的慢慢积累；二是让能量自由地按照各种变化的、不确定的方向进行流动，而这个流动的终点是自由行为。

在地球上，这种双重成果的出现是特定方法的作用结果。但是，这种成果的获得并不是只有一种手段。对生命来说，值得注意的并不只是二氧化碳中的碳元素，最重要的还是储存太阳能。生命虽然需要太阳光从而分解出氧原子和碳原子，但是如果不是借助太阳光分解氧原子和碳原子，则很有可能分解另外一些化学元素。这在实际上虽然困难重重，但在理论上却是可行的。而这就需要用另外一种物理方法来使元素分离或结合。还有，假如为生物体提供能量的元素标准不是碳，而是其他元素，那么创造物质形态的元素标准也有可能是氮或是其他元素。这样一来，生物体的化学成分就和现在的有了很大差别，所产生的生物形态也与现在的形态迥然不同，它们的解剖构造和生理特性也会极不一样。特别是神经系统，就算不在构造上，也会在功能产生差异。如此一来，其他星球或其他星系也可以有生命在进化不止，不过，我们无法得知他们的生命形态到底是怎样的。我们可以对其进行推理，由于物理条件的差异，想必他们的生理特征和我们天差地别。假如获取能量，并进行突击消耗是生命的本质目的，那么和地球一样，其他星球或星系中的生命，应当也会采用类似的方法延续生命，以适应不同的外在环境。通过推理我们知道，如果认为外在环境和现在的地球不一样就没有生命的产生，这个观点是相当谬误的。实际上，根据卡诺定理，能量进行下滑的时候，只要有相反的阻力来延缓下滑，生命就可能存在。换言之，生命会存在于所有星球的世界中。此外，并不一定是生物体的形态才能有生命，也就是说生命并不一定表现为一个固定的身躯。身躯只不过是给能量的转化提供一个载体，这个载体虽然可以有一定的变化，但大致是确定的形态。通过想象，我们知道能量是先储存起来的，然后经由未知物质在传递中逐渐消耗，而在此过程中，能量经由储存和释放的过程而彰显生命的本质。这种状态模糊的生命体和我们已知的生命体大不一样，就好像我们在梦中的心理状态和清醒的时候也大不一样。如果一个星球的物质进行逆向运动而产生出生命的爆发，那我们所在的地球上的物质在生命体出现之前，也定是如此。

这样，我们就会发现生命是以与我们现在所知道的样子完全不同的外形出现，或者说会展现出全然不同的形态。即使是化学基础不一样，物理条件不同，但是突破力是一样的。不过，这种突破力的分化方式会产生极大的变化。总体来说，突破力会走上完全不一样的旅途，这旅途可能荆棘密布，也可能阳光灿烂。不管是整体生物系列的哪一个条件，都会与现在的完全不同。但是，这些条件为何要存在呢？在一个唯一的躯体上产生了独一无二的突破，而这个躯体为什么不可以一直进化下去？

我们产生这种困惑在于我们把生命当作这种突破。在物理世界中，没有一种形象能够比突破更能接近生命的观点，因此我们只能用突破来形容生命。实际上，生命要遵守心理规则，而心理规则本质上包括许多相互渗透的错综复杂的多元性。但是，有且只有空间当中才会存在这种确定的多元性。在空间里，一个点绝对是在另一点之外。不过，只有在空间中也才会存在纯粹的单独的一个点，这是数学的单一性。因为知识和空间性的交叉联系，所以，抽象的多元性和单一性被空间所制约，这是知识的范畴。不过，有些心理上的对象既不符合空间性，也没有办法用知识来解释。在某个瞬间，我们的人格是单一性的还是多元性的呢？如果说是单一性的，就会有个内在声音在小声抗议，它认为我们的感觉、感情与状态都是多元的人格分化。但是，如果认为我们的人格是多元性的，又会出现抵制的思维，它认为我们的感觉、情感和思维都是自己的整体人格的具体表现，这些所有都包含在整体状态之中。这样来看，我们是多元的单一，又是单一的多元。我们只用适用知识的语言来形容，因为只有知识才具备语言。不过，多元性和单一性都是知识根据我们的人格所展现出来的。我既不属于单一性，也不属于多元性，更不同属两者。只有将单一性和多元性合而为一，才能略微体现个人的基础联系和延续。这是我们的内在生命特点，也是普遍生命的特点。在接触物质的时候，可以将生命当作一种冲动力或者说是突破，并且会发现生命就是无尽的潜力和数以万计的相互渗透的趋势。而所谓的数以万计是指这些趋势相互独立为空间个体的时候。这种独立过程就发生在接触物质的刹那，物质中隐含的无数个体独立开。这样说来，个体的独立有的是因为物质作用，有的是因为生命本身的内在结构。就如诗的每个章节、句子、字词都鲜明地表达了一种情感，而诗的情感生来就包括多种多样的组成部分。但是，创造这些部分的却是物质性的语言。

诗的整体灵感就流淌在组成诗的字词、句子和章节之中；与之类似的，生命也存在于相对独立的个体之间。趋向整合之力会对抗分化个体的趋势，而个体就存在于这种相互作用之中。就好像生命的单一性被吸引发展成为多元性，又竭力回归单一。各部分分离出去以后，又希望聚合起来，并在这个过程中得到自我完善。而生命在多样单一性被吸引成为多元性的过程中，又趋向于收缩。部分从整体分离之后，又希望归于整体；它们即便不能够再回到当初的状态，也会努力跟其中一部分结合。这样，在所有的生命领域里，个体和整体之间就达到一种平衡。个体联合成为群体，而一旦形成群体之后，就会让原来的个体融入新的有机体当中，从而变成一个新的个体，也就是群体成为个体的过程。这个新个体又相互联合构成新的联合体。在最低阶的生物当中，我们依然发现了微生物群，这是真正意义上的联合体。瑟科夫斯基在《生物学年鉴》中提到，这些联合体呈现出一种通过分子的形成而成就个体的趋势。同样的趋势在高阶一些的生物——原生植物当中也是如此。原生植物通过细胞分裂脱离母体之后，覆盖在它们表面的胶状物质会将它们仍旧联系在一起。原生动物亦如此，它们之间通过伪足混合而成为一体。而对于高等生物来说，群体的概念已经是人尽皆知的事实。如此说来，单细胞组成的原生动物聚集起来成为一些联合体，这些联合体相互靠近又成为新的联合体。这样，极少有分化的生物体相互联合起来并产生越来越复杂、越来越多分化的新的生物体。这种极端的学说造就了许多质疑者，而越来越多人认为生物的许多现象是偶然的结果。从表面上看，高等生物似乎都是由不同的细胞承担不同的分工并联合而成的。但实际上，有可能并不是细胞通过联合创造了个体，而是个体分化成为一个个细胞。昆斯特勒、德拉日、赛德维克、拉贝等人均支持此种学说。布斯盖在其著作《生物体》当中作了详细论述。这样我们就知道了，社会性存在于个体之中，个体性和社会性相互结合，产生分化的动力，从而促使个体的发展。自然有时候要形成社会，有时候又要创造个体，并经常在这两种行为之间举棋不定。不过，这种犹豫只要受一点点刺激的影响就会产生倾斜。以大型纤毛虫喇叭虫为例，如果将它切成两半，同时每边都有一个核心，如此一来，就会分别形成一只新的喇叭虫。但是，如果切割的时候没有完全切开，两个一半之间就会通过原生质进行联系，这两半就会仍旧趋向联合。所以，生物的社会性或个体性其实完全取决于有没有一线相连。这样看来，我们确信整体所显示的外在个体性是其内部的个体性联合而成的；当然，原生单细胞生物除外。不管是低级生物还是高级生物，都会体现这个法则。对此，我们或许可以这样说，单一性和多元性只存在无机物当中；生命的突破既不是纯粹的单一性也不是纯粹的多元性。生命的突破接触到物质的时候，就会被迫在单一性和多元性中进行非决定性的选择。生命借由突破力，不停地从一面跃向另一面，这样个体就在这个过程中不断进化；这个规则早已融入生命的本质。

生命的本质还包括不断的反思。如果我们的分析精确的话，那么生命的本意是意识或超意识。这些意识或超意识就像火箭一样，在烧尽外壳之后变成物质。这样，火箭的遗骸仍是物质；意识通过燃烧，点燃外壳，使之成为生物体。但是，这种意识是因创造而生的，只有在有创造的可能时，才会显现出来。如果生命进入自动机制，意识就会沉睡；只有在可能进行选择的时候才会清醒。所以，在缺少神经系统的生物体当中，当其运动和变形能力发生变化的时候，意识也会随之变化。动物当中就有神经系统，而联系运动系统和感觉系统的交叉路线的复杂程度与意识成正比；也就是说意识与大脑的复杂程度成正比。我们怎样理解生物体和意识的这种关系呢？

我们不必深究前人著作中的理论，只要进行如下回忆。比如，根据某种理论，意识和一种特殊的神经相关，像散发着磷光一样，在作用于神经的时候显现出来。这个理论如果详细地论述下去，或许能够得到一些认同，从而作为这种现象的一种恰当的解释，虽然这种解释也是有限的。实际上，生物已经成为一个活动中心，它显现的是进入世界当中的量的偶然性，也就是量可能随个体和物种而变化的活动。一种动物的神经系统会展现出它的行动路线；当然，这个行动的实现能力是存在于肌肉和筋骨中而非神经系统中的。而动物的行动的选择范围则取决于其神经系统的发展状态；也就是可供其选择的行动越多越复杂，它的活动量也就越多，意识也就越清晰。这样看来，神经系统的发达程度严重影响到意识的发展。此外，意识的某个方面是回答运动传输过程的提问，所以大脑皮层的活动会经常涉入心理现象之中。这样一来，意识就好像是从大脑产生的，而意识活动的细节也好像是由大脑决定的。实际上，意识与其说是来源于大脑，不如说是和大脑交互影响的。两者的地位相当，都同等地来考量生物的选择尺度；在这一点上，大脑是用它复杂的结构来考量，而意识则是用它清醒的状态。

大脑的状态表现的是与其相应的心理状态的初期活动，所以心理状态在现实活动的细节上要强于大脑状态。我们曾在别的地方试图验证生物的意识和大脑的关系，这种关系就好像刀和刀尖的关系一样。大脑就是锋利的刀尖，而意识通过这刀尖切入各个组织严密的事物当中。不过，大脑并不具备意识所有的延展性，就好像刀尖不具备刀所有的延展性一样。所以，虽然猴脑和人脑看起来相似，但是它们的对应意识却无法进行比较，即使比较也不可同日而语。

实际上，猴脑和人脑也并不像我们想象的那样相似。即使是猿猴这种能力非凡的动物，它组合新动作的能力也是有限的；而人类却能够学会各种各样的技巧，创造各种各样的工具，也就是说可以创造出许多新的运动方法。这种创造实在令人赞叹，它是由人脑的特征决定的。所有的脑都是为了组建运动系统，并对其进行合理选择而被创造出来的，并借由一点触发而进行运动。不过，人类能够建立的系统，以及触发点都是无穷多的。这也就是人脑和其他动物脑的巨大区别。有限和无限的差别就好像闭合和开放一样，不仅仅是量的区分，而是质的飞跃。

十八、人性

所以，即使是最聪明的动物，它的意识都是和人类意识有着本质区别的。这是由于意识是和生物的运动选择能力是严格相关的，意识的延展性与围绕在现实行为周边的可能行为一样。在这种意义上，意识等于发明，也等于自由。在动物当中，发明只不过是根据日常行为所做的略微调整。动物的生活习惯是固定的，但却可以在一定范围内对之加以拓展。不过，动物只能在创造新的自动性的一刹那间脱离原本的自动性。封闭动物习性的门只能打开一瞬，旋又关上。动物只能拉长自己身上的镣铐，而人类才能经由意识真正地切断它。这样，就只有人类意识才能获得自由。生命史就是在一方面意识努力提升物质，在另一方面又是物质回归意识并将之完全碾碎。虽然这种观念充满了讽刺，不过，我们现在讨论的是这种努力的观念，而不是寓意本身。现在的问题在于怎样在必然的物质之中创造出自由的容器，怎样创造超越体系的体系，怎样让自然决定论突破它自己织就的网。不过，意识越是挣扎就越是被困在网中，除非是在人类世界中。意识为自己制造的体系所俘获，它越是要让自动性自由，就越是被自动性缠绕和拖累。意识进入物质之后的均衡状态就会使其变得非常不稳定，而意识所存储的能量基本上都用来保持这种均衡，致使意识没有多余的能力来脱离自动性。人脑的卓越技能，使得人类能够维持和发展自己的身体。通过人脑的技能，人类创造了许许多多的运动系统，让新习惯改造旧习惯，再通过自动性的内部分化加以控制。其中，人类的语言对此作用甚大。语言可以让意识存在于非物质的容器之中，而不必一定存在于物质容器中。否则，意识就会陷入物质容器之中。而社会生活对此帮助甚大。社会生活存储了许多勤奋因子，就好像语言存储了思想。这样，社会生活才能使某个人超脱平均，通过勤奋因子，使得优秀的人更加的优秀，而不被淹没在滚滚人流之中。其实，人脑、语言和社会生活，不过是同样的内部优越性的不同表现；它们分别是生命在不同进化阶段的成果；它们体现的是人类与其他动物的本质而非程度上的差别。我们可以这样推测，生命在向着终极进化进行突破的时候，受到一张大网的阻隔，人类突破了这个阻隔，而其他生物退缩了。

这样说来，人类是进化的终极目标。就像前面说的，生命是超越其他范畴的存在。生命就像水流，冲破物质流淌出来。从根本上来说，生命之流是没有既定目的地的。而显然的，人类所处的自然世界并不是为了人类存在。我们像其他物种一样战斗，而又同时向其他物种宣战。生命在进化过程中遭遇到的偶然事件，使生命的河流分出岔路，从而使身心的发展与现在截然不同。这样说来，人类现在所处的进化状态显然是偶然的产物而非预先设定的。正是由于进化之途存在这许多岔路，人类也未必是进化的最终状态。即使人类已经达到了这个进化途中的某一个终结，而其他的岔路或许又可以通向另一个终结。把人类当作进化的终极目标是仅在意识层面上才有的行为。

从这个观点来说，普遍生命就好像是从一个点散开的巨大浪潮。这个浪潮在它的辐射范围内转为一种振动。而突破力会在其中一点冲开阻碍，人类就是由这一点获得自由的。只有人类的意识才能根据自身意愿发展，而人类之外的其他生物的意识都无法冲破阻碍。人类在发展过程中承载着生命的一切，纵使有所遗漏，也会无休止地延续生命。生命在发展过程中或许也有其他进化方向，而人类或许也会有极少的一些人往这些方向发展的趋势。这些隐秘的发展或许会诞生出超人类的存在。这类超人要成就自身，就必须有所取舍。而某些动植物身上有时就会存在这种舍弃，它们表现的是超越进化偶然的必然之处。

这样看来，自然对我们展现的不和谐之处就出人意料地被削弱了。有机世界的整体就好像一个土壤，滋生了人类或是精神上类人的生物。即使它们与人类并不相似，甚至是人类的天敌，也依然会陪着人类共同发展。意识把自身发展的障碍转嫁到它们身上，这样才能帮助人类发展到极致，从而俯瞰世间众生。

意识在发展过程中丢弃的不仅是障碍，还包括一些价值甚众的宝物。对人类来说，意识是知识，也有可能发展成为直觉。知识和直觉是意识的两个相反的作用方向。直觉的方向是生命，知识则相反。正是如此，知识是要受到物质运动制约的。意识的这两个作用方向都会发展到完美的程度，前提是存在完美的人性。如果说，我们现在的人性正在往这个完美人性发展，那么，我们的人性在发展过程中所处的位置就对应于知识与直觉发展的程度。而这个过程会受到人类的精神系统的偶然性所影响。或许存在另外一种含有知识的人性，或是含有直觉的人性的进化方向。但实际上，我们现有的人性当中，直觉已被知识完全压制。意识在征服物质从而保持自身的过程当中消耗了大部分力量，而在一些特殊情况下，意识更是使自身适应物质的特性。也就是说，意识需要将自己作为知识加以限制。尽管仍保留了直觉的特性，但这种隐隐约约的、断断续续的直觉几近湮灭，只能在瞬时略发萤火之光。不过，这光会在生命的关照之下明亮起来，并用这光明辉映我们的人格、自由、位置、本源，甚至会照亮我们的命运。这光虽微弱，却刺破了茫茫黑夜。

这种即将消亡、但也能映照出物质的直觉存在于哲学之中。哲学只有在强化的基础上发展直觉，才能让直觉相互联合。这个过程越是发展，就越是让哲学觉得直觉就是精神，甚至就是生命本体。在模仿物质产生的过程中，直觉就体现出知识，并进一步体现了完整的精神。我们要体会到这个完整的精神，就必须从直觉出发，再向着知识发展，而从知识出发去追寻直觉是不可取的。

十九、肉体生活和精神生活

这样，哲学就将我们带到了精神生活当中，并向我们展示了肉体生活和精神生活的关系。唯心主义最大的错误就是将精神生活孤立于一个不可企及的高空，以为这样就能让精神生活免于灾难。这样，唯心主义就将精神生活当作了镜花水月的幻影。意识会说人类是自由的，而唯心主义就肯定了意识。但是知识又说，原因决定结果，同因引起同果；世间一切可知，而又循环往复。唯心主义者相信人格的力量，相信人格是绝对真实而又独立于物质的。但是，科学研究又表明了大脑的活动和意识相关。唯心主义将人类放在超然的位置之上，无限夸大人类和其他动物的区别。但是，生命史已然向我们显示了物种演变的过程，并向我们表明了人类所具有的动物性。我们不能忽视唯心论中提到的人格的存在，但是假如存在着独立于物质的灵魂，那这个灵魂是怎样产生的呢？我们知道，父母产生的受精卵使我们的身体得以诞生，而灵魂是在什么时候、以何种方式被注入其中呢？这个问题是无解的，假使哲学不定下心来回归肉体，并在精神生活的发展历程中观察肉体生活的话。同时，如果这种直觉性的哲学不依循科学，就迟早会被推翻。而如果这哲学定下心来，它就不是只适用于特定生物了。生命一开始的原始突破力将它带到了这个世界当中。这个普遍生命受到物质下降的反作用的影响，呈现出渐渐上升的趋势。这个趋势带来的上升虽然有高有低，但却会拖累物质形成一个旋涡，非一点不能通行。这个趋势会受到诸多阻碍，却不会停止。对人类来说，这个上升趋势就有如意识的诞生。而这趋势就好像意识一样拥有着无尽的潜力。这种潜力并不能用单一性或多元性来形容，毕竟单一性或多元性是针对无机物来说的。当物质渗入这种趋势的时候，就会把这个趋势分成明确的个体。这样，这种趋势经过历代人类的进化，在分裂中进展。这种分裂的过程并不清晰，甚至离开物质就没办法显示出来，但灵魂就是这样产生的，而从另一个角度来说，灵魂早已存在。生命的河流产生一些小小的分支，这些分支经过人类的身体，就成了灵魂。分支虽然和道路一样曲折前行，但前进的方向却截然不同。意识附着在生物体身上，并由此产生了一些改变；但即使如此，意识仍然与生物体本身不同。意识所表达的行动的可能性，会在神经中枢接到信号之后开始；所以，大脑需要持续地关注这种信号。但是，意识和大脑并非浑然一体的，它们之间的联系就仅限于此。换言之，从根本上来说，意识是自由的。意识就是自由，但是假如意识不附着于物质、适应于物质，就没办法穿过物质。我们将这种适应称之为知识。而知识回归于一种自由的意识，并将之与物质巧妙结合起来。所以，知识肯定自由性的存在，但又没有注意到这种自由性带来的创新。人们会经由知识，创造出行动的替代品。这种创造是人为的，是用已有的物质相互创造彼此的仿制品。这样，我们面临的许多困难都消失或削弱在这个知识归入直觉的哲学当中。这种哲学有助于我们思考，也有助于我们的生活和行动。使我们不再觉得人类是被孤立的，人类不会因为这种孤立感而在其占有支配地位的自然界中惶然失措。再细小的微尘也是太阳系的一部分，而当太阳系进行下降运动的时候，这微尘也难免一同坠落。同样的道理，不管是最低等的还是最高等的生物，在经历生命起源发展到当今世代的过程中，共同历经时间和空间的变革。它们在经历一种推动力的时候彼此关联，这种推动力浑然一体而又相悖于物质运动。人类超脱于动物，而动物又依存于植物。在时空当中，人性的整体好似一个大的军团，急速奔驰在每个人的周围。这军团的进攻摧枯拉朽般地冲破所有的抵抗和障碍，以至于可以战胜死亡。

第四章　思考的电影装置和机械论的错觉

一、根据空无观念与不变性观念批判各体系

在论述的时候，我们经常遇到两种理论上的错觉。以前，我们对这种错觉的考察与其说是对其原则的考察，不如说是对其后果的考察。本章的目的就是试着从原理上考察这种错觉，并借此对存在的一些反对论点进行驳斥。更重要的是，这样可以将持续作为实体素材的哲学与其他哲学形成鲜明的对立，从而对其下一个比较明确的定义。

不管物质还是精神，实体都向我们展示着连续不断的转化。实体不是慢慢形成，就是慢慢瓦解，但绝对不是已经形成的。其实，我们本身和我们的意识之间存在着一层屏障，去掉这层屏障，我们就可以感觉到精神就是在不断地转化。假如说，知性和感觉可以不受任何干扰地直接表现物质，那么，知性和感觉对物质也是同样的道理。然而，知性和感觉已经被行动所干扰，所以，其对物质的转化必然就会存在一段距离。意识也同知性一样，只能看到已经形成

的内在生活，对慢慢地形成的内在最多也只是产生一种朦胧的感觉。因此，引起人们关注的一刹那就与持续相脱离了。而我们在持续的过程中所获得的正是这一刹那。如果单就行动而言，自然以为就是如此了。其实，当思考宇宙本体的本性时，如果只是按照自己关注的要求来看待，就无法看到真正的进化和根本的转化。我们可以单一地从转化观看状态，从持续观看刹那，但具体说到持续和转化时，脑子里想的却还是其他东西。因此，在我们经常遇到的两种错觉中，最糟糕的就是，认为可以用安定作为媒介来思考不安定，通过不动来思考动。

另外一种错觉和第一错觉有着紧密的联系。这种错觉是我们将实际行动中所运用的方法应用于思考领域造成的。所有的行动都是以获得自己所需要的东西或创造不存在的东西为目的的。从这个极为特殊的意义上讲，行动就充满了空白，而且，从空白走向充实，从没有走向有，从非现实走向现实。我们在这里所说的非现实只是单纯地依赖于我们所关注的方向，原因就是我们沉浸于各式各样的现实当中而无法自拔。假如展示在我们面前的现实并不是我们所需要的，我们便会说前者已经存在，而后者并不存在。如此一来，我们就会将已有的东西当成想要得到的东西的函数。在行动这个领域内，这是很自然的情况。可是，假如我们抛开对事物的需求，只考虑事物的本质，不管其是否对我们有利，都抱着同样的说法和想法，那么我们所说的另外一种错觉就这样产生了。对于这种错觉我们应该先进行深入的思考。我们的智力在将要对事物采取行动的时候，早就养成了一种静态的习惯，两种错觉其实都源于这种静态习惯。我们要通过静止才能到达运动，同理，我们也要通过空白去思考充实。

我们在以前的阐释过程中已经接触到了认知的根本问题，我们已经看到了这种错觉。那时提出，问题是理解事物何以有规则而不是没有规则。假如，我们不将这种可以解释为无序的没有规则假设为能够通过想象和思考得知的可能存在的事物，这个问题便毫无意义。就客观存在来说，规则才是真实的。然而，秩序可以通过两种形式表现出来，其中一种的存在是由另一种的不存在构成的，因此在这两者之中，我们将不需要的叫作没有秩序。这样看来，没有秩序这个看法完全是个实践性的概念。这种看法并不是说任何规则都不存在，而只是说那些吸引我们注意力的规则不存在而已，这是和某种失望相联系的。假如我们彻底地否认规则，就会发现我们其实是在不断地从一种规则穿越到另一种规则而已。同样的，假如我们要摒弃这两种秩序，它们反而会展现在我们面前。当然，假如我们只是一味地前进，而忽略了思想的所有活动和与之相关的所有事物，我们便不可能继续对观念问题进行讨论，即使谈到没有秩序，也只是个单纯的词语。由此看来，就是因为我们用规则填充空白的观点，将规则的客观存在和其潜在的空白相叠加，才加深了问题的复杂性；就是因为这种理解能力上的根本错觉，才使得我们从不存在到存在，从空白到充实。这包括我们上一章提到的这种错误所导致的结果。所以，我们要避免这种错误，就一定要正视这种错误，并与之做斗争。换句话说，就是我们一定要正视这种错误表现出的否定、空白、乌有。

二、存在与乌有

哲学家极少去关注乌有这个概念。然而，这个概念恰恰是哲学思想潜在的动力。在人们逐渐反思的过程中，这个概念就已经让一些困难的问题暴露出来。我在研究哲学之初，就曾经问过自己："我为什么存在？"一直到我明白了我和自身之外的宇宙有着一定联系的时候，这个问题也只不过被解答了一点点。我渴望明白宇宙是因什么而存在的。即便我将宇宙与支持其存在的各种原理联系在一起，我所理解的范畴也仅限于这些原理。如今，相同的问题再次展现在我们面前。"事物的存在"是怎么产生的？应该怎样去思考？同样的，本书中把材料当作下降，把下降当作上升的中止，又把上升当作是成长。简单地说，就是把创造原理作为事物的基础，如此一来，相同的问题就更难回答了。"这个原理已经存在，但并不是一切都存在，原因是什么，为什么会这样？"

假如，我避开以上难题，直接揭示其内在的事物，就会看到，存在已经战胜了乌有。我可以告诉自己，一切都不存在是能够成立的，甚至理应如此。与此同时，我将因为物质的存在而感到惊讶。我还可能会感到所有的物质都在不停地蔓延，逐渐将"无"淹没。开始会感到有"无"，而后存在淹没了"无"。换句话说，假如物质的存在是经常性的，那么"无"也只能经常性地充当物质的载体，所以"无"一定先于这一物质而存在。一个瓶子即使总是满的，装满这个瓶子的水也必须有一个填充"无"的过程。同理，或许存在总是展示在我们面前，而"无"则总是被存在挡在身后。但客观地说，"无"还是先出现的。概括来说，物质只是点缀在

“无”之上的装饰品，存在遮盖着“无”。“没有物质”与“有物质”相比，其表现形式相当匮乏，这是我脑海中始终存在的一个想法，其奇妙之处也就在于此。

这个奇妙之处一定要事先解释清楚。假如，我们要将延续不断与任意抉择作为事物的根本，则更有必要将这个奇妙之处解释清楚。形而上学之所以对延续不断的情况不予重视，就是因为形而上学必须通过不存在才能够达到存在，而延续不断的存在并不能打败不存在而给自己以肯定。同样的，形而上学也唯有选择逻辑的存在作为全部，而不是心理或物理的存在。事实上，单一的逻辑存在不需要凭借任何外在因素就完全可以证明其本身。就算我向自己提出为何躯体和思想就这样存在，而不是通过“无”而存在这个问题，我自己都无法做出解答。但是，我认为1=1的逻辑原理总是可以战胜乌有的。用铅笔在纸上画出一个圆，就应该对这个圆做出阐释。这个存在百分之百是物理性的，战胜不存在是最有说服力的。但是，圆的“逻辑本质”就是按照一定的方法画出一个圆的概率，也就是圆的概念。这个概念对我而言是永远不会改变的。在圆的概念当中不存在时间和地点，原因就是画一个圆不必提供时间和地点。所以，我们暂且可以这么认为，那些经常出现的、根本性的原理具有和圆的概念及1=1的原理同样性质的存在。如此一来，存在的奇妙之处就不见了。由于一切事物根本的存在都是和逻辑相同的，永远不变的，不过正是这个原因导致了高额代价的付出。假如一切事物的原理都通过逻辑原理或数学概念的形式存在，则事物就应当通过这些原理出现，这和原理能够多方应用，概念能够推出多种结果相同。如此一来，任意抉择意义上的动力就不能够在事物中存在，也就不能够在事物的原理中存在。比如说，斯宾诺莎和莱布尼兹学说的结论即是如此，也是如此得出的。

假如，我们可以证实和存在理论相对的乌有理论是虚假的理论的话，那么，围绕这个理论所形成的问题也就变为虚假问题了。如果存在完全任意挥洒的情况、完全可以延续不绝的情况，那么，这个假设估计不会令人生厌。这也会使得达到一种哲学的途径由此产生。这种哲学更容易理解，也不需要像以往那样推翻人们习惯性认可的东西。

当提及“无”这个概念时，我们想到的是什么呢？“无”的表现形式，只能通过设想或思索来完成。我们必须对这种形象或定义进行检验。第一步即对形象的检验。

我闭目塞听，目的就是要排除外界的干扰。假设我能够做到这一点的话，那么，我就不会再有感知，物质宇宙如同陷入沉寂的黑暗，然而我仍存在，且不能否定我的存在。我还是我，体表和体内的有机感觉依然存在，对以往的印象也依然存在，甚至对我刚才制造的空洞还有着非常清晰而深刻的印象。怎样才能将这一切消除？怎样才能将自身消除？可我最多可以消除自己的印象，包括刚刚产生的印象。然而，我对当下仍然有感觉，换句话说，我对自身的现有状态还有感觉。但我还是要努力消除这种感觉，要让我的体感越来越弱。如今，所有这些都被消除了，都在黑暗中不见了。但事实并非如此，当一种感觉消失的同时，另外的感觉又出现了，或者说早就出现了。另一种感觉的产生，刚好见证前一种感觉的消失，原因在于前一种感觉的消失只是相对于另一种感觉而言的，只有在另一种感觉面前才可能消失。我只有通过非主观的积极行为，才能看到自身的消失。所以，不管怎样，我都能够感觉到来自外界及内在的某些东西。当我对外界的事物不再有感觉时，就是已经沉浸在自我感觉当中的时候了，假如我否定了内在的自我，那么，这种否定本身就成为一个设想中的自我的对象。设想中的自我将被否定的自我作为一个外部对象进行考察。所以，我的设想中总会出现某个对象，不管这个对象属于内部还是外界。当然，我的设想可以从一个对象转移到另一个对象，也能够在外部感觉的乌有和内部感觉的乌有之间来回转移，然而，我却不能同时设想这两种乌有，其原因在于其中一种的不存在正是另一种单独存在的表现。但是，就算我的设想能够在这两种乌有之间轮流转移，也无法同时设想这两种乌有。如果得出这样的结果就说明错了。这个结果不合理的地方非常明显，原因在于要设想乌有，就要隐约地知道自己在设想乌有，知道自己在作为、在思索，也因此隐约知道某些东西仍存在着。

这样看来，“消除一切”这一形象是无法依靠思索来完成的。我们拼命地要制作出这种形象，可这样做也不过是使我们在外部存在的了解和内部存在的了解之间来回穿梭而已。当我们的思想在内部和外部来回穿梭的时候，存在着一个位于二者正中间的点，处于这个点上的我们无法对任何一方有所了解，“无”这个形象就在这一点上完成了。事实上，我们已经找到了两者之间的交汇点，从而对这二者有所了解。按照这个概念，“无”的形象就是填满东西的形象。这当中既包括主观形象，又包括客观形象，并且这两种形象并不是静止的，而是不停地从一种跳到另一种。这样我们可以发现，“无”包括了“有”，因此“无”和“有”并不是敌对的，“无”也不处于“有”的前方或者下方。然而，有的观点却认为，哲学家的论述不管外露还是内敛，其中都存在着“无”的形象，不过这里的“无”并不是通过形象存在，而是作为观念存在。这种观点可能觉得我们不能够设想一切的消除，却能够从定义的角度来做到。正如笛卡尔所说，就算无法去设想千边多角形，它也是可以被理解的。只要我们明白千边多角形是可以形成的就足够了。消除一切的观念也是如此。有的观点认为，形成这种观念的过程非常简单。而且，根据我们的经验，没有什么事物是不可以消除的。只要我们从一个事物开始消除，然后延续到第二个事物、第三个事物，从而一直没有止境地继续着。这样，这个过程的终极就是乌有了。如此看来，乌有就是消除一切。上述内容即是这种观点的主旨。我们通过这种方法来检验这一主旨，其中所隐含的不合理性就暴露出来了。

观念是凭借各种思想组合而成的，假如这些思想无法同时成立，那么这个观念就并非观念了；假如这些思想越是靠近就越是矛盾，那么也说明了这个观念也就只能算是一个单词。我们对圆进行界定，能够通过黑色的圆、白色的圆，用厚纸做成的圆、用铁做成的圆、用铜做成的圆，以及透明的圆、不透明的圆来表示，却不可以通过方形的圆来表示，其原因在于形成圆的方法不可能包括利用直线框出一个圆形。所以，我的思想能够消除所有客观存在的东西。然而，就算思想能够消除这些东西，它所消除的也不过是“全体”中的一个局部，却无法消除“全体”。如果把这种消除延伸到某物的全体，那显然是不合理且自相矛盾的，并使得消除所有的观念和方形的圆的观念之间产生了相同特点。如此一来，就不再是观念，而不过是单词罢了。所以，一定要认真检验这种行为的机制。

说到底，被消除的对象，不是外部的就是内部的，不是客观上的就是主观上的。就外部对象来说，我们可以通过思索来消除。那么这个对象原先所占据的位置，在如今就已经没有任何东西了。当然，所谓没有东西只是就这个对象而言的，因为那个位置又被其他对象占领了。在自然界当中，不存在百分之百的空白。如果百分之百的空白可以存在，那我也可以说某个对象已经被消除，它的位置没有被占领，而是空着。此时此刻，在我脑子里的还不是百分之百的空白。就这个假设来看，关键是一个位置的问题，即存在明确界限的空白，也就是某种东西。所以，我提到的空白，说到底就是某一个对象的不存在。开始这个对象处于这个位置，如今却处于其他位置。这个对象只要离开先前的位置，就将自己的空白置于身后。如果某种生命不存在回忆和预想的能力，便谈不上“空白”或者“乌有”。其可以体现的唯有当下存在的和能够被感知的东西。然而，存在的和能够被感知的东西，只能表现某些东西的存在，却无法表现其不存在。只有拥有回忆和预想能力的生命才能看到不存在。这些生命可以回忆起某些东西，也可以预想再次看到这些东西。然而，他此时看到的却是其他东西。他说：“我遇见了‘无’，什么都没有看到。”其实他只是没有看到自己预想看到的东西而已。如果他不经意地看到了自己预想看到的东西，便会说：“这个东西离开了以前的位置。”他所表达的意思其实是这个东西能够被预想，却恰恰和预想相背离。而他客观感知到的和其真实想法正是以前的东西出现在了新的位置，抑或新的东西出现在了以前的位置。其他那些被冠以“空白”或“乌有”这类词语的东西，其实并非思索出来的结论，而是主观情绪的体现。确切地说，应该是思索被情绪所感染。思想偏好于让以前的东西继续待在新东西的位置，最低限度也是觉得此类愿望可以达成，然而，只要思及某种东西被其他东西替代，便于这个替代的程序当中产生了全部空白或者局部空白的想法。从主观的角度来讲，想法表示的是一种愿望；而从客观角度讲，想法表示的则是一种互换。所以，此想法就是这种愿望情绪和互换观念的结合，而非二者的冲突。

根据以上行为的机制，我们能够通过思想将某个对象消除，并且对外展示出局部的空白。这里我们应当对思想如何对内展示局部的空白进行检验。被我们的头脑认可的只能是已经生成的状况，而不可能是还没有生成的状况。我体验着一些知觉或心情，抱着一些想法，我做出了决定。那些被我感知的东西全部分门别类地展示在我的脑海中，并且每时每刻都在展示着。的确，我能够通过思索来阻止内心活动的前进。能够假设自己的睡眠没有梦境，假设自己已经消失。然而，当我做出这些假设的时候，我还是会想到自身，会见到沉睡中的自己，会设想自身被消除后仍有残留。我之所以不再通过内心来感知自我，是由于我进入了自身的外部感知。换句话说，在这里，填满以后还是接着填满。并且智慧就是智慧，不存在对以往的追悔，也不存在对以后的追求，而是根据对象的活动来制约自己的活动。此智慧甚至不存在空白或乌有的定义。当思想还没有追上自身，其他情况产生了，而它却依旧沉溺于对前一种情况的回忆，空白就这样形成了。空白的定义不过是已经存在和可以存在或应该存在二者之间的对比，也就是充盈和充盈之间的对比。简单地说，不管事物的空白，还是思想的空白，只要是空白，所展示出来的往往就是充盈。通过分析我们发现这种展示包括两个主要因素，一个是不管清楚还是朦胧，都是替换的想法；另一个是不管经历的还是设想的，都是想要或追悔的情绪。

通过以上两方面的剖析我们能够看到，“消除全部”是一个在意义上百分之百乌有的想法，是一个自相矛盾的想法，是一个伪命题，是一句空话。如果将一个东西消除，再用别的东西来替代它，觉得这个东西消失了，却需要或多或少地将这个东西再次展示出来，总而言之，如果消除被认为是替换，那么“全部都被消除”的想法就和方形的圆的想法一样，是不合理的。此不合理性其实并不容易被发现，原因在于，所有事物都可以被假设为能够消除。假如可以通过思想将某些东西逐个消除，那么，人们便能够将这些东西全部消除。然而，人们却不曾发现逐个消除某些东西，其实是逐个用其他东西进行替换，这样百分之百的消除全部，很明显是不合理的，原因在于，此行为不符合其成立要件。

但此谬见已经根深蒂固了。消除一个东西，其实是用别的东西替代它，可是不会有人觉得在思想上消除一个东西能够导致这两种东西在思想上的互换，原因在于谁都不想要此推论。人们能够赞成我的此种想法，一个东西往往被其他东西替代；我们的大脑在思索内部或外部对象的消除时，能够通过其他东西进行替换的情况展示出来。然而人们却必然加上这样一句：“事物的消除是在时空中进行的，所以此现象一定会引发某种形象的产生，当务之急就是要抛开想象，代之以百分之百的理性。”所以，可能人们还要说：“不要继续讨论消除之类的概念了，那都是物理现象。不要继续讨论一个东西被消除或者缺少这些表面现象了，我们觉得此对象是不存在的。”其实消除一个对象A，意思是在时间和空间的领域中对它产生影响，所以还要受时间和空间存在条件的制约，并接受一个对象和其他对象之间的联系。正因为存在此种联系，只要一个对象被消除，别的对象马上就会取代它。然而，我们能够摆脱这些制约，并通过具体的努力使仅有的那个对象A显现出来，然后决定将这个对象看成是存在的，再通过智慧将那些制约化为乌有。这样，对象就会遵从我们的意愿而表现为不存在了。

那么，我们就将这些制约抛开。然而，我们不能够认为如此就可以摆脱别的东西，很快我们就会发现，摆脱的一切又出现了。这时，我们可以将存在对象A和不存在对象A进行对比。

如果对象A存在，那么A的现象不过是对象A单一而纯粹的表现，原因在于，要使一个对象显现出来，就一定要通过这种显现将某些现实性加诸其上。思索一个对象与觉得此对象存在，是不存在区别的。康德批评存在观点的时候，就明确提出了这个问题。所以，我们所说的对象A不存在，指的是什么？通过不存在来显示对象A，并不是从对象A的形象中去掉存在的形象。原因在于对象的存在现象无法和对象的表现分割开来，两者甚至是相统一的，因此，用不存在来显示对象A，指的是在此对象的形象上增设了某些事物。事实上，这里已经增设了一个观念，此观念即通过通常的客观实物排开此特指对象。说对象A不存在，一定要提前思考此对象，从而说此对象存在。然后说和这个对象无关的其他实物要来替换它，可我们无法明确地展示这个实物，并且无心关注此实物究竟为何物。我们关注的中心唯有对象A，因此明白此实物代替了对象A就可以了。由此看来，我们思索的其实是这个替换的活动，而非替换的缘由。不过，此缘由还是显现于思想当中。就像用笔的手与写出的笔迹一样无法分割，相同的道理，替代物和替代也是无法分割的，因此这个缘由隐含在内。这样看来，宣布一个对象不存在的活动已经建立了通常存在性。换句话说，通过存在显示一个对象，是无法从中剥夺其各种存在性的，这是由于这个对象的形象已经表示出这个对象存在的必然性。此一宣布表示，我们的思想已经将存在性与对象合为一体了，这种存在性与对象的形象无法分割，此存在性是单纯的意识存在，不过是有存在的可能性罢了。一个对象的意识性、一个对象的单纯可能性，唯有和一个实物产生联系的时候才具有价值，由于此实物和这一对象是无法共存的，才将此对象赶出意识或单纯可能的范畴。我们假设更为强大的事物被消除，此时此刻，单纯可能的、相对弱小的存在性就成了客观存在的事物。到这里，就不能用不存在来显示这个对象了。我们以下的观点可能有些令人费解，即把对象解释为不存在的观点，与将同一个对象当作存在的观点相比，其内容不但没有减少，而是增加了，原因在于对象的不存在这个观念就是对象一定存在的观念，这里又增加了通过作为整体的客观实物排除这个对象的现象。

但是，可能有些人会觉得，我们对不存在的现象还没有完全摆脱设想因素，也没有完全否决。他们会认为，一个东西的非真实性，即便利用别的东西加以排除，也无所谓。我们对此一点不感兴趣。难道我们不可以根据自己的意愿，随意地把视线放在感兴趣的地方？没错，应当首先将一个对象的现象引发出来，由此假设这个对象是真实的。接着，我们就能将我们所肯定的否决掉，从而确认此对象并不真实，这就足够了。这是百分之百的智慧的操作，和思想以外的事物无关。所以，我们能够思考所有东西，能够思考全部，然后，就在思想的空白处写一个“不”字，让这个“不”字去消除我们思索的东西。只要我们想去消除，就能够在思想上消除所有——虽然否决具有消除的力量，但是也会引发不少难题和错误。我们总是将否决和确定相对照，认为它们都同样具有自给自足的能力。所以它们也同样具备制造意识的力量，而仅有的区别就是否决制造的是否定性的概念。确定一个东西，接着确定一个另外的东西，就这样无穷无尽地继续下去，我就可以制造出全部这个概念。同样，否决一个东西，再否决其他东西，最终否决全部，这样就能够形成乌有的概念。此确定和否决的认可，对我们来说，好像充满了随意性。确定是思想的完整行动，是能够精确地形成一个概念的行动。与之相反，否决不过是智慧行动的部分，其他部分也还是需要加以理解的，甚至是属于未知的将来。人们没有看到的是，确定是单纯的思想行动，否决却掺杂了思想之外的因素。否决的独特之处就在于这种不同因素的介入。

要论述第二个观点，首先要明确，否决其实就是对确定的可能性进行消除。否决只不过是思想对最终确定持有的某种立场。我提到“这张桌子是黑颜色”的时候，所说的是桌子。我看到桌子是黑颜色，我的推断把我看到的说了出来。假如我说“这张桌子不是白颜色”，那么我的确没有说出我看到的，原因在于我看到的是黑颜色，而不是看到白颜色的不存在，所以在我做出推断的时候，并不是根据桌子来说的，而是根据认为桌子是白颜色的推断来说的。我这是在推断一个推断，而非推断这张桌子。“这张桌子不是白颜色”，这个说法包括你认为它是白颜色的可能性，你已经如此认为了，抑或我可能如此认为等这些含义在其中。总而言之，我已经对你提出预示，此推断一定要被其他推断所代替，自然我也是如此告诉自己的。这样看来，确定和物质产生的联系是直接的；相反，否决不过是通过确定这个中介，与物质产生间接的联系。确定观点是显示和某个对象有关系的推断；否决观点显示的则是和推断有关系的推断。由此可见，就否决是第二级的确定这一点来说，否决和确定是不一样的。确定是对一个对象的确定，而否决是对确定的确定。

这样看来，否决并不是单纯的思想的运作。单纯的思想应该是完全处于静态的，只和对象产生联系，而否决却是教训别人或者教训自己。做出否决的人是对客观的或者可能的交谈对象提出他的错误，用来提醒他。另一方确定一件事，他便预示说应该确定其他的事。在这里，已经不是某人和某对象相对，而是在此对象以前，存在的某人与其他人的对话，也就是和另一方进行争论，并且还给另一方帮忙。否决是拿人当对象，不同于单纯的思想活动那样拿物质当对象。否决从根本上说具有教育性质和社会性质，是矫正，甚而是警示。进一步讲，被警示和矫正的人在人格分裂的情况下正是说话者自己。上述内容即是第二个观点。现在我们来论述第一个观点。就像前面论述的，否决是思想运作的一部分，其余部分还没有确定。假如我说到“这张桌子不是白颜色”这个否决性观念，我指的是，其他推断应当代替你说的“这张桌子不是白颜色”这个推断。我对你做出了警示。此警示和代替的需求相关。说到你应当拿什么替换你的确定，我没有提出来。这可能是由于我没有看到这张桌子究竟是什么颜色，或者我现在只关注白颜色这一种颜色，因此我才不指出到底是哪种颜色，却一定要向你提出应当拿其他颜色代替白颜色，也许这是对的。这样看来，否定的推断乃是提出要拿其他推断代替某个确定推断的一种推断。然而，第二个推断的本质并没有明确被提出，原因在于我们可能不清楚它的本质——大概而论，那并非我们现在所关注的事情，我们关注的只是第一个推断的本质。

在此情形之下，每逢我将“不”与确定相联系的时候，也就是我进行否决的时候，我就做完了两个明确的行动。我将注意力放在下面几个事物上，一个是我确定的事物，或者是他要谈论的事物，又或者是我警示过的其他的我可能谈到过的事物。虽然我没有明确指出其内容，但是，我提出要拿别的确定代替现在的确定。然而，通过这两个行动，我们除了确定之外没有看到其他的。否决的特殊之处就在于，它是第一个行动把第二个行动覆盖而产生的。所以，想要赋予否决以创造的能力，让它创造出和确定创造的观点相对的观点是不可能的，原因在于否决只有自身推断出的确定推断的内容，而没有其他内容。

为了更加清晰地进行论述，我们要对存在推断进行检验，而不需要再对性质推断进行检验。当我提到“对象不存在”的时候，指的是可能有人认为对象A存在。如果认为对象A不存在，就无法检验对象A。重申一遍，“存在的对象”这个观念和“对象A”这个纯粹的观念区别何在？这样看来，我单单提到“对象A”，就是已经赋予对象A某种存在，即使这种存在仅仅是单纯的可能性或观念性。“对象A不存在”这个推断里面包含着某种确定，这种确定也许是“对象A已经存在”，也许是“对象A将要存在”，更通俗地讲，也许就是 “对象A最低限度也是通过纯粹的可能性存在”。如今，我将“不存在”这三个字加诸其上，表达的恰恰是这个问题。假如你多走一步，把可能的存在对象提升为真实的对象，那就不对了。我提到的那种可能性由于无法和客观实际共存而被排除。所以，肯定一个东西不存在的推断是人们错误地将设想当作现实的时候，把可能和实际两相比较做出的推断。某个实物代替此可能，却和可能不同，于是把可能赶走了。否决推断显示的就是这种对立。然而，否决推断专门采取有缺陷的表现形式对其进行表达，原因在于否决推断针对的是一个人。就前提而言，此人关注的仅仅是被指出的可能性，却对这种可能性被什么客观存在所代替毫无兴趣。所以，这种替换的表达总是被取消。第二个术语虽然将要代替第一个术语，我们却还是将首先的关注给予第一个术语，并且仅给予第一个术语。当我们认为第一个术语不存在的时候，虽然还没有摆脱第一个术语，却隐约地确定它即将被第二个术语所代替。如此看来，我们对一个东西的推断其实是对一个推断的推断。虽然我们取得了肯定的信息，却对别人或自身预示出某种可能会出现的错误。我们能够尝试将此意愿彻底清除，使知识重新获得其科学性或哲学性。换句话说，我们能够假设客观存在已经在思想上刻下了痕迹，但思想仅关注物质，并不关注人。我们将要去确定某物的存在，却不会去确定其不存在。

为什么我们一定要将确定与否决放在同一水平线上，而且还要赋予它们相同的现实性？为何我们很难认同否决是主观的、有缺陷的、依赖于人的思想的？这是因为否决和确定是全部通过命题的形式展现出来的，一切命题都是由象征概念的单词构成的，所以，必须依赖于社会活动和人的智慧。如果我说“地是湿的”或“地不是湿的"，那么 "地"和"湿"这两个字就是人的思想创造出来的概念，换句话说，是通过人的思想的任意发挥从接连不断的经验当中提炼出来的。无论如何，这些概念都是通过同样的术语表示出来的，严格地讲，此命题的宗旨是完成社会和教育的目标。原因在于，确定性命题能够讲述事实；否决性命题能够警示错误。假如我们通过形式逻辑的观点来看，确定和否决其实是两个互相对称的行动。确定使主语和形容词相一致，否决却使二者不相一致。然而，我们必须注意这种对称和相似全部是外表上的。如果语言被消除，社会被瓦解，那么人的全部智慧及所有自我反思、自我推断的能力将都丧失，地的潮湿仍旧存在，并在感觉上刻下痕迹，而且将朦胧的表面现象传递给越来越笨拙的智慧，而智慧依旧默默肯定。这样看来，确定的本质并不包括清晰的概念和词汇、传达事实的意愿和自我改良的想法。然而，此智慧只能被动地跟着经验的脚步，在真实的进程中不紧不慢地前行，丝毫没有否决的意思。此智慧无法被刻上否决的痕迹，其原因在于，存在的东西已经刻上了自己的痕迹，而不存在的东西是无法刻下痕迹的。此智慧要达成否决的目标，就要从混沌中清醒过来，明确对真实性或可能性的失望，纠正现实或可能的错误。总体来说，智慧一定要使自己和他人都受到教诲。

上述情况，通过我们所举的例子并不容易看出，然而此例非常具有启发性和说服力。可能会有人说，假如湿润能够自己刻下痕迹，那么不湿润也能。原因在于，干爽和湿润都同样能够在感觉上留下记忆，感觉将把这种记忆当作比较清晰的形象传递给智慧。这样看来，湿润的否决与湿润的确定同样是真实的、纯粹智慧上的，并且同样摆脱了所有教育性的目的——这个问题应该继续认真讨论。“地不是湿的”这个否决性命题与“地是干的”这个确定性命题的内涵截然不同。第二个命题包括“我们已经知道干爽”这层含义在内，也就是包括了我们已经通过肢体、眼睛等感官检验了干爽的现象。第一个命题就没有这一层要求。就算鱼类因更能感觉到湿润而具有智慧，也可以验证第一个命题。然而，鱼类需要进步到可以对真实性和可能性进行区分的程度。并且，当他非常确定自身之前所处的湿润环境是仅存的值得怀疑的问题时，就需要尽全力去警示他所犯的错误。我们能够单独对“地不是湿的”这个命题的主语进行严格的限制，这样就能够看到这个命题拥有双重含义：①可能有人觉得地已经湿了；②湿润能够用一种性质X来代替。这种性质还没有被确定下来。有时候，我们对此性质缺乏肯定的知识；有时候，此性质没有吸引做出否决性推断的人丝毫实际的关注。所以，否决其实就是通过有缺陷的形式来表达一个由两种确定性推断所组成的系统。其中一种是和某种可能的事物相联系的确定性推断；第二种是和某种代替此可能事物的不确定的或不被关注的事物相联系的确定性推断。第二种确定性推断隐含在第一种确定性推断之中，很明显此推断是否定性的。由于在代替的过程中，否决只关注被代替的东西，而不关注用什么去代替它，因此否决具有主观性。被代替的东西只存在于思想当中。我们想要继续关注被代替的东西，并且对其进行讨论，就要去追忆从以前到如今、从身后走到面前的东西。所以，我们才去否决。我们发现改变，或更加通俗地说，我们发现代替的时候，就犹如一个乘车前进者凝视车轮留下的轨迹一般。这个前进者回首身后，可以看到自己每个瞬间驶过的位置。他并不认为自身当前所处的地点是跟着自己移动的地点，却通过和自身适才路过的地点相联系来判断当前所处的地点。

总而言之，就单纯跟着经验走的思想而言，乌有并不存在；不管是相对的空白还是局部的空白，总体来说都不存在。否决同样不可能存在。通过此思想所看到的是：事件接连不断地发生，状况接连不断地产生，东西接连不断地到来。思想总是关注存在的东西、展现出来的状况和发生的事件。思想存在于实际当中，就算其可以做出推断，也仅仅能够确定当前的存在。

我们赋予该思想回忆的能力，特别是将对曾经的欲望赋予它。我们赋予该思想分析和判断的功能，该思想也许就不仅仅是关注以往事物在当前的情况了，而是能够看到曾经的改变，从而将当前和曾经进行比较。我们回忆里的曾经与我们设想的曾经二者之间不存在根本性的区别，因此该思想已经有了很大的进步，它已经能够展示出具有普遍意义的“可能”的概念了。

如此一来，该思想便为否决奠定了出路。特别是该思想迫切地想要展示东西的消失，却难以做到。要展示一个东西，仅关注曾经和当前的比较是不够的；一定要摒弃当前，着眼于曾经，只通过曾经的思想和词汇来比较曾经和当前，并不让当前混杂在内。

这样看来，消除这个观念并不是一个单纯的观念，它包含着对曾经的惋惜，认为曾经应该被珍惜和对曾经的恋恋不舍之情。此观念只有在思想将替换现象一分为二的时候才能够产生，也就是仅关注前半部分、仅思考前半部分的时候才能够产生。抛开一切关心和爱好，剩下的仅有变幻的现实和无穷的新鲜思想。此思想恰恰是变幻的现实在我们当中刻下的痕迹。

在消除的基础上再前进一步，便能够达到作为更加概括的操作的否决。我们仅仅需要展示当前和曾经的比较，从而进一步展示当前和将来的比较就可以了。我们一定要通过将来的函数来展示这种比较，而不可以通过当前的函数来展示。我们一定要仅关注可能性，确定当前的存在。这样得出的公式除了显示失望，还能够纠正或者警示错误，并且此错误被假设为其他人造成的。从这个意义上来讲，否决拥有教育的特点及社会的特点。

如果否决成为某种公式，那么便达到了和确定的对称。如果确定认可了客观现实，那么否决也应该认可“非现实”，并且这个“非现实”也应该同等地被看作是客观的、真实的。从这个角度来看，既可以说我们错了，也可以说我们没错。说我们错了是由于否决无法将自身否定的那个方面现实化，而说我们没错则是因为一种事物的否决性包括其能够被其他事物所代替的隐含的确定。我们没有必要再三提到其他事物。但是，否决拥有的否决性表现已经从隐含在其最深处的确定那里得到了好处。否决的幻象凌驾于其自身与确定相结合所产生的现实之上，从而把自身客观化了，这样便产生了乌有或部分空白的观念。一个东西并非为其他东西所代替，而是为其自身留下的空白，也就是被自我否决所代替。此操作能够运用于一切事物；所以假设我们能够对单独的事物逐一运用此操作，最终将能够运用于一切事物。所以，我们得到了“百分之百乌有”的观念。如果我们对空白的观念进行剖析，就会发现此观念其实是“全有”的观念，这里已经增添了思想的一些活动。此时此刻，思想不受限制地在事物之间穿行，拒绝滞留于一个地方，而且将自身所有的关注点都倾注在此拒绝之上，然后一心一意地使自身当前所处的地点与适才经过的地点产生联系，再予以肯定。所以，“空白”的观念就是一个宏观并且充盈的形象，和“全有”的观念相同，充盈而包罗万象，并且与“全有”的观念密切相关。

那么，乌有的观念和全有的观念是如何对立起来的呢？这其实是充实和充实对立，这样，“一个东西为什么存在”的问题便毫无意义，成了围绕伪观念而产生的伪问题，不是这样吗？但是，我们还要继续问一句，为什么这个虚幻的问题对思想纠缠不放？在“真实的消除”这个观念里面仅存在一个形象，即一切真实都相互追赶，并且无止境循环的形象。无论我们怎样对此情况进行论证都毫无意义。“不存在”的观念即通过比较客观的真实的存在将不能度量的存在排除出去，这是不管如何论述都毫无效用的。否决即对一个推断所做出的推断，是对自身或他人给出的警示，因此在否决的特定表现当中常常能够看到智慧之外的东西。所以说，否决能够制造出原本没有的形象——也就是无内容的观念是不合理的，无论如何解释都没有意义。在事物存在之前，或者最低限度也是在事物的最底端，空白总是存在。究其缘由，乃在于情感因素及社会因素当中，一句话，就是在实践因素当中，上述因素赋予了否决独特的形象。

就像我们前面所论述的，人们抱着探险精神，故意使他们的行为超出其应有的范畴，从而导致了哲学方面最重大的困难。人类既是为思索而生，亦是为活动而生——即使说人们追随其天性的时候，是为了活动而进行思索也并不过分。所以，就算行为惯性对形象惯性产生影响也不足为奇。每当我们要处理事物的时候，就会按照一定的顺序想起这些事物，如果我们的思想依此顺序了解事物也没什么可奇怪的。就像之前所说的，人们行动的出发点在于他们的不知足，也正是由于这种不知足才会产生有所欠缺的感觉，这是铁一般的事实。假设不在前方树立一个目标，我们很可能做不出任何行为。由于我们感到缺少一种东西，才会去寻求它。所以，我们的活动是从“空白”走向“某种东西”的过程。我们活动的根本性质就是在“空白”这张纸上画上“某种东西”。说到底，我们在这里研究的空白，并不是缺少一种东西，而是缺少一种有用性。我们带客人来到一个什么家具都没有的屋子时，就会说：“这间屋子什么都没有。”虽然，我很清楚屋子里面全都是空气，可我们无法坐在空气上，因此对我们而言，屋子里面确实没有什么名副其实的东西。更加通俗地讲，人们的行动是要制造出有用性，如果不去行动就“什么东西都没有”——也就是人们所需要的东西一无所有。由此可见，我们的行动主要是为了填充各式各样的空白。智慧总是遭到欲望、后悔等其他感情的干扰，因迫于生活的需要，设想出这些空白。假如我们把空白解释成有用性的缺乏，而不是解释成物质的缺乏，那么，从这种百分之百相对的意义上讲，我们将永无止境地由空白走向充实。既然我们的活动向着此方向前进，我们的思维也只能如此。思维的立论点不是某种东西的利用价值，而是这种东西本身，因此它将从相对概念达到绝对概念。现实填充了空白，因事物不存在而产生的空白，在权利上而非事实上先于所有事物而存在的看法已经深入人心，而这正是我们试图清除的错觉。如果想要在空白的观念当中发现所有事物都被消除的观念，那么此观念便成了一个自相矛盾的观念，不过是一句空话罢了。相反地，如果空白的观念是一个真实的观念，那么我们便会从中看到和全有观念一样的实际内容，这一点正是我们需要了解的。

综上所述，就是要展示：能够自我满足的现实不一定和连续没有关系。假如我们要通过“乌有”的观念到达“有”的观念，那么，我们所到达的“有”就具有了数学方面或者逻辑方面的根本属性，这样便使真实的静态概念有所延展了。好像所有事物都能够一次性得到，并且是永久性的。然而，我们一定要培养这样的习惯，即直面“有”，而不去绕远路，也不必借助于挡在我们和“有”中间的虚幻的“无”。在这里，我们不能继续为了活动而观察，而必须为了观察而观察。如此一来，绝对将靠近我们，甚至在我们的思想里得到一定的呈现。绝对具有心理方面的根本属性，而不是逻辑方面或数学方面的。它和我们生活在一起，并且同样地连续下去，可是在有些方面反而比我们更加无止境地靠拢、汇聚于自身。

三、变化和形态

可是，我们确实想到真正意义上的连续了吗？这里我们仍然需要直面问题，而不是去绕远路。因为这一点正是智慧所排斥的。智慧往往具有某种惯性，即通过静止去思索行动。

智慧的任务其实就是掌控行为。就行为而言，我们关注的是其后果。只要达到目标，通过什么方法并不重要。所以，我们都希望心中的目标能够变成真实，而且为了达到目标而倾其所有。行为最终通过思想显示出来。组成行为的各种活动不是偏离了我们的思想，就是稀里糊涂地上升到了思想的领域。就拿举手这个简单的动作来说，假如我们事先设想出的此动作中包括了紧张和伸缩等因素，进一步地感到紧张、伸缩的产生，又将会是怎样一种情况呢？思想会马上走近目的。换句话说，思想将行动当作已然事物，并将它单一化、格式化，那么，如果没有相对的观念对此观念的影响进行中和，恰当的活动便会主动将格式充满，就像被格式当中存在的空白所吸引一般。由此可见，智慧仅告诉行动终点在哪里。我们的行动不断地从一个目标跳跃到另一个目标，从一个终点跳跃到另一个终点。在这个过程中，尽量让我们的思想不去关注那些不断跳跃的目标，而是提前去关注行动的已然状态。

要将行动的后果作为静止的事物显示出来，智慧就要将适合此后果的环境也作为静止的事物来认识。这样，我们的行动便走入了物质领域。假设事物在我们面前不停地流动，我们便无法期待行为的终止。我们将认为行为一经完成后就会即刻消散，并不可能提前把握转瞬即逝的将来。我们的行为从一个行动跳跃到另一个行动，物质也将从一种形态跳跃到另一种形态，这是由于行为仅仅可以将一种后果与物质领域的一种形态相结合，且在这种形态中完成该行为。可是，我们确实可以这样展示物质吗？

先假设，好像我们的感觉可以通过这种偏见来理解材料。实际上，感觉器官与运动器官是相互协调的。感觉器官代表着我们的观察机能；运动器官代表着我们的活动机能。所以身体才能通过视觉或者触觉等向我们展示感觉与活动的协调。假如我们的活动总是拿后果当作目的，还一时深陷其中，那么，不论何时，感觉也仅仅能够在材料领域中抓住自己暂居其中的一个状态。此假定将在思想中体现出来，且通过经验得到确定。

当我们刚刚把目光投向外界的时候，虽然还不能辨别事物，但是却已经可以对各种属性进行区分，如一种颜色接连着另一种颜色，一种声音连接着另一种声音，一种硬度连接着另一种硬度。我们分别来观察这些属性，发现它们都是同样的状态。在此状态还没有被其他状态代替之前，它们便仍旧以静止的形态存在着。如果我们把这些属性逐一加以解析，便可将其分解成很多基本运动。不管它们通过振动或其他什么形式展现出来，有一点是可以确定的，即一切属性均处于变幻之中。如果我们在变幻的最深处找寻变幻的事物，那是没有好处的。我们总是将活动本身与活动的物体合而为一，可这仅仅是暂时用来满足我们的想象力的。对科学的眼光来说，活动的物体渐渐流失，其所关注的只是活动这种属性本身。在构成一秒的最短时间单位中，在我们感觉到某种属性的一刹那，可能就有数亿兆的振动连续地、重复地发生。生命的持久性是由不断的心跳组成的，与此相同，感觉属性的持久性也是由不断的、重复的活动所组成的。感觉的首要作用即通过属性或者单一形态的外表，凭借浓缩的工作去把握一组基本变幻。动物类拥有的活动能力越强，它们的感觉能力在瞬间内汇聚的基本变幻的数量就越大。在自然界，从振动频率和以太振动相当的生物，到在单一感觉的瞬间捕捉数亿兆此类振动的生物，其进化是连绵不断的。前者基本上只能感觉到活动，而后者则能够感觉到属性。前者基本上是被动地加入事物的运转，后者则反作用于事物的运转。活动机能的张力可能和感觉机能的聚集程度成正比。此进化直到人类。我们在一瞬间捕捉到的事件数量越大，就越能够作为“行动的人”。同理，某些人感觉到连续的事件，从而被动地加入进去；某些人全面地把握这些事件，从而主动地进行支配。简单地说，事物的属性是通过我们对其非静止性进行观察所得的静态形象。

我们通过不断对物质属性的感知来确认物质的边界。实际上，这些物质一直在不停地变幻。首先，物质自行分解成一系列属性。就像我们前面提到的，一切属性都存在于基本因素连续不断的活动当中。即便属性被认为是静止的，但就物质不停地改变其属性这一点来看，物质也是非静止的。生命体在实体中是第一位的，由于生命体构成较为封闭的系统，因此也是我们最应当从材料的绵延中分离出来的实体。并且，为了生命体，我们将别的实体从全体当中切割出来。所以，生命即进化。我们令进化的一个阶段凝结为静止的形象，并称其为形式。当物质发生了非常明显的改变，足以影响感觉少有的倦怠性的时候，我们就会说物质的形式发生了变化。而实际上，物质的形式一直都在变化。其实，我们应该说形式是不存在的，因为其静止不动，而物体则是活动的。物体是形式的不断变幻，而形式不过是捕捉变化的快照而已。由此看来，我们的感觉故意将物体的不断流动凝固在间断出现的形象当中，而当这些间断出现的形象之间不存在明显区别的时候，我们不是将其当作仅存的均衡形象的增减，就是将其当作这个均衡形象的各种变形。当我们提及一个物体的根本属性或该物体自身的时候，出现在我们脑海当中的正是这个均衡形象。

最后，由于组成整体的物质经常改变其位置，而使整体内在的显著改变浮于表面。此时，我们说物质之间互相产生影响。当然，此影响总是通过活动的方式显示出来，可我们则努力忽视活动的非静止性。就像前面所论及的，我们关注的是对活动的静止的阐述，而非活动本身。如果拿单一的活动当作论题，我们就要问问自己：

活动要到哪里去？不管何时，我们都通过活动的指向——也就是临时的目的地来显示活动。如果拿复杂的活动当作论题，我们便要了解出现了何种情况，活动干了些什么。换句话说，要了解出现的后果或者主导性的意愿。当提及正在进行的活动的时候，我们应该自问，我们的脑海当中存在着什么。没错，改变的观念存在于你的脑海当中，可是此观念隐而不露，亮光下存在着假设活动已经进行完毕的静态形象。从这个角度来看，也仅有从这个角度看，复杂的行动才明确地显露出来，我们才能对其做出界定。如果我们一个个地去设想吃饭、打仗之类活动中所包含的行动，那必然会很烦琐。所以，我们仅需大概明白这类活动全部是行动就可以了。只要确定了这一点，我们便可以通过此类复杂活动来展示其整个形象了，也就是展示支撑此类活动的坚固图式。在这里，认知和形态产生联系，却与改变无关。所以，这第三种与其他情况也是相同的。不管属性活动、进化活动，还是扩散活动，思想总是想要将非静止的物质放在静止的图像里面。这样，思想就像其显示出来的一样，已形成了三种表现。第一种表现是属性；第二种表现是形式或者本质；第三种表现是行动。

此三类观念和形容词、名词、动词这三种词汇的分类互相呼应。这三种分类是词汇中最基本的构成因素。由此看来，名词和形容词代表形态。但是，如果单就动词能够体现的形象当中最为突出的部分来说，动词自身也只不过能够代表形态而已。

假如我们要更加突出地展现对变化的天然态度的特点，便能够看到变化是非常复杂的。从黄色变成绿色和从绿色变成蓝色的改变毫不类似，这两种变化是完全不同的属性活动。从花朵变成果实和从幼虫变成虫蛹的改变也毫不类似，这两种变化是不一样的进化活动。同吃饭与打仗的活动不同，这两种活动是扩展活动，而属性活动、进化活动与扩展活动都是截然不同的。我们感觉的策略和我们智慧的策略、词汇的策略相同，都是在复杂的变化当中提炼出来的抽象变化的仅有现象。此现象仅为普遍事物，是毫无意义的，我们基本不会想到它。此观念虽是一样的，但并不清晰，也无意识，所以，我们对待个例的时候，就需要将某些清晰的形象加于此观念上。这些形象显示出各种形态，并能够帮助我们对所有的变化加以区分。我们能够把不确定的抽象改变与确定的具体形态相结合，用来代替改变的特点，各种色彩斑斓的变化从我们面前经过。我们想要从中发现颜色和形态的区别。这些区别的深处总存在着同样没有颜色的变化无声无息地经过。

如果我们想将某种生动的画面在屏幕上展现，比如，列队前行的部队，最佳方法便是剪出一些显示军人形状的纸人，令它们假装向前走的状态（这种活动是人们都可以进行的，但是每个人又有所不同），再将其整个投影在屏幕上。此做法必定事倍功半，终究不能表现出鲜活实体的灵活性及其多种多样的改变。另外，还有一种效果比较好，并且更为简单的方法，即将前行的军队快速拍摄下来，再迅速不断地将拍好的相片轮流投影在屏幕上。电影用的正是此种办法。电影是通过某些相片重现部队前行的运动状态，而这些相片乃是一系列展示静止状态的连续相片。当然，如果我们单独来看相片，是无论如何也看不到其中的动态场面的。就算将这些静止的相片连续排开，也无法显示出动态效果。只有存在活动图像才能够动起来。事实上，其中是存在活动的，就在播放设备里面。播放设备中的胶片开始运转，依次将情景中的相片播放出来，并且相互衔接，情景中的人物才能够展示出运动的形态，并依照电影中隐含的活动将自身的全部形态一气呵成。由此看来，此办法即从所有演员本身的活动当中提取出非个人、普遍且简单的活动——抽象性的活动，放在播放设备里面，然后与此活动和人物的形态相结合，重组出每个个别活动的独特性。此即电影的播放设备，而我们的认知设备也是如此。虽然我们关注事物内部的变化，但我们也站在事物的外部，刻意重组这些变化。我们用摄影机快速捕捉一些经过的现实的形象。这些形象展现了该现实的特点，所以我们才可以依据认知设备里面普遍的、单一的、不可见的变化，将这些形象结合在一起，用来仿制变化自身所拥有的特点。感觉、智力活动和语言总是通过此方法行动。不论思索变化、显示变化或感觉变化，不过顶多是播放装置内部的运作罢了。所以，我们将上述内容简单概括为一句话，即我们平时的认知设备拥有电影的属性。

很明显，此行动具有其自身的现实性。它故意将我们的意愿融入实际物体当中。我们自身与别的物质形成的组合就像玻璃碎片在万花筒中形成的组合一样，那些玻璃碎片能构成万花筒里面的图形，而我们的行动也能够从一种组成方式变为另一种组成方式。当然，每一次行动都需要晃动万花筒，然而我们关注的并不是万花筒的晃动，我们仅仅是关注新的图形。这样看来，我们对自然界运作的了解与我们对自身行动的关注是严格相对的。从这个角度来说，如果不随便使用此类对比，就能够说我们对事物的了解拥有电影的特征，而拥有这种特征又是由于我们对事物的改变拥有万花筒的特征。

所以，我们仅有的可行的办法就是应用电影的办法，这是由于此办法与活动的步伐相一致，并且符合认知的普遍特征，同时每个行动的细节都以认知的细节为依据。活动应当具有限度，这就需要智慧总是先于行为而出现。智慧要和行动统一步伐，使行动不至于走错方向，首先应当与活动的节奏相符。维持生命的脉搏跳动也是如此，由于活动也和脉搏跳动一样断断续续，因此认知亦是断断续续的。形成认识机能的设备所依照的就是此种计划。从根本属性来说，拥有现实认识机能的设备会有利于思考吗？我们试着通过此设备跟踪实际的蜿蜒，从而考察会发生什么情况。

我首先将不断的变化快速拍摄下来，而后根据抽象变化将这些照片进行组合。我自然不可能是静止的。没有被确定的事物是无法显示的。我仅可以从词汇的角度来认识抽象变化。我们用X代表一个未知数，同样，我的“抽象变化”总是一样的，代表我拍摄照片的一个变化，就此变化而言，“抽象变化”无法向我讲述什么。所以，我就仅仅关注这个改变，想要发现两张照片之间正在发生的状况。使用同样的办法，得到的结论也是同样的。我不过是将其他照片放到两张照片中间罢了。无论重复几遍，都不会有所收获，不过是在照片周围又放了几张照片而已。这样看来，使用电影的办法，仅仅是不停地从开始进行重复罢了。思想是无法在这个过程当中得到满足，并找到停靠位置的，于是仅仅能够用“我运用我的非静止性来模仿真实活动”这一说法来自我说服。实际上，思想不过是使自己头晕目眩，最终陷入运动性的幻象当中，原地踏步。这是由于此操作同样令思想远离目的地。想跟着运动的现实一起向前，就一定要处于现实当中，安然置身改变之中，如此你除了能够把握改变本身，还能够把握住改变在每个瞬间所产生的连续形态。然而，这些连续形态从外表来看，已经不是隐含的静止形态，而是现实的静止形态了，所以这些形态是不能用来重组活动的。你可能会根据不同情形将这些形态叫作属性、状态、地点或意愿等；也能够任意加大这些形态的数量，让两种连续的形态无限靠近。此时，你必将体会到儿童用手指触摸烟雾时所得到的虚幻感，活动将从裂缝当中逃跑，这是由于用形态重组活动的实验，将得出活动由静止构成的不合理结论。

四、芝诺的论述

此乃哲学诞生之初的事情。埃利亚学派的芝诺所做的论述虽带有不一样的目的，但是也涉及相同的情况。

就拿飞驰的箭来说吧，芝诺说："就每一刹那而言，箭是静止的。只有给箭两个刹那，它才有运动的时间。"换句话说，箭没时间去占领两个连续的点。因此，在固定的一刹那，箭静止于固定的位置。在箭经过的每个位置，它都是静止的，所以，箭运动的同时，实际上是静止的。

我们假设，箭能够存在于它经过的一个位置，那么正如芝诺所说；假如箭与其静止的点相符，自然也是这样。但是，箭不可能存在于它经过的任何一个位置。顶多当箭经过这个位置，且能够静止在这里，我们才可以说箭存在于这个位置。假如箭的确能够静止于这个位置，那么，在这个位置上，我们考虑的便不再是活动。实际上，如果箭从A点发射，降落到B点，那么只要箭的活动AB是活动，就像发出箭的弓弩的张力那样，是单一的、无法分割的。手榴弹在落地之前爆炸，就是用无法分割的危险覆盖其爆炸圈。相同的，箭在从A点到B点的缓慢而连续的过程中突然显示出它无法分割的运动性。将皮筋从A点拉伸至B点，你可以将它的这种延展分开吗？箭的飞驰就是这样的延展，也和这个延展同样单一而无法分割。它单单是一种飞驰。你在箭经过的轨道上设定一个C点，说箭在某个瞬间存在于C点之上。假如箭存在于C点，那么箭就已经静止于这一点。从A点至B点的飞驰便不存在了，存在的只是从A点至C点和从C点至B点这两种飞驰，还有这当中的静止。按照这种假设，一个单独的活动就是静止的两个位置之间的活动。实际上，只要活动一开始，便会依其前进的路线形成一条静止的轨迹，在这条轨迹之上能够任意地数出多个静止，这样便造成了错误的感觉。所以，我们总结出这样一个结果：活动开始之后，每个刹那都留下一个与其相对应的点。我们没发现轨迹能够瞬间形成，尽管这也需要时间。就算形成的轨迹能够随意分解，但轨迹的形成的过程也无法分解。因为它不是事物，而是正在进行的行动。如果假设运动的物体存在于轨迹上的一个位置，那便是将轨迹从这个位置一分为二，再拿两条轨迹代替最初的那条轨迹。这是在只有一个行动的区域，区分出两个连续的行动。简单地说，即将箭飞过的地方当作箭的飞驰。换句话说，这就是事先认可了活动和静止合而为一的不合理性。

由于在其他地方我们已经对芝诺的另外三种论述进行过讨论，在此就不再赘述了。我们仅仅需要知道，芝诺的论述将行动运用于经过的轨道，并假设这条轨道是真实的，行动也是真实的。比如，轨道能够随意分为长短不一的几段，并且始终都是原来的那条轨道，有的人据此得出结论说："我们拥有假定行动能够随意分割的权利，并且其总是原来的那个行动。"这样便形成了太多的不合理。然而，把行动运用于经过的轨道这种可能性，仅对置身事外的观看者存在。由于他们能够在每个刹那都发现静止的可能，便想要利用这些可能的静止重组真实的行动。假如我们想到了真实行动的不间断性，并且这种不间断性就像我们在举手投足之间都能够意识到的一样，这种可能性即刻就会消失。此时，我们将真实地感觉到两个静止的位置之间的轨道是一气呵成的。我们也会真实地感觉到，在形成轨道的行动中设定不同的点，令其与轨道上的各点互相对应是没有意义的。运动的物体所经过的轨道不存在内部体系，因此，能够采取任意的方法进行分割。然而，一切行动都具有内部节点，此乃无法分割的飞驰，也可以说是连续的无法分割的飞驰，一定要想到行动的节点，不然就不必去考虑行动的本质属性了。

看待阿喀琉斯追赶乌龟这个事件，一定要将阿喀琉斯的每一个脚步都当作无法分割的事物，对乌龟的每一个脚步也要如此。阿喀琉斯不用几步即可超过乌龟。假如想对这两个行动进行更加深入的分析，其最佳方案是在这个追赶的过程中，对阿喀琉斯和乌龟的步子的约数进行区分。然而我们一定要遵从这两个行动的过程中存在的自然分段，只要遵从这些分段，便可避免一切难题，这是由于你遵从了经验的引导。芝诺的方法即依照任意选择的规律重组阿喀琉斯的行动。阿喀琉斯迈出第一步抵达乌龟所处的位置，继续迈步便抵达了他迈第一步时乌龟到达的位置，依此类推。此时，阿喀琉斯不得不连续迈出下一步，事实上，阿喀琉斯是通过其他方式追赶乌龟的。就如同思考经过的轨道那样，如果不将行动看成能够随意分割、重组的事物，芝诺看到的行动便无法等同于阿喀琉斯的行动。如果认可了一个不合理因素，其他不合理因素马上便会从中出现。

另外，将芝诺的论述推及属性的变化和进化的变化其实很简单。然而，这里仍将出现相同的问题。儿童变为青年，然后变为中年，最终变为老年。如果生命的进化在这里是现实的，那么从儿童变为老年就非常易于理解了。童年期、青春期、中年期、暮年期只是思想看到的单一情形，并且我们是根据进化的不间断性从外部设想的可能存在的停止点。相反，如果将童年期、青春期、中年期、暮年期当作进化的组成部分，它们便成为真实的停止点，不管我们怎样理解这些停止点，也不能将其与行动同等视之，因此也不能由此理解进化怎样得以进行。我们不能拿已经形成的事物去重组正在形成的事物。比如，只要将童年期当作事物，按照假定便只有童年期，那么我们怎样成长为青年呢？认真思考这个问题就能够发现，我们经常使用的一些语言受制于我们经常使用的思维方式，从而将我们引入逻辑上真正的绝路。即使走上绝路，我们也不会感到一点儿忐忑，这是由于我们已朦胧地感觉到了能够走出这里。实际上，我们仅需抛开智慧的电影模式便足够了。当提及“儿童变成大人”的时候，我们并没有深入思考这种表述字里行间的含义。当我们将“儿童”设为主语的时候，“大人”这个宾语还没有作用于主语。我们继续说到“大人”这个宾语的时候，就看到它已经不再作用于“儿童”这个主语了。从儿童期走向中年期这个转变，已经在我们的手中遗失了。我们手里仅余“儿童”和“大人”这种设想中的停止点。按照芝诺的论点，飞驰的箭存在于轨迹上所有的位置；同样的道理，我们非常容易将一个停止点当作别的停止点。假如词汇是依照现实而产生的，那么我们便不再说“儿童变成大人”，而是说“从儿童到大人的变化”。前一种说法当中的“变成”是含义不明的动词。我们把“大人”这个形态赋予“儿童”这个主语，本身就是荒谬的，而“变成”这个动词起着遮掩荒谬的作用；这种作用也类似于电影胶片的相同运作，只不过后者潜藏在播放设备之内而已。此运作的目的是仿照真实对象的运作，把连续产生的形象依次积累在一起。在后一种说法当中，“变化”是主语。在这里，它就是凸显于前的现实本身。此时，童年期和中年期不过是其中隐含的停止点，是思想中的单一情形。此时，我们考察的乃是客观的行动，而不是电影式的模拟，唯有前一种说法才符合我们平时使用语言的方法。要使用后一种说法，则必须摆脱思索的电影式机制。

要马上解决行动问题滋生出的种种不合理的论述，就要彻底摆脱此电影式机制。要从诸多形态当中创造出一个变化，就会使一切都变得模糊不清、矛盾重重。首先，我们要顺着变化前进，接着通过思索将其切断，从而区分出种种形态，模糊和矛盾便即刻消失。这是由于改变当中包含着超越形态的组合，超越可能性界限的组合，行动当中亦包含着较之一组停止点更加丰富的事物。前一种方法符合人们思考的逻辑；相反，后一种方法则要求我们违逆日常的思考逻辑。就算哲学家面对这种努力寸步难行，也不足为奇。希腊人信奉自然，他们信奉具有自然趋向的思想，特别是对能够合乎自然地把思想表述出来的语言更加信奉。较之对事物的思索方式和语言表达方式，希腊人宁可批判事物本身。

这是埃利亚学派的哲学家们最为反对的。改变不符合我们日常的思索逻辑和语言结构，因此他们声称改变是不真实的。无论在空间活动还是在普遍改变当中，他们所看到的唯有错觉。当中有些人不改变前提，只软化结论，说：“现实在改变，然而其本身不应改变。”也有些人说：“经验使我们直面改变，可这种改变不过是能够被感知的现实。但是，能够被智慧所掌握的现实也就是应当存在的现实，则更加真实，所以现实不能改变。”在属性变化、进化变化、拓展变化的最深处，思想应当寻找和改变相反的事物，即能够被界定的属性和形式或者根本属性和目标。繁荣于希腊时期的哲学，也就是“形式”哲学，或者采用更加贴近于希腊语原意的说法——“理式”哲学，它的根本原则即属性、形式等。

五、形式哲学和它的变化概念

“理式”一词源于“艾德斯”（eidos），其含义有三：①属性；②形式或者根本属性；③正在进行的行动的目的或者图式，也就是假设已经完成的行动的描绘。此三种含义和词汇的三种根本范畴相对应，分别代表形容词、名词和动词。通过前面的阐述我们可以理解，“艾德斯”能够翻译成“见解”甚至“刹那”，并且，如此翻译是理所应当的，原因在于“艾德斯”是捕捉事物非静止性的静止见解。换句话说，“艾德斯”是变化的刹那属性；是进化的刹那形式；是均衡形式的根本属性。然而，在此均衡形式的基础上还存在着别的由其变形而来的形式。

总而言之，此乃为正在进行的行动注入生机的图式，就像前面展示的，仅为正在进行的行动的提前描绘。所以，把事物降低成理式，就是把变化分割成重要的刹那。通过假定来看，这些刹那已经脱离了时间的规律，乃取自永久的模式。换句话说，当智慧的电影式设备应用于真实分析的时候，我们就更加趋近于理式哲学。

我们将静止的理式放在非静止的现实的基础上，必然会得到一切自然学、宇宙论和神学。我们先来看这一点，目前，我还不愿意用几页的篇幅来概括博大精深的希腊哲学。上文叙述了智慧的电影式装备，所以，首要便是展示此装备的运作是怎样显示现实的。此类显示在古哲学中已有论述。从柏拉图开始，经过亚里士多德（也在某种程度上经过斯多葛学派），一直到普洛丁所阐述的哲学思想，基本上都不存在偶发、偶然和哲学家的空想。其中主要论述了系统的智慧把一切变化拍成相片，然后通过这些相片察看一切变化，此时这种变化怎样体现于系统的智慧的视线当中。如今，我们从事哲学研究所使用的方法依然和希腊人一样。要想获得希腊人的普遍结论，我们仅需信任思索的电影式机能，而不必去感知。

正如我们说过的，活动大大超出活动物体的连续状态；变化大大超出相继经过的形式；形式的进化也超出依次假设出来的形式。所以，哲学能够从前面的术语中导出后面的术语，却无法从后面的术语中导出前面的术语。而思辨只能以前面的术语为起点，智慧却将此二者的次序倒置。从这一点来看，古哲学的做法同智慧的做法一样。所以，古哲学身处静止当中，仅占有理式，而事实上，变化依然包含其中。开始时只有不可改变性，然后由此产生改变，存在这种可能性吗？除理式而外，并不存在其他肯定的事物，因此即便添加一些事物，改变也不会发生。这样看来，由于减少了不变的属性，改变才得以发生。古哲学的基础一定建立于此。静止的物体所包含的东西多于活动的物体。我们通过做减法的方式从不可改变性达到改变。

这样看来，只有将负的事物或者零添加在理式之上，才可以产生改变。如柏拉图的“非存在”、亚里士多德的“材料”，就是那种用来添加在理式之上的事物——形而上学的零。正如数学上的零和一相加一样，形而上学的零则和理式相加，如此理式便能够在时间及空间领域繁衍。静止且单纯的理式，由于零的效用而被折射到无穷无尽的扩展活动当中。就权利的角度而言，仅存在着静止且密切相连的理式。实际上，材料已经将其空白附加于理式之上，令普遍的改变即刻展示出来。材料是无法掌控的无，它们潜行于理式之间，形成无止境的刺激和恒久的不安，正如一丝疑惑潜行于一对恋人的内心。材料试着将非静止的理式减弱，希望以此得到事物恒久的流动，如果理式或者形式相互结合便显示出“存在”的理论平衡点，因此，在这个角度上，理式即能够被感知的全部现实，也就是全部真理。能够被感知的现实就是以此平衡点为核心，无止境连续地摇摆。

这样便经由关于理式的全部哲学而引发出某种连续的概念，亦引发出某种时间与永恒关系的概念。对于身处变化之中的人而言，连续不断已经展示为事物的生命，即根本的现实。此时，形式已经被思想隔离，并吸收于概念当中，成了拍摄改变中的现实的相片。形式即顺着连续不断的流动而捕捉的刹那。将连接刹那和时间的锁链断开，形式便不再连续。形式极易与其自身的定义相混淆，也就是与人为的重组相混淆。这里，人为的重组是指形式在人们智慧当中的对等事物，即象征性的展示。如此而言，形式已经走进了永久的范畴。然而，形式的永久性与其非真实性已经结合在一起。相反的，假如我们通过电影的方式来处理改变，形式就不是拍摄改变的相片，而是改变的组成因素，显示出改变中的一切肯定性事物。永久性已经不是游离于时间之上的抽象事物，而是作为现实成了时间的根基。此即形式哲学或理式哲学所持的见解。此见解已经为永久与时间建立了一种关系，这种关系和金子与铜钱的关系相似，即铜钱价值低廉，就算不停地付款也很难付清，而金子则立刻就能够付清。对此现象，柏拉图是这样解释的："神无法令世界永远存在，因此将时间赋予了世界，时间即'永久性的活动形象'。"

这样，扩展的概念便再次被引了出来。虽然此概念不像连续不断的概念那样凸显，但也在理式哲学的深处存在着。我们再来设想一下思想顺着变化进行变化活动的场景。对此思想而言，连续的形态、属性等形式全部成为思索从普遍变化当中分割出来的单一片段。此思想看到了，形式在根本属性上就是扩展。在变化的流动当中，形式和给予其材料的扩展性变化无法分割。所以，一切形式均占据着一定的时空，然而理式哲学却与此相反，它以形式为起点，在其中发现现实的根本属性。理式哲学将形式置于永久之中，而非通过描绘变化的情景得到形式。连续和变化不过是这种静止的永久性的弱化。如果形式脱离了时间，就不能被感知，从而成为概念。归于概念范畴的现实不存在连续和扩展，因此，形式游离于时间之上，并处于空间以外。时间和空间在古哲学中必定拥有同样的起源和价值。时间上的松懈及空间上的扩展，全部为存在的缩减显示。

因此，扩展和松懈仅展现存在和应当存在的距离。站在古哲学的立场上来看，时间和空间二者即现实给其自身建立的场地。此现实由于不够完善或者游离于自身之外，而奔波于这个场地，用以找寻自身。然而，我们一定要明白，这个场地是随着奔波而形成的，且奔波在此刻下了印记。假如存在一座想象的时钟，上面的钟摆不过是数学当中的一个点，以这个平衡点为起点，产生毫无意义的摇摆，随着这种摇摆，便有了各点之间的连续及每个刹那之间的连续，这样就生成了时间和空间，然而时间和空间二者除活动以外不存在任何肯定性。时间展示的是人们为钟摆设置的点和它原本所处的点之间的距离，也就是钟摆由于离开了原本所处的点而不得不找回原点所要走的距离。假如钟摆走回其原点，那么时间、空间和活动便全部位于数学当中的同一点之上了。相同的，虽然人们的推论过程组成了无止境的锁链，然而却猛然间陷入了直觉所捕捉到的真实当中，这是由于推论过程的扩展和松弛仅为思索和真实之间的距离。扩展和连续与单纯的形式或理式的关系就是如此，可被感知的形式总是试图恢复自我，却又总是受阻于自身所包含的材料，而停滞于我们面前。换句话说，其既受阻于自身内部的空白，又受阻于存在和应当存在之间的空白。可被感知的形式不停地试图恢复自我，却又不停地失去自我。这些形式受到某种无法抵抗的规则的制约，就如西绪福斯的岩石一样，在即将抵达山顶的瞬间掉落下来。将可被感知的形式置于时间和空间当中的这种规则，不过是可被感知的形式在根本上存在着不充分性和永久性的形态。变化和消除的轮换，不停从头再来的进步，无止境重复的宇宙活动，这些均展示了材料性的根本缺点。若是能够弥补此缺陷就再好不过了，如此一来，时间和空间也就随之消失。换句话说，就是摆动被消除了。这种摆动不停地寻求稳定的平衡，且无止境地在其周围进行更新，却始终未能达到那种平衡。材料再次恢复为最初的相互交融，空间上的扩展也又一次压缩为单纯的形式；曾经、如今和将来亦浓缩在永久当中的一个瞬间。

总而言之，物理学是被破坏的逻辑学。理式哲学能够归结于此命题，也依赖于智慧与生俱来的哲学秘密原理。假如不可改变性多于变化，那么形式就多于改变。那些相互包含、相互协调的理式逻辑系统，由于真实的下降而散落，成了材料和事情组成的一组物理表象。而这些材料和事情均为事后偶发的。一首诗歌的初始观念经过发展，幻化出成千上万的意境，这些意境被赋予材料，从而成为诗句，诗句得到延伸而成为词汇。越是从束缚在一起的静止观念降低到解脱束缚的词汇，或然和抉择所产生的功效也就越大。其他隐含的比喻或许能够通过其他的词汇来表达，但唯有意境能引发意境，词汇能引发词汇。如今，这些词汇全部向前涌来，试图通过自身的能力复原那个简单的初始意境。由于我们的双耳能够听见的唯有词汇，所以，我们的双耳仅能感知或然性，然而我们的思想借助连续的跳跃，从词汇跳到意境，再从意境跳到初始意境。如此一来，思想便从感知恢复为理式的概念，而实际上，词汇的感知不过是或然引发的或然罢了。哲学家对待普遍性的所作所为亦是这样。经验令哲学家发现现象，而这些现象相继奔涌于时间和空间所确定的或然规则当中。物理规则既是指逻辑规则的降低，亦是指陨落于时间和空间当中的逻辑规则。然而，由于哲学家通过感知回到概念，才发现物理学所包含的肯定性全部汇集于逻辑当中。哲学家的智慧放弃了令存在松懈的材料性，转而在理式的静止系统当中再度把握存在。这样便得到了“科学”。我们只有修正智慧和智慧所指向的对象之间的距离，让智慧归于原位，“科学”才能够完整地呈现在我们面前。所以，科学是材料真正的生产者，其存在先于且独立于智慧，而非人们制造出来的。

其实，假如我们将形式当作思想拍摄变化的连续的相片，形式便同样展现这种连续的思想，并且不能单独存在，我们最多可以说这些理式是想象中的。可是如今的我们已经做出了相反的假象，所以，理式自身一定要具有独立性。古哲学始终无法避开此一结论。柏拉图将其格式化，亚里士多德本来想要避开，却无法做到。活动是通过静止的降低而形成，因此只有存在真实的静止性，活动才能够存在，这样可被感知的世界也才能够存在。这样，亚里士多德开始就否定了理式的独立性，却仍旧无法将其剥夺，于是将各式各样的理式捏在一起，并于自然界之上建立一个形式，因而此乃形式的形式、理式的理式。甚至可以通过其展示，认为此乃思索的思索。这就是亚里士多德的神——这个神必须是静止的，和世界上的任何事件毫无关系，原因在于这仅仅是将所有概念总括在一个概念当中。自然，复杂多样的概念无法原封不动地存在于神的统一当中。想在亚里士多德的神之中探寻柏拉图的理式是毫无意义的。我们仅需设想亚里士多德的神能够通过自身产生折射，抑或能够俯身走近世界，那么隐含在神的本质统一当中的大量柏拉图理式便会从中蜂拥而出，就犹如太阳不蕴含阳光，阳光却来源于太阳。柏拉图理式从亚里士多德的神当中涌现出来的可能性，在亚里士多德哲学当中已经用积极的智慧来代表。换句话说，所谓积极的现实性虽是人们智慧的本质属性，却无法通过领悟来了解。这种积极的智慧是一次性建立起来的整体知识，而需要领悟和验证的智慧则必然需要努力搭建。这样看来，亚历山大学派哲学家所谓的可能存在的神的幻象已经潜在于我们的内心，甚至我们的身后。此幻象总是虚拟的，不可能通过智慧的领悟使其实体化。在此幻象当中，我们能够发现神已经表现成种种理式。这个幻象无所不能，静止的推动者对宇宙运动和物质流动所起的作用，已经通过这个幻象在时间领域运动的验证性智慧独立承担。

这样看来，理式哲学包含着某种特别的因果观念。为了回到事物的本源，而努力探寻智慧的天然活动时，谁都可能遇到此因果观念，因此清楚地了解这个观念至关重要。实际上，古哲学家并未将此观念清晰地阐释出来，他们只不过从中推导出各种结果而已。总的来说，他们并没有对这个观念进行表述，而仅仅将由此观念引发的各种看法展现在我们面前。他们时而说原初推动者作用于整个世界的是吸引力，时而又说是推动力。此两种说法均能够在亚里士多德那里找到。他觉得天体活动是事物趋于神的完善性的愿景，所以亦即趋于神的上升；然而，他又在其他著述中表示，此乃神触及最高领域的结果，因此是从神到事物的下降。亚历山大学派的哲学家们在谈到前进和后退的时候，基本上遵循亚里士多德的此两种说法，也就是所有事物都以第一原理为起点，又渴望回到这里。然而，唯有使此两种神的因果观念都回归到第三种因果观念的时候，它们才可以合为一体。只有回归于第三种因果观念，我们才可以明了，事物为什么在时间和空间当中活动，又源于什么意义而存在？亦能够明了：为什么存在时间和空间，为什么存在活动，为什么存在事物？

从柏拉图发展至普洛丁，此因果观念才慢慢在希腊哲学家的论述当中凸显出来。我们可以将此因果观念通过以下方式表述出来：

说到确认某个现实，即一并确认此现实和绝对的无之间各个不同程度的现实。此原理通过数字来表示就很清楚。当我们确认十的时候，就必须确认十到零之间的一切数字。在这里，我们的思想自动从量的范畴转移到了质的范畴。设若存在某个完善性，那么以此完善性为一端，以我们想要掌握的乌有为另一端的持续下降的一切中间间隔也都存在。如今假设要确认亚里士多德之神，那么这就是思索的思索，也就是形成圆环的思索，这个思索借助刹那或者永久的往复过程，由主体变成客体，由客体变成主体。另外一边，乌有自然而然地确认其自身。既然这两端都得到了确认，那么它们的中间间隔也一样存在。所以，由神之完善性下降至绝对的无之间存在的全部间隔，都必然随着神的确定而确定。

六、智慧的天然趋向

现在我们就来由上至下探究这些中间间隔。首先，仅需将第一原理稍稍降低，存在便坠入时间和空间之中。然而，这种最初降低所展示出来的连续和扩展与神之非扩展性和永久性已经十分相似了。因此，我们一定要明白神的原理的首次降低是由于天体的自身转动，此天体已经用自身的圆周活动之永久性对神的思索的圆周永久性进行了模拟。其次，此天体既不变换场地，也不包含于其他任一事物当中，因而它是建造自身场地的天体，亦即建造普遍场地的天体。再次，这个天体的活动是所有别的活动的标准，因而此乃制造自身连续的天体，进而亦是制造普遍连续的天体。最后，完善度逐渐降低，最终抵达了我们的世界。在这个世界里，产生、发展、灭亡的往复，只是对根本性圆周进行的最终的曲折的模拟。我们做出如此阐释的时候，神和世界之间的因果关联，在我们的世界上看乃是吸引力；而在神的角度上看，就是推动力或因触及所产生的效用。这是由于最高的天体一边做圆周活动，一边对神进行模拟，而这种模拟是接纳形式。所以，无论从何种角度来看，既能够将神当作有效原因，也能够将其当作终极原因。然而，此两种因果关联均非起决定作用的因果关联。决定性的关联在于等式的两元，其中一元仅包含一项，另一元则是无数项之和。我们亦能够将其说成是金子和铜钱的关联，由于只要一拿出金子，与之价值相等的无数铜钱就自行出现了。虽然亚里士多德论证了静止的最初推动者必然存在，却不认为事物的活动必须有出发点，而自行假设活动没有出发点和归宿点。此情况完全能够这样看待，之所以存在活动，简单地说，正由于铜钱能够兑换金子，所以才拿出铜钱。并且，铜钱的集中计算绝对不能够说是从什么时候起，而应当是无止境的延续，这是由于在根本上与这个集中计算得数相等的值唯有永久。只有得到静止的永久性的支撑，而且通过没有出发点和归宿点的链条二者来开展，才使活动的永久性成为可能。

此乃希腊哲学的最终结论。我们无须试图重组希腊哲学，它的根源有很多种。它通过无形的绳索连接起古代思想的一切成果。通过简单的原理推导希腊哲学是无济于事的。假如我们抛开源自诗歌、宗教、社会科学、初级的自然科学和生物科学的所有事物，再去掉这座庞大建筑构造当中的轻便材料，便会剩下牢固的框架，这个框架已经书写下了人们智慧天然的形而上学的梗概。其实，假如我们始终按照感知及思索的电影式趋向前进，便能够抵达此哲学。

我们的感知及思索是通过一组不变的形式代替发展的持续改变，而那些形式则是轮番被“中途截获”（be caught on the winy）下来的，就像一种旋转游戏（merry-go round）里的那些环，儿童们经过它们时，用手中的小棍子将它们从挂钩上摘下来。这样，何谓“经过”？何物串起了形式？只有从改变当中取出那些我们看到的确定的东西，才能够获得不变的形式，因此唯有否决性才可以赋予那些形式最深处的不稳定性以及特点。

我们要思索的第一个问题就是这种不确定性。我们在这第一个问题当中将所有改变划分为两个因素。其中一个因素是不变的，在某些场所是能够被限定的，亦即形式；另一个因素则是无法被限定，且始终如一的，简单地说，就是普遍的改变，亦即词汇的根本操作。形式是能够被显示出来的，而词汇隐含着非静止性，最多可以暗示出来。由于非静止性无法显示，因此无论何种情形之下看起来都是一样的。此时，认为思索及词汇所展开的此种剖析合情合理的哲学便展示出来了。此哲学更加着力于将此差别现实化，且将其推到极端的结果当中，用来导入系统。这样，此哲学一边使用确定的形式或者静止的因素，一边使用非静止性的原理来建造现实。非静止性的原理已经否决了形式，以避免被界定，是绝对的不确定。哲学越是关注这些受思维限制、通过词汇来表达的形式，这些形式就越是上升到了可被感知的程度，也就更加易于变成严密的绝对观念。而这些绝对观念能够相互交融，浓缩于一个仅有的观念之中。这个仅有的观念就是一切现实的总括，所有完善性的终极。相反，此哲学越是降低，抵达普遍非静止性无法看到的源头，那么它的源头就更加易于从此哲学的身边溜走，成为乌有；最终完全陷入绝对空白之中。此哲学终将获得一个系统，此系统即理式在逻辑上的组合，或者将种种理式汇聚于仅有的一个理式当中。从另一个角度来说，此哲学亦承认表面的乌有，也就是柏拉图的“非存在”或者亚里士多德的“材料”。但是，裁剪以后一定要进行缝合。目前的任务即利用可被感知之上的理式与可被感知之下的非存在重新建造可被感知的世界，这就需要某种形而上学的必然性作为条件。如果依靠此必然性，那么“全部”和“无”的存在就相当于确定了此二者中间的一切现实间隔。这就犹如某个无法分割的数字在考虑到它与零之间的差距时，就展现出数个“一”之和，亦使比这个数字小的数字全部展现出来。此乃天然的推定，亦即希腊哲学的基础。于是，要阐释其中每一个中间间隔的现实特性，就要衡量出其与整体现实的差距。低位阶的现实是高位阶的缩减。站在智慧的角度来看，我们在现实当中感觉到的新鲜因素不过是新添加的否定量。最少量的否定已进入了感知现实的最高形式里，所以，亦进入了位于其下的所有形式里。这个最少量的否决已经通过扩展和连续这两种感知现实的最为普遍的性质展示出来了。越是向下缩减，我们就越是能够得到特别的性质。在这里，哲学家已经让他们的幻想自由翱翔。由于知觉界的某种形式与存在缩减的某种阶段相对应，已经被任意的、仍有探讨空间的法规所确定。我们不一定能够如亚里士多德那样抵达由若干自转的同心圆所构成的领域。然而，我们可能将获得与之相类的宇宙系统。换句话说，虽然组成此宇宙的局部全然不同，但是局部之间的关联则完全一样。此宇宙系统依旧控制于相同的道理，逻辑上的事物界定物理上的事物。种种转化的表象身后都存在着一个封闭的系统，此系统由相互归依、相互协调的观念构成。科学能够被理解成观念系统，因此与感知现实相比现实性更强。科学的存在要早于人们的见识，人们的见识仅可以逐字逐句地对科学进行理解。科学的存在亦早于事物，事物仅可以抽略地对科学进行模拟。只要科学一脱离自身，便失去其永久性，和一切人们的见识及所有事物合为一体。所以，普遍变化的原因就是科学的不可改变性。

上述内容即古哲学关于改变和连续的看法。近代哲学，特别是初期的近代哲学，曾一度试图改变此看法。然而无法抵御的吸引力却将智慧引回其天然运动，将近代形而上学引回到希腊形而上学的普通总论，而后者正是我们需要搞清楚的。所以，我们一定要明白，现代的机械论哲学通过什么与古代的理式哲学连接，又是怎么对我们的智慧需求，特别是对实践性需求做出反应。

七、近代科学里面的变化

近代科学也和古代科学相同，遵循电影的方法，此外什么都不懂。一切科学都拘泥于这个规则，事实上，科学的根本属性就是用标记代替对象，再对标记进行操作。此标记较之词汇的标记则更加精确、有效。但是，此标记并不能够摆脱标记的大前提的约束，这个大前提将现实中确定的一面书写于一个起决定作用的形式之上。想要对活动进行探索，就需要思想持续做出新的努力。标记通过人工形成代替事物的连续动态，其目的就是要使我们省去这种努力。从实践的角度来看，人工形成与事物的持续动态是相等的，并且具有容易运作的优势。我们姑且不论此做法的优劣，先单来检验它的后果。何为科学的根本目标？就是加强我们对事物的干预能力。科学具有思辨的形式，与其目标无关。换句话说，我们完全能够按照科学的意愿对其“放贷”，无论还款期有多长，我们的付出都不会付之流水。由此可见，科学的目的总是实用性。就算科学陷入理论之中，它的脚步必然还是和实践的普遍形式步调一致。不管科学上升到什么程度，最后仍将脚踏实地地站在行为的范畴当中，科学和行为的步伐全然不同的可能性是不存在的。我们在前面说过，行为的前进需要跳板，行为即再次进行自我调适。由此看来，了解也就是为了行为所做的预见，是由一种情势走向另一种情势，从一种安排走向另一种安排。科学能够探究这些逐步相互靠拢的新的安排。如此，科学将使独立的刹那增多。然而，科学依旧不断地将刹那独立出来。科学与一般的智慧、知觉、词汇相同，对刹那和刹那之间将会如何完全不在意。科学关注的乃是端点，而非间隔。所以，电影的方式在近代科学当中所起的作用更强，毫不逊色于其在古代科学当中所起的作用。

那么，近代科学和古代科学有什么区别呢？正如我们上文中提到的，古人把物理规则归入生命规则，也就是把规律归入类的概念，近代人则试图将类的概念变成规律。但是，换个视角探究这种区别，至关重要。事实上，这仅为之前视角的更迭。此两种科学对转换的看法存在什么区别呢？我们说，古代科学认为只有关注对象的重要刹那才能全面理解该对象，而近代科学却在任意的刹那对对象进行探究。

比如说，柏拉图与亚里士多德的形式或理式就对应于事物的重要刹那——更为一般的说法就是对应于被词汇固定的刹那。我们认为形式或理式就像生命体的童年期或晚年期那样，能够展现某一时间段的特点，并将此时间段的精华凸显出来。此时间段的剩余部分则表现为形式之间的转变，从而受到忽视。举例来说，当人们从整体上理解了下落物体的特点时，就认为所有情况都已经展现出来了。他们会说，此乃向下的活动，是趋向于一个中心，即一个东西脱离了其所归依的地面，想要返回的天然活动。所以，他们关注的是终点或顶点，且通过根本的刹那展现出来。此刹那乃词汇为了显示总体情况而规定好的，然而对于科学来说，亦是用来展现总体情况的特点。在亚里士多德的物理学中，扔到上空的东西和自由下落的东西，已经被上和下、主动和被动、固定位置和临时位置等概念所界定。然而，伽利略则认为根本的刹那或重要的刹那并不存在。对于下落物体的考察，就是在它下落的任意刹那所进行的探究。地心引力科学即在任意的刹那确定事物的空间位置的科学。因而，科学对标记的需求自然比词汇更加精确。

由此看来，近代科学和古代科学全然不同，原因在于近代科学已经无止境地分割了时间。古人认为，我们的天然感觉和词汇已经将连续的、展示个性的现实分割出来，并与时间对应，包含着同分割出来的现实数量相等的无法分割的时间段。所以，从他们的视角来看，这些现实都仅仅能够从整体上进行界定或描述。假如描述一个现实，却需要分割成若干部分进行，那么这个现实就不仅是一个现实，而是若干现实，并且也不仅拥有一个时间段，而是拥有若干无法分割的时间段。然而，人们普遍觉得，时间能够分解成数个确定的时间段。这种分割是因为与青年期相类的现实遇到了明显的风险，或由于新的情况凸显出来，而被思想所迫才做出的。相反，开普勒和伽利略都说，我们不可以按照填充时间的材料来对时间进行分解。时间不存在天然的分段。所以，我们能够随意对时间进行分解，并且也只能这样。一切刹那的价值都是一样的，不存在起主导作用的刹那。所以，只有当我们能够确定一个转变在任一刹那的发展状况的时候，我们才可以了解转化。

这个区别是非常显著的。从某种角度来看，这个区别可以说是最基本的区别。如果站在我们的角度来看，这个区别应该说是量的区别，而非质的区别。人们的思想仅追寻更高的精确性，且借助逐步的完善，从一种知识走向另一种知识。此两种科学之间的关联，即通过人们的眼睛直接观看活动状况和用摄影机拍摄活动状况的关联。二者都是电影式的方法，而后者较之前者则更为精确。以马的奔跑为例，我们的眼睛更能感觉到有特点的姿势，此姿势是根本的、典型的，从状况来说，似乎可以观察到全部的时间段，充满奔跑的时间。被镌刻于帕特农神庙浮雕带上的即是此姿态。然而，相片将每个刹那都独立出来，并排放在一起。所以，对于相片而言，马的奔跑已经被分解为若干连续的姿态，而非集结于重要的刹那闪耀登场，图解某个时间段仅有的一个姿态。

其他区别均由此根本区别分化而来。科学轮流检验连续的无法分割的数个时间段，仅发现形式取代形式、片段代替片段的情况。此类科学把对象喻为有机生物，只通过属性描述对象就知足了。然而，我们立足于这些时间段中的一个，去探索在任何一个刹那将有何事发生，这样我们就是在探索全然不同的东西了。从根本上看，由一个刹那至另一个刹那的改变已不是性质的改变。总体来说，不管情况的改变还是构成情况的因素的改变，都是数量上的改变。由此可见，近代科学和古代科学的不同之处在于，近代科学将数量作为研究对象，将用数量衡量事物作为目标。虽然古人已经做过试验，然而开普勒的试验还算不上真正的试验，这是由于他并未以发现规律为目的，而规律已经成为人们所谓的科学知识的典范。近代科学的特点并非进行试验，而是以试验为手段进行度量，也就是说，试验仅仅是以度量为目的所做的工作而已。

所以，古代科学将概念作为研究对象，而近代科学则致力于发掘规律，也就是发掘各可变数量之间的固定关联。对于亚里士多德来说，圆形这个概念足以解释宇宙活动。可是，对于开普勒来说，如果没有规律，即便是更为精确的椭圆形这个概念，亦无法对宇宙活动进行解释。换句话说，开普勒认为要解释宇宙活动，就必然需要其中两个以上因素数量上的改变所形成的固定关联。

然而，上述区别仅为从根本区别当中引发出来的某些区别，仅仅是一些结果。虽然古人只是出于偶然，但他们确实想到过以度量为目的进行试验，并且也看到了表现数量之间固定关联的规律。阿基米德原理已经提到了三个可变数量，也就是物体的体积、浸泡物体的液体浓度和物体承受的压力。总体来说，他明白地告诉我们，物体的这三个可变数量之一是另外两者的函数，这才是真正的实验规律。

所以，我们只能在其他地方寻找根本性的区别，也就是我们最早提出的区别——古代科学是非动性的。古代科学笼统地探寻自己研究的转化，就是将这些转化分割为若干时间段，将每个时间段都作为一个整体。换句话说，古代科学并未想到时间因素。近代科学建立于开普勒和伽利略的研究成果之上，所以他们的研究成果便成了近代科学的典范。开普勒的规律即确定以太阳为中心，由行星的向量半径画出的面积，和画出此面积需要的时间之间的关联；以及确定行星运行轨迹的长轴和运行时间之间的关联。伽利略的主要研究成果是将下落物体经过的空间及其所用时间相联系的规律。继续向前走，则近代几何学的巨大转变是从什么时候开始的呢？此系通过模糊的形式把时间和活动列入图式的研究。在古人看来，几何学是一门纯静止状态的科学。它的图式是一次性彻底完成，类似于柏拉图的理式。然而，笛卡尔几何学（虽然笛卡尔并没有赋予几何学此类形式）的根本属性显示，所有平面曲线都是可以移动的直线之上随意一点的活动绘制而成，且这条可以移动的直线是顺着横向的坐标轴平行移动的——我们可以假设此直线的移动为匀速运动，所以该横向坐标轴代表时间。因此，我们要解释这条曲线，就要阐述其在可移动直线上经过的空间及所耗时间之间的关联，也就是一定要在移动点移动的任何刹那显示其在所经过直线上所处的那一点。此关联不过就是这条曲线的等式。简单地说，用等式代替图式，也就是移动点在任何刹那对曲线位置进行记录。然而，认为此图式乃于曲线形成的一刹那即刻凝结出来是不正确的。

这样看来，由于此引导思想的革新，自然科学及作为其工具的数学也随之发生了变革。近代科学源自天文学，它是顺着伽利略所描述的那个斜坡，由空中落至地面。牛顿和他之后的科学家也是经由伽利略而连接到开普勒。那么，对开普勒来说，天文学的难题是怎么成立的呢？问题就在于，了解行星于既定刹那中各自所处的点，用来推算它们于其余任何刹那所处的点。此后，相同的问题亦出现于一切物质系统，所有物质点均被视为初期的行星。主要问题，亦即化解其余问题的根本问题，就在于了解既定刹那各因素所处的点，以此确定这些因素于任何刹那各自所处的点。自然，此问题仅于解决单纯的图示化现实时，才可以用如此精准的词汇来表达，这是由于，就算存在现实的因素，我们仍无法了解真正的物质因素各自所处的那个点。就算清楚既定刹那所处的点，推算出其于别的刹那所处的点，亦需要在数学方面做出不寻常的努力。但是，我们仅需明白这些因素能够被了解，它们此时所处的点能够被测量出来；仅需明白假定具备超乎寻常的智慧，即可将这些既定资料置于数学运算当中，用来确定各因素在任何刹那所处的点，这样就可以了。我们主动提出关于自然的各种问题就是基于此信念。所以，一切静态规律仅为动态规律的特定形式，唯有动态规律才可以为我们提供全面的、具有决定意义的知识。

就结果来说，近代科学和古代科学之所以存在区别，不只由于近代科学在探寻规律，亦不只由于此规律展示了数量之间的关联，除此之外，我们还需要考虑时间的因素，这是由于时间能够令固有的数量与别的数量产生关联。换句话说，近代科学更要积极地以时间作为单独的变量来进行解释。然而，问题在于何种时间呢？

我们在上文提到过，不妨再说一遍，关于材料的科学（和普通的知识相同）也是向前发展的。关于材料的科学使普通知识更加全面、精确和宽泛，然而，其运行方向是一样的，运动的设备也是一样。由此看来，假设普通知识由于归附于电影的方式，而不再以动态的方式寻求改变，关于材料的科学亦会如此。关于材料的科学的确于其研究的时间区间内区分出若干刹那。无论其关注的区间数量如何，此科学均允许我们继续进行划分。关于材料的科学对任何刹那的关注都是均等的，这一点与关注重要刹那的古代科学有所差别。然而，其研究的仍为刹那，即隐含的停止点。简单地说，即各种静止性。我们亦能说，这是将时间视为流动的物质，也就是说，将时间视为存在的非静止性，而在此情形之下的真实时间必将从科学的视线中溜走。这一点我们在以前的著述及本书第一章中都已经提到过。最后，我们必须再重申这一点，以免产生误解。

八、两种关乎时间的看法

绝对科学谈到时间的时候，其参照物为某个连续运动的物体T，行走于其轨迹之上时所做的运动。此运动在绝对科学的领域内代表时间；从概念上来讲，就是匀速。从该运动物体的起始位置T_0开始，将其轨迹切割成均等的若干段；并将那些切割点命名为T_1、T_2、T_3……当运动物体经过轨迹上的切割点T_1、T_2、T_3……时，时间则以1、2、3等单位流逝。所以，研究宇宙处于某时间尽头t点时的情况，就是研究运动物体T位于其轨迹上T_t点时的宇宙变为何种形态。然而，在这里我们先不考虑时间的流逝以及其对意志产生的干扰，这是由于我们讨论的是时间流动过程当中的节点T_1、T_2、T_3……而不是流动本身。我们能够在尽可能短的时间范围内进行考察，亦即尽可能将挨着的两个点T_n和T_n+1之间的阶段进行切割，但是我们研究的对象还是点，仅此而已。就运动物体T而言，我们所了解的乃位于轨迹之上的点。就宇宙中其余一切点的活动，我们亦仅了解那些点于各自轨迹之上所处的位置。我们可以令运动物体T于T_1、T_2、T_3等切割点上的每一次虚拟的停顿，与其余一切运动物体经过各自切割点时虚拟的停顿对应起来。我们说某项活动或别的转换用时为t，意思就是将此类对应描写至t。因此，我们仅推算共时性，而不去关注从一点至另一点的移动，理由即我们能够任意修改宇宙在意识当中的移动速度。该意识之于移动乃是相对独立的，且根据其对改变的感觉来了解移动速度的改变。如果T的活动加入了这个改变，那么我便无法改变自己的等式和等式当中的数字。

继续向前走，如果此移动速度达到无穷大，则如本书前文所述，运动物体T的轨迹必将一次性完成；物质世界曾经、如今和将来的全部进程亦将于空间当中即刻呈现出来。对应于之前同样的数学，其存在必然处于如扇面一般呈现出来的世界发展进程的刹那，与我们称之为“时间进程”的轨迹上的切割点T_1、T_2、T_3……之间。从科学的角度来看，这当中并没有发生任何改变。由于科学不会想到持续的特别性及时间的流动性，因此，就算时间连续不断地并排展现于空间当中，科学也不可能对自己的观点做出任何更改。虽然，在连续和绵延当中存在着某些能够动摇我们意志的事物，然而科学当中不存在任何能够显示它们的标记。科学自身绝不会去顺应非静态的变化，就如桥梁不会依靠桥下流淌的河水。

即使这样，连续性还是存在，我还能够感觉到它，事实就是如此。当某个物理进程呈现于我面前的时候，它的速度与我的感觉和天赋无关。物理学家们最为关心的是这个进程所充满的连续单位的数量，而不是单位本身。所以，就算整个世界的连续形态一次性展现在空间当中，也无法使物理学产生丝毫改变，物理学家们不断讨论的还是时间。由于我们不去推算阶段的两端，而仅去感觉这些阶段的产生，因此就我们的感觉而言，那些单位才是主要的。我们将这些阶段当成有限的阶段来感觉。就拿糖水来说，为何我一定要等到糖分溶解？在物理学家们看来，此连续现象是相对的，这是由于连续能够复原成一定数量的时间单位，而这些单位能够被随意代替；然而在我的感觉上，此连续乃绝对的，原因在于其符合精确的划定及某种程度的期望。此划定是根据什么得来的？我们期望的又为何物？我为何要在这个无可奈何的长久的心理连续当中被动等候呢？假设连续仅区别于纯粹的重叠，没有丝毫真正的作用，再假设时间是某种力，那么，为何宇宙要以我在主观感觉上当作是真实的、纯粹的速度，将其连续状况展现开来呢？为何此速度为指定的，而不是随便哪种速度？为何不是无止境的速度？为何无法如电影胶卷那样全部一次性获得呢？越是深入考察，我就越感觉到：将来并非和当下同时出现，而是确定于当下之后，这是由于将来不曾于当下刹那间全部确定；并且，连续所耗费的时间和数字全然不同，对置身其中的认识具有纯粹的价值及客观性，原因在于时间并非存在于如一杯糖水这样的人造的单独系统当中，而是存在于包括此类系统的具体的整体之中，并不停地发明出无法预料的新东西。此类连续并非材料本身的真实情况，而是生命的连续，由生命不停地促进材料发生反转。此两种活动之间依然存在关联。总而言之，宇宙的连续应当和能够产生于宇宙当中的创造范畴相结合。

在儿童玩拼图的时候，练习得越多，拼的速度就越快。拼出一个圆形，本来是刹那间就能够完成的。儿童只要将装拼图的盒子揭开，就清楚能够拼得出来。因此，实际上此操作无须时间。不仅这样，从理论上来讲，此操作更无须一点时间，这是由于该圆形已经制造出来了，仅需重新排列组合即可——此类操作于假设上能够逐渐加速，并且无止境地加速，甚而最终能够于刹那之间完成。然而，艺术家要先在脑海中进行构思，然后再创作出来，因此，时间并非附加物。此非无须修改内容就能够任意伸缩的阶段。艺术家创作过程的连续已经成为作品中无法分割的组成要素。将此连续进行伸缩，将导致充满该连续的心理进程产生改变，亦会导致连续完善的创作产生改变。进行创作所用的时间已经和创作本身合为一体。此乃思维越具形式，便越会产生改变的发展。总而言之，此乃和某种看法的完善相仿的生命进程。

画家站在画布之前，调色板上备好了颜料，模特调整好坐姿。这都是我们能够看见的，并且我们也清楚画家所使用的手法。我们是否可以预料到将有怎样的图案呈现于画布之上呢？我们已经把握了问题的主要因素。通过概括的知识，我们已明白怎样处理这个问题，这是由于这幅画上的内容必然与模特和画家相似。然而，标准答案往往附带着无法预料的“无”，而这个“无”正是艺术创作的全部。占用时间的亦即此“无”。其凭借材料的乌有就自行把自身造就为形象。形象的形成和显示系于无法缩减的连续当中的拓展，而连续已经和形象的形成与显示合而为一，天然的创作亦如此。在天然创作当中，普遍被认为具有新鲜性的，都是由进展或者连续之类内部的冲力所产生的。此冲力赋予连续既定的能量，或者从连续当中汲取所有能量。总体来说，此冲力令连续或说是时间上的持续性彼此交融，无法在空间上复原为同时叠置。所以，要于物质世界目前的情况预测生命形式的将来，要一次性将生命形式将来的进程铺陈开来，均为不合理的。然而，解决此不合理性是有难度的。这是由于我们具有一种记忆习惯，总是将轮流感觉到的种种叠置于想法的空间当中，亦总是通过叠置的形态来显示曾经的连续。我们之所以会形成这样的记忆习惯，是由于曾经是已经被创造出来的、死去的东西，不再是创造，也不再是生命。将来的连续必将变成曾经的连续。所以，我们会说，可以用对待曾经的连续方式来对待将来的连续，将来的连续从眼下铺陈开来，将来已经被描绘于画布之上，成为画卷。当然，此乃错误的感觉，乃不可能完全去除的天然的错误感觉，只要人们的思想存在，这种错误的感觉便将继续存在。

时间不是发明创造，就是“无”。但是，物理学由于被电影的方式所禁锢，无法虑及这种发明——时间。物理学仅推算组成时间的各种事件和运动物体T在其轨迹上各点之间的共时性。整体每个刹那都会被赋予新的形式，并将一部分新的形式传递给事件。而物理学却令事件从整体当中脱离出来。物理学于概括的情况下研究事件，好像事件处于鲜活的整体以外，也就是处在空间当中展开的时间里，这样独立出来的事件或事件系统依旧没有改变形态，物理学才将这些拿出来进行处理，这是由于物理学的方式仅适用于此类事件。近代物理学起始于我们了解此类系统独立的时候。总的来说，就研究时间的任何一个刹那这个问题而言，近代物理学和古代物理学存在差异，不过其根本问题在于用长度—时间替代发明—时间。

由此看来，一定要产生另一种和此物理学相平行的观点。此观点可以保留被物理学忽略掉的东西。由于受到电影方式的制约，科学无法控制连续的流动，当然它也不想这样做。我们已经摆脱了此方式的限制，让思想走出其固有习惯，且借助同情的帮助走入变化当中。某个运动物体于任何刹那处于什么地方？某个体系采用哪种形态？某个改变经过哪些状况？我们已经不去理会这些问题了。刹那仅为关注的暂停，已经不复存在。我们现在所追寻的，乃是时间的流动、真实的流动。第一种观点（比方说物理学）的优点在于使我们能够预料将来，让我们在一定程度上控制事件。然而，此观点仅在非静态的现实当中保留偶尔的静止性，换句话说，就是在非静态的现实当中保持我们的思想所了解的图像。此观点无法显示真实，它把真实象征化，然后转移到人的头脑之中。第二种观点，假如可以的话，就与实践无关。它无法增强我们操控自然的能力，甚而对智慧的天然倾向产生抗拒。如果一切顺利，此观点将牢牢把握住现实。所以，我们培养智慧处于非静止状态的习惯，从而让智慧和它的材料知识更加完善；并让另外一种对智慧进行补充的机能得到发展，用来促使真实的另外一部分展示开来。我们清楚，当真实的连续摆在我们面前的时候，连续的意思就是发明；我们也清楚，正在分解的东西和正在形成的东西存在关联才可能连续。所以，就产生了宇宙连续发展的必然性，甚至产生真实的生命的必然性。此后，我们便从另一个方向对地球上存在的生命进行研究，此生命和宇宙的生命同向，而与材料性反向。总而言之，我们将直觉加之于智慧。

越是对此进行深思，就越是发觉形而上学的这个观点受到了近代科学的启示。

九、近代科学的形而上学

实际上，对于古人而言，时间从理论上来讲是能够被忽略的，这是由于事物的连续仅展现它根本属性的缩减。而此类非静止的根本属性正是科学所考察的内容。改变仅为形式想要实现自身所做的努力，因此这个实现过程是我们一定要了解的全部。当然，此类实现并没有完成。古代哲学所体现的即无材料便无法感知形式。然而，假设我们于一个根本的刹那，也就是于其最高峰研究改变的对象，我们便能够这样说：此对象已经接触到了智慧的形式。此类智慧的、理想的终极形式，已经被我们的科学全部掌握了。并且，当科学拥有金子的时候，就已经在根本上把握了“改变”这类铜钱。改变低于存在，即便有将改变作为研究对象的知识，它也是低于科学的。

但是，存在着一类把一切刹那都放在一起的科学，这种科学否认存在根本的刹那、最高峰和终端。对此类科学而言，改变已非根本属性的缩减，连续已非永久性的稀释。在这里，时间的流动已经成为现实，我们考察的对象是流动的东西。对于流动的现实，我们仅拍下了照片。然而，也正是由于这个原因，这类科学知识只有向另外一种能够使其得到完善的知识求助。古人对科学知识的理解是这样的：让时间变成永久性赐予的形式的降低；相反，如果把新的想法推至极限，我们便能够于时间当中看到纯粹者的逐渐发展，于事物的发展当中见到新形式的连续发明。

无须多言，这已经与古人的形而上学无关。古人仅认可明确的理解方式。他们的科学包含在零散片段的形而上学当中，而他们的形而上学包含在集中的系统科学当中。此二者最多算是同属于一大类当中的两小类。相反，如果立足于我们的假定之上，就会发现科学与形而上学是两种既互相补充又反向而行的理解方式。科学仅把握刹那——并无连续的时间，形而上学则主要把握连续。我们自然会在形而上学的新旧观点之间摇摆不定。用新兴科学对陈旧科学考察过的对象再次进行研究确实具有很大的诱惑力；我们一次性将自然的科学知识完成，并全部结合起来，而且如希腊人所做的一般，将形而上学的名义赋予此总和，这也是极具吸引力的。这样看来，哲学家可以修建一条新的道路，而旧的道路亦能够通行，物理学所走的正是旧的道路。物理学仅于时间当中保留那些能够在空间当中即刻铺陈开来的东西。相同的，趋向于此方向的形而上学，一定会如时间那样既不产生又不灭亡，亦如连续一般毫无作用地开展。此类形而上学如同我们的物理学和古人的形而上学一般，被电影方式所制约，因此会得出“所有事物均已完成”的结论。此结论于开始就被默认，亦包含在方法当中。

十、笛卡尔、斯宾诺莎、莱布尼茨

最初，形而上学在两条道路之间辗转徘徊。关于这一点应该不存在争议，可以见诸笛卡尔学说。笛卡尔曾对一般的机械论给予肯定，根据此看法而言，活动是相对的。并且，时间和活动一样具有现实性，所以，曾经、当前和将来均已被永久性所确认。然而，从另一个角度来看，笛卡尔认为人拥有自主的意念（因此，哲学不可能面对此类极端的结论），他将人们活动的不确定性覆盖于物理情形的确定性的上面，所以将连续覆盖于长度—时间的上面。连续是发明创造和真实的连续所存在的场地。笛卡尔将连续寄予神，神不停地将发明活动进行更新，且触及时间和变化，从而对此二者进行支撑，把自己的某些纯粹现实传递给它们。立足于第二个角度，笛卡尔甚至认为空间活动亦是纯粹的。

由此看来，笛卡尔并不愿意一直走某一条道路，而是轮流在这两条道路上前进。通过第一条道路，他抵达了否决人们的自主意念及神的真实意念之上。这条道路将否定所有能够产生作用的连续，认为宇宙是已知的事物；如果拥有超乎寻常的智慧，即可于刹那之间抑或于永久之中一次性概括此类事物。相反，如果追寻第二条道路，他必定抵达真实的直觉所包含的所有结论。发明已不再展示被连续的创造，而是展示连续的创造。从整体上来看，宇宙是真实的发展演进，当前不再可以确定将来。我们顶多可以说，如果将来能够成为现实，其一定包含在某些前提条件当中，犹如新语言的声音需要旧的字母来表述一般。此时，我们要拓展这些字母的价值，且赋予它们新的声音，从而将其放在新的语言当中。不管怎样排列旧的语音，都不可能事先发出新的声音。总之，机械论的阐释是一般性的，这是由于此类阐释能够普及至我们刻意从宇宙的持续性当中切割出来的系统之上。然而，此时，机械论已不再是一种学说，而成为一种方式，亦即科学一定要用电影的方式对待事物。科学的工作就是清楚地区别事物流动的节奏，而无须进入事物的流动之中。哲学已经指出了此两种关于形而上学的不同看法。

人们选择第一条道路。其原因早就蕴含在想要按照电影的方式进行操作的思想趋势当中。对于我们的智慧而言，采用电影的方式是自然而然的，亦与近代科学的要求相吻合。因此，若想要在形而上学当中摒弃此类方式，便一定要更加深入地感知思想于思辨方面的力不从心。然而，这里还存在着某些古代哲学的因素。希腊人总是令我们赞赏的艺术家，他们不光发明了能够被感觉到的美的典范，还发明了超越能够被感觉到的真理的典范。其诱惑力让人无法抵挡。我正准备将形而上学看作科学的系统化的总和，就向着柏拉图和亚里士多德的方向走去了。只要走入希腊哲学家吸引力的作用范围之内，我们便被引入他们的轨迹之上。

莱布尼茨学说及斯宾诺莎学说均是如此产生的。我们不可以忽视他们学说当中的独特之处。莱布尼茨和斯宾诺莎均通过他们伟大的构想及近代思想的成果，来充实自身思想的内涵，且将此内涵添加到他们的学说当中。此二人，特别是斯宾诺莎具备某种足以动摇哲学系统的直觉的力量。假设从这两种学说当中去掉赋予它们生命力的东西，仅余下框架，我们即可目睹通过笛卡尔的机械论遥望柏拉图及亚里士多德的哲学时得到的图像。我们将与新的物理学系统的总和相遇。这个系统的总和是将古代形而上学作为典范而组成的。

那么，何为物理学的统一呢？赋予此科学生命力的观点就是，让材料点于宇宙当中独立存在，并且能够于特定的刹那清楚其所处位置，那么其于任何刹那所处的位置均能够被推算出来。如此界定的系统是科学领域当中仅存的一个系统，由于我们无法事先说出某个系统能否达到必需的条件，因此，如果这个条件看起来好像已经实现就再好不过了。这里有在方式上百分之百合适的规律。此规律非常明确，因此用不着将其格式化。实际上，从普遍的常规知识来看，虽然我们拥有效果显著的考察方法，却不清楚它的适用范围的时候，表面看来这个范围好像是无止境的，然而其价值将发生缩减。对哲学家而言，让跳跃现实化，把方法的一般规律改成事物的根本规律，此吸引力较之树立新科学的渴望更为迫切。如此我们便可以和终极相遇，可以假设已完成了物理学，包含了全部可被感知的世界。宇宙是材料点的系统，不管材料点在哪个时间点上，其自身所处的位置均受其与前一个时间点之间关联的严格限制，并且从理论上来讲，每一个时间点都能够推算。总体来说，我们已经达到了一般的机械论。然而，仅将此机械论进行格式化是不够的，一定要有依据，换句话说，一定要对其必然性进行论证，并展示其缘由。并且，机械论已经从根本上认可了宇宙当中一切材料点之间的数学关联，亦认可了宇宙当中一切时间点之间的数学关联，因此，机械论的缘由必须包含在某个统一的原理当中，而在空间当中叠置，在时间当中连续的所有事物均需汇集于此原理当中。此后，我们便假设宇宙本身是一次性完成的。叠置于空间当中的表象均根据真实存在的无法分割性而相互确定，连续于时间当中的表象亦由整体的永久性而严格确定。

这样看来，此类新哲学不过是古代哲学的再现或者转接罢了。古代哲学指出了某些概念，这些概念让变化汇集，或者展现变化的最高峰；将这些概念都当作已经形成，且让它们凝聚在与亚里士多德的神相似的唯一概念当中——也就是形式的形式和理式的理式。近代哲学期望把握种种规律，此类规律即用其他变化约束一个变化的规律，并组成表象的永久基础，近代哲学将此类规律都看作已经存在，且令它们汇聚于某一个总体当中。该总体较之一切事物都更加能够显示此类规律，并和亚里士多德的神相同，亦建立在相同的缘由之上，只能固定地封锁于自我当中。

实际上，回到古代哲学当中并不容易。柏拉图、亚里士多德或普洛丁等哲学家，将科学的一切概念汇入一个仅有的概念当中时，其中就已经包含了所有的现实。这是由于概念除了展示事物本身之外，还包括和事物相同的肯定性内涵。然而，普遍地说，某个规律仅显示关联，特别是物理规律仅显示实在事物之间量的关联。所以，假设某个近代的哲学家运用古代哲学对待古代科学概念的方式来对待新科学的规则，且将物理学看作所有知识，而把它的结论都凝聚在一个点上，此时，他便会无视表象当中实实在在的东西，也就是无视被感知的属性或者感知本身，其所做的汇总将仅包括现实的一个局部。实际上，新科学的首个成果，即将真实平分成数量和属性两部分。其中一部分阐释实体，另一部分阐释心灵。古人并没有将属性和数量、心灵和实体分隔开来。对他们而言，数学概念和其他概念并无区别，彼此之间紧密相连，放在理式等级之中是理所当然的。所以，我们并不使用几何学的拓展来界定实体，亦不使用意识来界定心灵。亚里士多德所谓的“Psych ē ”（心灵），也就是生命体的“entelecheia”（实体），并不似我们所谓的“心灵”一般拥有思想性，原因在于他所谓的“s ō ma”（身体）已经渗入了理式，不似我们所谓的“身体”一般拥有实体性。由此看来，此类分割并非绝对不可扭转，可是于近代则不易扭转了。此后，在将概括的总和作为目的的形而上学的归纳当中，或者心甘情愿地仅包括部分真实，又或者宁可根据两个无法相互恢复的部分，把一部分当作另外一部分的译文。不一样的词汇同属一个国家的文字的时候，也就是不一样的词汇于语音方面属同一血统的时候，而且，此不一样的词汇便表达不一样的事物。相反，假设二者不同属于一个国家，某些时候虽然在语音方面存在根本性的区别，表达的却是相同的东西。属性和数量、心灵和实体的情况也是如此。所以，若将二者之间的所有关联全部隔断，反而使哲学家于此二者之间建立起古人无法预料的精确的平行论。最后，二者不但不是相反的，反而互为译文，甚至存在一个根本的相同性为其基础。当其置身于此归纳当中，这个归纳便能够包含所有。神之机械论已经使思索的表象和拓展的表象互相对应，使属性和数量互相对应，亦使心灵和实体互相对应。

此类平行性，虽然形态不一样，但是均属斯宾诺莎和莱布尼茨的学说。由于斯宾诺莎和莱布尼茨对拓展的见解轻重不一，所以此平行性的形态也不一样。在斯宾诺莎的学说当中，“思索”和“拓展”最低限度也于原理上被并列放置，所以，它们为一个原作的不同译文，抑或斯宾诺莎写的那样，它们是一个真实（可以称之为神）的不同性质。如同若干被翻译为不同文本的译文那样，此两种译文也是根据原作而来的，甚而是应原作之要求而来的，犹如圆的根本属性是由图式与等式自动展示出来一样。相反，在莱布尼茨的学说当中，拓展还是某种译文，而构成原作的却是思索。翻译行为仅是为了我们才进行的，而思索却不需要进行翻译。仅需树立一个神，人们便能够对其产生若干视觉角度，也就是若干单子（monad）。然而，我们总是觉得，一个视觉角度来自一个看法。所以，既然我们的思想一般非全面的思想，自然希望将属性不一的若干视觉角度进行划分，此时，思想当然会遵循出自这些视觉角度的同一属性的看法所处的点及其排序。实际上，根本没有看法，这是由于仅存在若干视觉角度，它们都有各自无法分割的现实，各自显示着可以称之为神的现实的整体。然而，我们一定要凭借此类互相疏远的若干看法对各不一样的若干视觉角度进行翻译；同样地，我们亦一定要凭借此类看法之间的相对位置，抑或凭借此类观点的远近，也就是凭借数量来代表此类视觉角度之间比较紧密的关联。莱布尼茨说过，空间为共同存在的秩序，拓展的感知是杂乱的（也就是依赖于非全面思想的感知），且仅存在单子。所以，真正的总体不存在局部，于自身之内环绕一周就会无止境地重复，且所有这些重复均为互相补充的。由此可见，可视对象的雕塑与我们从一切角度对该对象拍摄的整体相片价值相同。并且，于此雕塑之中，我们并未看到既定的局部之间的叠置，却可以将此雕塑视为出自这些总体视觉角度的互相补充的性质之中。这些视觉角度各自成为一个不可分割的整体，和别的视觉角度不一样，却象征着一样的事物。对莱布尼茨来说，“总体”（也就是“神”）就是这个雕塑，单子是指这些互相补充的平面视觉角度，所以莱布尼茨将神定义为“不存在看法的现实”或“一般的协调”，也就是一切单子之间互相补充的性质。总而言之，这就是莱布尼茨与斯宾诺莎之间的不同。莱布尼茨将一般机械论看作现实向我们展示的某种形象；相反，斯宾诺莎却将一般机械论看作现实向其自身展示的某种形象。

莱布尼茨和斯宾诺莎将所有都汇聚于神，因此对他们而言，由神至事物、由永久至时间的变迁，的确不容易。此类难题对他们的困扰要远远大于亚里士多德和普洛丁。实际上，理式是于完善形态或处于最高峰时展示世界内部改变的事物，亚里士多德之神就是通过此类理式的挤压、融合而形成的。所以，对于世界而言，神是超然的；对于神的永久性而言，事物的连续是叠置的，并且连续是神之永久性的减弱。我们通过对一般机械论的研究而得出的原理大体上能够作为一般机械论的基础，然而此原理所浓缩的已不再是事物或者概念，而是规律或者关联。关联并非单独存在，规律则将各变量组合在一起，且其自身操控的事物是固有的。所以，所有关联汇集在一个原理当中，而当此原理变成天然的整体基石的时候，那么该原理则无法超乎对现实的感知。该原理被包含在可被感知的现实当中，并且既存在于时间当中，又存在于时间以外，且无法不于没有止尽的锁链上将自身的现实展现出来。莱布尼茨和斯宾诺莎并没有将此显而易见的矛盾揭示出来，甚而将比较薄弱的一个彻底放弃，觉得事物的时间形式仅为错误的感觉，并凭此进行取舍。莱布尼茨用其独特的语言宣布了其认为时间及空间均为杂乱的感知这一观点。如果众多的单子仅显示总体视觉当中的多种角度，那么对该哲学家而言，某个独立单子的进程仅为这个单子察看自身的现实所获得的若干形象。所以，犹如空间在一切单子看待神的所有看法的总和当中存在那样，时间亦在各个单子看待自身的看法的总和当中存在。然而，斯宾诺莎的思维远不及莱布尼茨那样清晰。他意欲将亚里士多德于根本属性和或然性当中建立的区别使用到永久性和连续当中。该任务是很难完成的，这是由于亚里士多德的“hylē”（材料）早就被笛卡尔永远地剔除出去了，因此没有办法衡量由根本属性至或然之间的距离，亦没有办法对其移动进行阐释。然而，使斯宾诺莎的“不完善”概念和“完善”产生联系，并且越是深入研究，我们就越趋向于亚里士多德的学说。同样，莱布尼茨的单子越是清楚，也就越趋向于普洛丁的“智者”。此两种哲学的天然趋势将其引至古代哲学所得出的那些结论。

总体来说，新形而上学和古代形而上学之间的相似之处源于某种假定，该假定认为仅有的一种完善的科学已全部完成。新形而上学将科学置于可被感知的事物之上（也就是超过可被感知的事物），古代科学却把科学放在可被感知的事物之中，然而，可被感知的事物所包含的现实应该和科学相同。不管是何种形而上学均认为，现实和真理相同，均整个在永久性当中存在。二者均不欢迎逐渐进行自我创作的现实观念，也就是不欢迎纯粹连续这个观念。

另外，此类源于科学的形而上学的结论，就犹如将石头扔向水面，石头跳动几下便沉入水中一般，必将再次回归科学。展现这一点很简单，此亦融入了我们所谓的经验论当中。众所周知，物理学及化学考察的都是没有生命的东西，假设生物学只通过物理和化学的见解对待生命体，就仅能够对其没有生命的侧面进行研究。所以，虽然机械论的阐述发展很快，却仅包含现实中微小的一部分。如果事先假设现实的总体能够分割成此种因素，抑或假设机械论能够全面阐释世界中存在的一切事件，那么挑选某种形而上学便成为必然。此类形而上学是由斯宾诺莎及莱布尼茨这类哲学家设置原理，用来导出他们的结论。某些心理学家和生理学家认可心理状况与头脑状况存在着严格的对等关系，他们认为如果存在超于常人的智慧，就可以于头脑当中发现意识里面存在的事件。他们确信自己非常趋近于经验，而离古代形而上学远去。然而，绝对经验并没有向我们指出这些事情。经验除了展现躯体和思想的互相依赖，以及心理状况对头脑机体的依赖之外，并没有展现其他事物。互相关联的二者之间不一定具有等价关系。一部设备需要螺丝钉，如果有螺丝钉，设备即可运转；如果没有，设备便会停止。可这并不表示螺丝钉与设备等价。如果意图达到此类等价，螺丝钉的某个部位必然要和设备的一个部位相应，就如一个字一个字地进行翻译，段落和段落相应，文章和文章相应，词语和词语相应一般。头脑和意识之间的关系却迥然各异。对于心理状况和头脑状况等价的假定，就像我们曾经论证过的，根本不合理，而且假如实事求是地进行考察，就会发现二者之间的关系就像设备和螺丝钉的关系一样。叙述二者之间的等价关系时，不过是在斯宾诺莎抑或莱布尼茨的形而上学当中去掉附属物罢了，可以说根本不能理解。我们于拓展的一面原封不动地接纳该哲学，却于思索的一面砍掉其臂膀。我们跟随莱布尼茨和斯宾诺莎一同见到归纳整合事物表象的任务已完结，觉得在这里所有事物都能够根据机械论的看法进行阐释。然而，对那些与意识相关的事实而言，我们已无法将此整合发展到极致。我们于半路停止，觉得意识和天然的某些局部互相重合，但并不觉得会与天然这个整体相重合，所以，我们时而抵达“副现象论”，时而抵达“一元论”。副现象论将意识和某种特别的振动相联系，令意识遍布世界各地。一元论令意识分布在像原子一样的微粒当中。不管出于什么情形之下，我们均回归至形态不完善的莱布尼茨学说抑或斯宾诺莎学说。于此类天然观和笛卡尔学说之间，能够看到历史的中间间隔。现代的“副现象论”与“一元论”的产生，和18世纪的医学哲学家们所信仰的狭隘的笛卡尔学说紧密相连。

十一、康德的批判哲学

这样看来，康德的批判哲学已经丢弃了此类学说。但是，康德的哲学也感染了一种信仰，即觉得科学是仅有且全面的，包含了整个宇宙。从某种角度看来，康德的哲学仅是近代形而上学的延伸和古代形而上学的移植罢了。莱布尼茨和斯宾诺莎仿效亚里士多德，在神的内部把知识的总体假定现实化了。最起码从这个角度而言，康德的批判遇到了某些疑问：该假定对于近代科学来说是否如同于古代科学一般具有必要性？仅有该假定的某些局部是否足够？实际上，对古人而言，科学关乎概念，也就是关乎事物的种类。在这里，因为一切概念将凝聚成仅有的一个概念，所以它们才确定能够抵达某个存在。或许我们能够将该存在叫作思维，然而叫作客观思维比叫作主观思维更合适。亚里士多德将神界定成"no ē sisno ē se ō s"（理智理性）的时候，想来其强调的一定是"no ē se ō s"（理性），而非"no ē sis"（理智）。在这里，神是一切概念的总括，是理式的理式。然而，近代科学的转动是以规律为核心，也就是以关联为核心，而关联是通过思想把两个抑或多个条件组合在一起而形成，除达成联系以外什么都没有。所以，宇宙唯有当表象被智慧过滤之后，才成为规律的系统。此类智慧的确超乎人类，具有无穷的力量，其不但为事物建立材料性，还将各事物联系在一起。莱布尼茨和斯宾诺莎的假定就是如此。然而，欲得到结论，没必要走那么远，仅需拥有人类的智慧就可以了，这就是康德的答案。莱布尼茨抑或斯宾诺莎的独断论与康德的批判哲学之间的差距和"基本"与"充足"之间的差距一样。此类独断论滚下坡道，滚得非常远，甚至意欲滚到希腊形而上学上去，而康德于半路上将该独断论拦截下来。康德将假定降至最低，这是由于此假定是以无止境地推动伽利略物理学前进为目的而做出的。在康德提及人类智慧的时候，他指的既非你的智慧，亦非我的智慧。自然的总体性是源于结合在一起的人类智慧，然而当中将运动结合在一起的功效并不是个人的。此类智慧能够传递于我们的个体意识，却超越了我们的个体意识。该智慧低于现实的神，但高于人类个体或集体。该智慧并不存在于人身，反而是人类处于该智慧之中，就如置身于人类意识汲取养分的智慧土壤当中。我们能够将其喻为形式上的神。对康德而言，该智慧可以成为神，但目前还不是，一直到费希特的学说当中，该智慧才成了神。总体来说，在康德看来，该智慧的重要作用即将相对的人性赋予整个科学。然而，该人性的某些部分已经被赋予了神性。从该角度来看，康德的批判哲学已经采纳了前辈们对科学的见解。他将科学中所包含的形而上学缩减至极限，并限定了前辈们的独断论。

然而，康德在区别知识的材料与形式的时候情况就发生了变化。他倾向于认为智慧当中存在确定关联的力量，被确定的种种关联拥有智慧以外的根源。康德对其直接继承的前辈持反对态度，他认为知识不一定可以全部划分成智慧的各项。他修改了笛卡尔学派所摒弃的笛卡尔哲学当中的根本因素，将其转换至别的档次，再次归于哲学之中。

所以说，康德开拓了通向哲学的大道。如果新哲学凭借直觉的更高级的努力，即可形成于知识的智慧之外的材料当中。如果意识和该材料相符，且接受和该材料一样的节奏和活动，使自身轮流上升和下降，重复向两个相反的方向做出努力，即可于内部进行把握，而不是于外部感知事物和思想的现实形态。该双向努力或许会令我们最大可能地让纯粹复活。另外，于此运动之中，智慧将自行出现，于全部思想当中将自身分离出来。然而，虽然智慧的知识存在一定限度，但却不是相对的，且通过本身的形式显示出来。

如上文所述，康德哲学为复兴的笛卡尔哲学指出了方向，可康德本身并未遵循该方向。

康德不愿意遵循该方向，这是由于他觉得知识存在智慧以外的材料，且该材料要么和智慧范围相同，要么比智慧范围狭窄，所以他无法想象能够于材料当中分割出智慧，亦不愿意探寻理解能力和它的范围。他觉得理解能力的种种架构及其自身均为已经形成的。我们的智慧所给予的材料与该智慧之间并不存在什么关联，其一致来自智慧把自身的智慧融入材料。所以，只能认为知识的智慧形态是纯粹的，且不再探索它的根源，还要认为知识的材料已经被智慧破坏，不可能于原本的绝对当中把握该材料。该材料并非“物自体”，仅为物自体于我们的环境当中反射出来的。

为什么康德不认为知识的材料滋生于其形式？这样反问，我们便能够明白，假如我们对科学的看法非常正确，那么，康德对自然知识的批判即在于区分我们的思想与自然各自应当是什么。然而，康德并没有对科学看法本身进行批判。我要说的是，他完全没有进行论证，便接纳了科学这个观念。为康德所接纳的科学能够使用相同的力量掌握既定素材的全部，且将它们整齐地归于一个系统，从而令此系统也具有相同的实体性。他于《纯粹理性批判》中指出，从物理到生命，继而到心理，科学不一定会慢慢丧失它的客观性，从而倾向于代表性。在他看来，经验并非顺着两个不一样的甚至相反的方向进行运动。其中一个方向是智慧的，另外一个则是与智慧相反的。对康德而言，经验是唯一的。并且，智慧覆盖了经验的全部范畴。所以，在康德看来，我们一切的知觉均为感性的，换句话说，即处于智慧之下。实际上，假设我们的科学于一切局部均展现出同样的客观性，我们便只能赞成康德的这种论调，然而，假设科学由物理科学通过生命科学再到心理科学，便慢慢失去了它的客观性而倾向于代表性，这样的话，要代表一个事物，就要通过某些方式对其进行感知，其中一样包含心理的直觉，更为一般的来说，其中包含生命的直觉。自然，智慧能够代替直觉或对直觉进行翻译，然而该直觉依旧高于智慧，换句话说，就是其中存在着高于智慧的直觉。如果该直觉存在，那么，或许思想可以直接掌握思想，而非仅掌握那些外部表现了。另外，假设我们拥有此类高于智慧的直觉，那么便会如红外线延续紫外线一般，感性的直觉可能要通过多个中间环节，从而和该直觉相连。所以，感性直觉亦有了提高。感性直觉除了把握物自体无法捉摸的幻象（仅需我们于感性直觉之上进行一些必要的修改）之外，甚至还能够引领我们趋向纯粹。一旦我们于感性直觉当中看到科学仅有的一种材料，相对性即可回归一切科学之中，从而破坏思想的科学知识。这样，对实体的感觉便成了实体科学的出发点，其自身亦通过相对性显示出来。所以，感性的直觉亦可看作是相对的。然而，假设我们可以对种种科学进行区分，而思想的科学知识（生命的科学知识也是如此）已经被人们略微拓展了某个理解方式，该理解方式使用于事物的时候完全不是代表性的，那么情况就截然不同了。继续深入了解就可得知：假设存在两种规则不一样的直觉，而智慧自动趋向于第二种直觉，那么，智慧和第二种直觉之间不存在根本上的区别。于是，感性知识的材料和它的形态之间的障碍就会逐渐变少，感性的“绝对形式”与理解力领域之间的距离亦逐渐缩短。如果智慧知识仅仅和既定的对象相关联，那么它的材料和形态便会以互相适应的方式产生，此时的智慧将把形体当作典范，形体则将智慧当作典范。

可是，康德既不愿意也无法认可该二元性直觉，这是由于如果认可该二元性直觉，就要将连续当作现实的基础，所以亦需对事物本质的连续和空间中散布的时间进行区分，并且一定要将空间与空间内部所包含的几何学作为一个最佳极致，虽然材料性的事物趋向于该极致，却无法抵达。该观念是唯一与《纯粹理性批判》的文字内容相悖的一种观念。于此观念当中，知识始终如展开的摘要一般呈现于我们面前，经验亦通过无止境持续的复杂多样的事实展现出来。然而，按照康德的说法，此类事实随着不断的发展逐渐分布于一个平面之上，并且彼此独立，亦存在于思想之外。由内部产生的知识不可能去把握已出现的事实，却会去把握正在出现的事实，所以必然会去深入探索空间及空间化的时间。然而，康德并不重视这种知识。实际上，我们已经被我们的意识放在该平面之下，那里存在着真正的连续。

从这个角度来看，康德与其前辈们十分相近。他并不认为分割成刹那的时间和非现实之间存在其他事物。他说，假设不存在将我们引入非现实当中的直觉，那么一切直觉在其概念上均为感性的。分布于空间当中的物理存在与形而上学独断论中的非现实存在之间，是否有意识与生命的立足之地呢？答案是肯定的。我们不需要将刹那作为起始点，把刹那和连续衔接在一起；我们仅需立足于连续当中，由连续向刹那前进，马上即可看到意识与生命所处的位置。

然而，康德的继承者为回避其相对论，均趋向于非现实的直觉。在他们的哲学当中，变化、发展、进化等概念占据了重要的位置。可是，在这当中，连续充当了何种角色呢？于真正的连续当中，形式都是之前的形式滋生出来的，却在之前的形式上附加了某些物质，且尽量用之前的形式进行阐释。然而，如果将该形式当作“存在”整体的展示，且由存在进行推导，那么，就再次返回了斯宾诺莎的学说。并且，将如莱布尼茨与斯宾诺莎一般否决连续的功效。虽然康德之后的哲学用严厉的态度对待机械论，但他们却从机械论当中接纳了“科学是仅有的、包含一切的”这个观点。继康德之后的哲学要比想象中的更趋近于机械论。这是由于在研究材料、生命与思索的时候，康德之后的哲学使用理式的实现程度或意识的客观化程度，代替了机械论所假设的繁杂的渐次程度。换句话说，此类哲学还是会提及程度，而此类程度是存在向仅有的一个方向前行的楼梯。该哲学对自然界的划分和机械论相同，其继承了机械论的全部图式，不过是染上其他颜料罢了。实际上，此图式一定要重新勾画，最少也要重新勾画二分之一。

所以，一定要摒弃康德的继承者使用的形成方式，一定要依靠经验。该经验是纯粹的经验，换句话说，该经验已经根据需要舍弃了智慧作用于事物所形成的种种架构。该经验并非非现实的经验，已经超过了我们不停进行重组的空间化时间，它专心致志地寻求具体的连续，用来不停地改造整体。该经验于蜿蜒盘旋当中寻求现实，并不似形成方式一般指引我们进入慢慢提高的一般性，而是进入高级大楼的那些台阶。最起码该经验不会令我们在默示与能够进行阐释的对象之间徘徊。该经验要解释的已经不是现实整体，而是其具体情节。

十二、斯宾塞的进化论

很明显，19世纪的精神对那种能够摆脱任意性，并且进入到具体事实细节当中的哲学存在着迫切的需求。精神科学的诞生、心理科学的发展、胚胎学于生物科学当中地位的提高，这些均暗示着内部连续这个概念诞生的必然性。所以，一个哲学家顺应时势地出现了，他倡导进化论，除了探索材料向可感性的材料进化之外，还追寻思想向合理性方向的发展，并且逐步追寻内部和外部之间相对应的繁杂关联。总而言之，在论述进化已经成为现实的时候，大家的目光均集中于此人身上。斯宾塞进化论对现代精神的巨大诱惑力就是从此而来。虽然，斯宾塞与康德距离遥远，对康德的学说了解不多，可是他于触及生物科学之初，便已觉察到哲学能够一边思索康德的批判，一边朝该方向发展。

但是，他才一踏入此路，便马上变换方向。他意图追根溯源，也就是踏上全然不同的路途。他的学说以进化论为名，刻意探索一般进化的进程，然后随着该进程移动，可实际上和改变、进化都没有关系。

我们无须深入考察斯宾塞的哲学，仅需点明一个问题即可：斯宾塞方式的普遍技术手段是通过进化当中已有的部分对进化实施重组。我将图画粘在硬纸板上，然后将此硬纸板切割为几个部分。假设将这些部分拼在一起，我便能够使原先的那幅图画重新展现出来。儿童用此类方法做拼图游戏，他们将分解开来的画片拼在一块，便能够得到漂亮的画面。儿童可能会觉得是自己创作了图形与颜色。但实际上，为画面涂上颜色的做法与寻找并整理既存画片的做法并没有任何关联。相同地，如果将进化当中最为单一的结论结合起来，你可能会仿造出最为繁杂的结论。然而，不管怎样，你并未看到单一和繁杂二者的产生。将已经进化的物质加之于已经进化的物质，该操作和原本的进化活动似像非像。

这就是斯宾塞的错误感觉。他于当前的形态之下把握现实，将现实破坏，撕碎，抛向空中；然后又将破碎的片段“搜集”起来，进行“消解活动”。斯宾塞利用拼接操作对整体进行模拟，认为自己已寻得图式，将其作为进化的根源。

如果从材料的角度而言，斯宾塞搜集分散的因素，让他们变成看得见摸得着的东西。此类因素与他最初假设已经分散于空间中的单一实体的基本粒子很像。实际上，此类基本粒子即“物质点”，亦即固定的点，其实是一些非常小的固体。对我们来说，材料性是最为接近、最好操作的，所以材料性好像于物质的根源上就存在着。物理科学越是发达，人们就越能够明白，试图对我们观察到的材料性质进行模拟，以显示以太或电气之类普遍被看作实体根基的事物的性质，是根本无法做到的。然而，哲学已经越过以太往前探索。以太仅固定地显示我们的感觉器官于表象当中捕捉到的关联罢了。哲学已经明确了解，现实当中看得见摸得着的事物就是我们对此类现实能够产生的影响罢了。我们并非通过分解已经进化的事物来达到进化的原理。已经进化的事物是进化的终结，因此无法通过对已经进化的事物进行拼接以再现进化本身。

再从思想的角度来说，斯宾塞觉得将反射与反射搭配在一起，便能够连续生成本能及理性意念。独特的反射如坚定的意念一般，是进化的终点，因此无法于初始点上进行该假设，然而，斯宾塞并未看到这个问题。于此二者当中，反射的确先于意念抵达确定性的形式。实际上，二者均为进化活动的沉积物。进化活动绝非只是反射的函数，亦不仅为意念的函数，一定要由糅合反射和自愿性做起，因此，我们必须去探询现实的流动，这种流动的现实已经被抛入了反射与自愿性这两种形式，并且可能已经具备了两者的特点，却不是其中的任何一个。最为落后的生物，仅为没有进化的原生物质，它对刺激的反应，既无法如反射一般令既定的机制开始运作，亦无法如有意识的行动一般能够从诸多既定机制当中做出抉择。所以，此类反应既不是意念，也不是反射，但是已经事先显示了二者。以躲避眼下的危难为目的，进行半意念、半反射的活动时，我们能够于自身之内感觉到真正的根本性运动。实际上，这仅为原生态活动并不全面的模拟行为，这是由于此时我们已经与意念运动及反射运动的混杂产生联系，而此两种运动已经于大脑（意念）与肌体（反射）当中获得了定位，而那种原生态的活动则是个简单的事物，它依靠诸如肌体反射和大脑那样的机制的构造本身，而形成了众多变化。斯宾塞压根儿不去关注此类表现，这是由于他的方式于根本上仅为将划定的事物拼接为原本的形式，他并不渴望真切地看到固体化的渐进过程，即进化本身。

最后，我们来讲一讲思想和材料相对应的关联。斯宾塞自然要通过此类相对应的关联来界定智慧，从当中的确能够看到进化的极限。然而每到探索进化的时候，他仅搜集已经进化的事物，并未发现自己的行为毫无收获。只要有了已经进化的事物的片段，他便要建立已经进化的事物的整体，试图以此探索事物的根源，但最终也不过是白忙活一场。

实际上，对斯宾塞来说，自然界的连续现象可以将显示此类现象的意念反射于人类思想之中。由此看来，概念之间的关联和现象之间的关联互相对称。最为一般的自然规律已经浓缩于现象之间的关联，形成了思索的引导原则，而这个引导原则已经包含了概念之间的关联。所以，自然已经于思想当中反映出来。思维最深处的架构和事物的架构互相对应。我乐于接受这个想法。然而，要想通过人类的思想展示现象之间的关联，就一定要存在现象，亦即一定要存在种种于变化的持续性当中切割出来的单个事实。我们一确定今天的独特分割方式，就一同确定了今天的一切智慧，这是由于现实必须和智慧产生联系，才可以使用此类方式进行分割。实际上，我们不可以这样认为：哺乳动物与昆虫均看到了自然界的同一种形象，于其中做出相同的划分，且用相同的方式分割总体。一旦昆虫拥有了智慧，就拥有了和我们的智慧相似的事物。所有生命体均顺着自身活动所形成的道路，来对材料世界进行分割，此即可能行动的道路。此类道路相互交叉，形成经验的网络，每个网眼均为一个事实。没错，一座城市由若干房屋构成，城市的道路仅为房屋的隔断。相同地，自然仅包括事实，只要确定了事实，关联就仅为事实之间的线路。然而，于一座城市当中，根据土地的划分，房屋的地点、外形及道路的方向也就一起确定下来。想要知道房屋变成现在的样子，道路成为现在的方向究竟是怎么划分的，这就要参考土地的划分。斯宾塞本质上的错误就是，虽然他清楚问题就在于怎样划分土地，却认可已存在的划分经验。我赞成思维规律是事实关联的累积这个说法。然而，我才确定拥有当前形态的事实，便已假设出现在的感知能力及领悟能力了，这是由于区分物质现象的即此类能力，从物质现象的总体当中切割事实的亦为此类能力。所以，我并不说事实之间的关联形成了思维规律，而是宣称思维方式确定了能够被感知的事实形态和它们之间的关联。此两种说法价值相同，涉及的事物也一样。然而，因为前一种说法，我们仅讨论进化，并不去深入思考；因为后一种说法，我们放弃了继续讨论进化。为了得到什么样的生活方式，智慧才使用了现在的组织形式？材料才展现出如今的划分形态？真正的进化论意图探索的正是这个问题。此类架构及划分就像齿轮一样互相咬合。它们是互为补充的，能够相互促进。虽然我们已经确定了思想目前的架构，认可了材料目前的划分方法，但我们还是停滞于已经进化的事物当中。对于正在进化的事物及进化本身，我们还是一无所获。

我们还要对进化进行更加深入的探索。于物理科学的范畴当中，对自身的探索感悟最深的科学家均认为，我们不应当使用阐述总体的方法来阐述局部；相同的原则不能够用于进化的出发点和终结点之上；只要和组成原子的微粒产生关联，创造或消除均能够存在。所以，他们渴望站在具体的连续当中。而此具体的连续为各个局部相互组合及其产生的仅有一个场地。他们所谓的创造及消除指的是活动及力量，却和来回游移于活动或力量内部的不可思议的媒介无关。假设从材料当中去掉活动及力量，材料还有哪些剩余呢？哲学家一定要领先于科学家。如果将设想的代表事物清除，哲学家便能够发现材料世界已经进入简单的流动、持续的流动和变化之中。于是，哲学家便会渴望于生命和意识的范畴当中看到真正的连续。在探讨材料的时候，就是忽略这个流动亦不可能铸成大错。我们已经说过，材料附带着几何学这个秤砣，就算下降，亦由于和上升存在关联，还能够继续下去。然而，生命及意识均为上升的现实。假设我们于活动当中，从根本上把握生命和意识，我们便可清楚别的现实怎样从生命和意识当中滋生出来。所以，进化便产生了。虽然材料性和智慧于进化当中相辅相成，但亦逐渐受到约束。可是，此时我们一定要加入进化的活动，去追寻得以产生现在成就的进化活动，无须继续凭借成就的碎片重组进化成就，这就是哲学的根本任务。假设这就是哲学本身的角色，哲学便不仅需要思想回转至自身，不仅需要人类的意识和它出现的源头——生命原理相结合，不仅需要走进和发明性努力的来往当中，还要追寻一般的变化；哲学是真正的进化论，亦即科学真正的拓展。可是，科学这个词应该被理解为能够确定、能够论证的真理整体。曾经的士林学派围绕亚里士多德而产生；相同地，19世纪后期，围绕着伽利略的物理科学出现了新士林学派，而我提及的科学并非新士林学派所谓的科学。

附录一　柏格森年表

1859年　10月18日，亨利·路易·柏格森生于法国巴黎的拉马丁街。其父为波兰一著名的犹太家族后裔，其母出生于英籍爱尔兰约克郡的一个犹太家庭。其父早年离开波兰，在德国、意大利、法国等地学习钢琴和作曲，是一名比较有声望的音乐家。家中有兄弟、姐妹各3人，亨利是第二个男孩，也是最受贤明的父母宠爱的一个。亨利出生后不久，全家便迁往伦敦数年。

1863年　四岁的柏格森随父母迁居瑞士日内瓦，该市有着著名的“哲学家大道”，一家人定居于此。其父任教于日内瓦艺术学校。

1866年　柏格森7岁，随父母回巴黎居住，并入法国籍。在巴黎附有小学的孔多塞中学就读两年。

1868年　10月柏格森9岁，升入巴黎孔多塞高级中学，在校学习10年。1868年获波拿巴中学（即孔多塞中学）奖学金。

1870年　没有随父母迁居伦敦，入校寄宿学习。

1875年　在法国全国中学生竞赛中获得拉丁语演讲第一名、英语第一名、地理和宇宙志第二名。

1876年　在全国中学生分科竞赛哲学科考试中获法语作文第一名和数学第一名。

1877年　在全国中学生竞赛中获基础数学、宇宙志和数学考试第一名。在数学方面还曾经解过一道难题而被特别嘉奖。另外，柏格森在哲学和自然科学，以及历史、希腊语、修辞等方面也获过奖。校长给他投考大学的推荐书上写道："本校最优秀的学生。"

1878年　柏格森所解的数学难题被全文刊载于《新数学年鉴》上。10月，19岁的柏格森中学毕业，并决定报考巴黎高等师范学校，最终以优异成绩被录取。

1881年　22岁的柏格森从巴黎高等师范学校毕业，经过不懈努力获哲学学士学位，并获得"哲学教师合格证书"。后至昂热，在昂热高级中学当哲学教师。

1882年　4月4日，23岁的柏格森在昂热高级中学颁奖典礼上作题为"专业论"的演讲。当月，转任昂热女子高级中学教师。从此，在颁奖典礼上发表演说成了柏格森的家常便饭。

1883年　24岁的柏格森匿名翻译詹姆斯·萨利的《错觉及心理学研究》，并改题目为《幻想的意义与精神》，并由巴黎的阿尔冈书店出版。后又由德拉格拉夫书店出版高中教科书《鲁克雷提阿斯的精华》。此书不但有心思缜密的批注，在诗歌、哲学、自然学、散文后面还作了序，可以说此书已体现了柏格森的思想境界。

1884年　2月14日，柏格森在克莱蒙-费朗大学发表演讲，主题为

“笑的意义”。9月28日任克莱蒙-费朗大学的教员。

1885年 8月5日，26岁的柏格森在克莱蒙-费朗大学颁奖典礼上作题为“谈话与礼貌”的演讲。

1886年 27岁的柏格森获得人生第一枚勋章，是奖励他在教育界所做的贡献。同年作《催眠状态中的无意识伪装》一文发表在《哲学评论》杂志上。

1888年 2月，29岁的柏格森完成博士论文《论意识的直接材料》（20年后的英译本改名为《时间与自由意志》）。回巴黎任职路易勒格朗高级中学教员，后转任于市立罗兰中学。

1889年 30岁的柏格森向索邦大学提交博士论文《论意识的直接材料》，以此为主论文再加上拉丁语副论文《亚里士多德的场所论》。通过论文答辩并获哲学博士学位。当年，《论意识的直接材料》由阿尔冈书店付印出版。

1890年 31岁的柏格森从市立罗兰中学转往亨利四世高级中学任教，至1898年止。

1891年 32岁的柏格森与法国著名作家普鲁斯特19岁的表妹路易丝·纽伯尔姬小姐结婚。

1892年 女儿出生。

1894年 35岁的柏格森申请波尔多大学讲师教席，因故未成。参选巴黎大学的教授职，也未被选上。

1895年 36岁的柏格森在巴黎各中学作《良知与传统研究教育》的演讲。

1896年 37岁的柏格森由阿尔冈书店出版其第二部巨著《物质与记忆》。

1897年　38岁的柏格森任法兰西学院讲师，讲授普罗提诺的心理学。

1898年　39岁的柏格森再度参选巴黎大学的教授职，仍未被选上。同年父亲去世。柏格森处理完父亲后事之后应苏培利尔师范学校之聘，任正讲师。

1899年　2月至3月，40岁的柏格森在《巴黎评论》上分两次发表《笑——论滑稽的意义》等3篇文章，并由阿尔冈书店出版。

1900年　4月1日，14岁的柏格森被法兰西学院聘为教授，主持古希腊、古罗马的哲学讲座。8月，首届世界哲学大会在巴黎召开，在会上宣读论文《阿夫洛狄西亚斯之亚历山大的命运论》和《论因果关系法则的观念》。

1901年　42岁的柏格森在法兰西学院教授的课程为《普罗提诺的〈九章集〉第六卷第九章》、作品《时间观念的分析》。3月16日，在国际心理学大会上发表演讲，题目为“梦想”。12月14日，当选为法国国家学院院士，并继任主席，至1915年辞去主席职务。

1902年　43岁的柏格森在法兰西学院教授的课程为《亚里士多德的〈物理学〉第二卷》、作品《在体系中改变时间观念的历史》。7月22日，获得五等勋章。同年在《哲学评论》上发表论文《理智的努力》。

1903年　44岁的柏格森在法兰西学院教授的课程为《进化理论的记忆》和《亚里士多德的〈形而上学〉第十一卷》。同年1月，柏格森所著《形而上学引论》一文刊于《形而上学与道德评论》。该文被认为是包括《论意识的直接材料》《物质与记忆》《创造进化论》在内的柏格森三大著作的序。

1904年　45岁的柏格森在法兰西学院教授的课程为《对自由问题的发展的研究》和《斯宾诺莎的第一原理》，并全面主持法兰西学院现代哲学讲座。9月，赴日内瓦出席第二届世界哲学大会，宣读论文《论心身之平行说》，后改题为《大脑和思维的哲学之一种错觉》，此文后被收入《精神力》论文集中。

1906年　47岁的柏格森在法兰西学院讲授《意志理论》和斯宾塞的《心理学原理》两门课程。11月，作品《空无的观念》在《哲学评论》上发表，后被收入《创造进化论》中。

1907年　48岁的柏格森在法兰西学院教授的课程为《一般价值观念的形成》和巴克莱的《人类知识原理》。同年由阿尔冈书店出版《创造进化论》。

1908年　在伦敦与美国实用主义哲学倡导者威廉・詹姆斯会面,为柏格森的思想进入美洲奠定了基础。

1910年　51岁的柏格森在法兰西学院教授的课程为《人格》和斯宾诺莎的《知性改进论》。

1911年　4月，柏格森到意大利博洛尼亚参加第四届世界哲学大会，宣读论文《哲学的直觉》，后收入《思想和运动》一书中。5月，赴英国，在伦敦大学演讲“灵魂的本质”，在牛津大学作演讲“变化的知觉”，后收入《思想和运动》一书中;接受牛津大学理学博士学位。随后又到伯明翰大学主持赫胥黎纪念会并演讲“生命与意识”，后收入《精神力》论文集中。

1912年　53岁的柏格森为法国巴黎“信仰与生活”协会作了题为

“灵魂与肉体”的演讲，后收入《精神力》论文集中。后赴美国。

1913年 2月，54岁的柏格森赴美国并在各地演讲。在哥伦比亚大学的演讲为世人所熟知，内容是“认识论概要”和“灵魂与自由”。5月28日，又赶赴英国，接受不列颠心灵研究学会会长一职，并向会员演讲“活的幽灵与心理研究”，后收入《精神力》论文集中。

1914年 55岁的柏格森被选为道德与政治科学学院主席，并当选为法兰西学士院院士，不再担负法兰西学院实际教学责任。因其关于“上帝”的异说，他的作品被列入禁书目录。

1916年 以文化使节的身份奔赴西班牙促其援助法国。

1917年 58岁的柏格森被法国政府派遣，赴美国。在华盛顿仅做了一次公开的学术演讲，并在某种程度上动摇了美国人对第一次世界大战袖手旁观的政策。

1918年 1月，59岁的柏格森发表《法兰西学士院就职演说》。后应法国总理的要求，以文化使节的身份再度前往美国。并于年底接受中国梁启超等人的访问。

1919年 60岁的柏格森任法国政府文教最高会议委员。由阿尔冈书店出版其论文集《精神的能量》，通常译作《精神力》。

1920年 61岁的柏格森奔赴英国，接受英国剑桥大学授予的文学博士学位。在牛津哲学会议开幕式上发表题为“可能与实在”的演讲。后作为他1927年度诺贝尔文学奖的致答辞，并编入《思想和运动》论文集中，于1934年出版发行。

1921年 62岁的柏格森从法兰西学院现代哲学课堂上退休，但其职位应柏格森的要求被永远保留。5月，接受中国张君劢和林志钧的访问。

1922年 63岁的柏格森依然孜孜不倦，发表著作《绵延与同时性》，其论点与爱因斯坦学说中的时间概念相符合。1月4日，被任命为国际联盟知识合作委员会第一任主席。

1925年 66岁的柏格森突患风湿性瘫痪症。9月9日，以健康为由，辞去国际联盟知识合作委员会主席等职务。

1928年 获1927年度诺贝尔文学奖，时年69岁，因病不能前往瑞典斯德哥尔摩受奖，只能委托法国驻斯德哥尔摩公使代读致答辞。秋季，在某海滨休养。

1932年 由阿尔冈书店出版其晚年巨著《道德和宗教的两个来源》，时年73岁。

1934年 由阿尔冈书店出版其论文集《思想和运动》，时年75岁。

1937年 78岁的柏格森立下遗嘱，严禁后人出版其生前没有出版的作品及书信。7月，发电报给笛卡尔纪念会，祝贺纪念活动圆满成功。

1941年 1月4日，在睡眠中逝世，享年82岁。1月6日，葬于卡尔修墓地。

1946年 由日内瓦斯基拉书店出版《柏格森全集》（全六卷）。

1959年 巴黎法兰西大学出版社出版《柏格森全集》（全一套）作为柏格森诞生一百周年纪念，由安利·古尹叶作序。

附录二　诺贝尔文学奖大系书目

1901 年　苏利 · 普吕多姆（法国）　《孤独与沉思》

1902 年　特奥多尔 · 蒙森（德国）　《罗马史》

1903 年　比昂斯滕 · 比昂松（挪威）　《挑战的手套》

1904 年　何塞 · 埃切加赖（西班牙）　《伟大的牵线人》

1904 年　弗雷德里克 · 米斯特拉尔（法国）　《米赫尔》

1905 年　亨利克 · 显克微支（波兰）　《你往何处去》

1906 年　乔苏埃 · 卡尔杜齐（意大利）　《青春的诗》

1907 年　拉迪亚德 · 吉卜林（英国）　《丛林故事》

1908 年　鲁道夫 · 奥伊肯（德国）　《人生的意义与价值》

1909 年　拉格洛夫（瑞典）　《尼尔斯骑鹅旅行记》

1910 年　保尔 · 海泽（德国）　《骄傲的姑娘》

1911 年　梅特林克（比利时）　《青鸟》

1912 年　霍普特曼（德国）　《织工》

1913 年　泰戈尔（印度）　《新月集 · 飞鸟集》

1915 年　罗曼 · 罗兰（法国）　《约翰 · 克利斯朵夫》

1916 年　海顿斯坦姆（瑞典）　《查理国王的人马》

1917 年　彭托皮丹（丹麦）　《天国》

1917 年　耶勒鲁普（丹麦）　《明娜》

1919 年　卡尔 · 施皮特勒（瑞士）　《伊玛果》

1920 年　汉姆生（挪威）　《大地的成长》

1921 年　法朗士（法国）　《泰绮思》

1922 年　贝纳文特（西班牙）　《不该爱的女人》

1923年　叶芝（爱尔兰）　《当你老了》

1924年　莱蒙特（波兰）　《农夫》

1925年　萧伯纳（爱尔兰）　《圣女贞德》

1926年　黛莱达（意大利）　《邪恶之路》

1927年　亨利·柏格森（法国）　《创造进化论》

1928年　温塞特（挪威）　《新娘·女主人·十字架》

1929年　托马斯·曼（德国）　《布登勃洛克一家》

1930年　辛克莱·刘易斯（美国）　《巴比特》

1931年　埃里克·卡尔费尔德（瑞典）　《荒原与爱情》

1932年　约翰·高尔斯华绥（英国）　《福尔赛世家》

1933年　伊凡·亚历克塞维奇·蒲宁（俄罗斯）　《阿尔谢尼耶夫的一生》

1934年　路易吉·皮兰德娄（意大利）　《六个寻找剧作家的角色》

1936年　尤金·奥尼尔（美国）　《进入黑夜的漫长旅程》

1937年　马丁·杜·加尔（法国）　《蒂博一家》

1944年　约翰内斯·延森（丹麦）　《希默兰的故事》

1945年　加夫列拉·米斯特拉尔（智利）　《葡萄压榨机》

1946年　赫尔曼·黑塞（瑞士）　《荒原狼》

1947年　安德烈·纪德（法国）　《窄门》

1949年　威廉·福克纳（美国）　《喧哗与骚动》

1954年　海明威（美国）　《永别了，武器》

1956年　希梅内斯（西班牙）　《小毛驴与我》

1957年　加缪（法国）　《局外人》

1958年　帕斯捷尔纳克（苏联）　《日瓦戈医生》